라그랑주
포인트에서의
시 읽기

그 어둡고 환한
시의 무중력

비평
003

라그랑주 포인트에서의 시 읽기

그 어둡고 환한 시의 무중력

김정배 비평집

이 비평집이 시 쓰기와 시 읽기 사이의 어떤 라그랑주 포인트에서 잊을 만하면 새롭게 빛나는, 시의 어둡고 환한 무중력이길 바랍니다.

문학들

책머리에

  오랫동안 시를 쓰지 못했습니다. 시를 찾아 읽는 일도 통 시원치가 않았지요. 그러다가 우연한 기회에 라그랑주 포인트(Lagrangian point)에 관한 여러 글을 읽게 되었습니다. 라그랑주 포인트는 우주에 실재하는 공간이라고 하지요. 우리가 지구를 벗어나 우주에 가게 되면 곧바로 무중력의 상태를 경험할 것 같지만, 실제로는 그렇지 않다고 합니다. 다른 행성에서 끌어당기는 중력의 영향을 끊임없이 받기 때문에 우주에 떠 있는 물체들은 계속해서 움직임을 갖는다고 합니다.

  서로의 중력에 묶여 운동하는 천체 간의 중력이 균형을 이루는 지점. 그 중력이 0이 되는 지점이 바로 라그랑주 포인트입니다. 우주의 휴게소라고도 불리는 라그랑주 포인트의 공간에서 나는 시 쓰기와 시 읽기를 반복하며, 그 사이에 공존하는 시적 사유의 무중력을 자주 체감했던 것도 같습니다. 그곳은 마치 김수영이 노래한 '달나라의 장난'과도 같은 공간이었습니다. '생각하면 서럽'기도 하고, 다시 생각하면 '자신을 고쳐가야 할 운명과 사명' 같은 것을 극진하게 고민하게 만드는 그런 시의 별세계로 인식되기도 했지요.

그 며칠 나는 가슴이 다시 뜨거워지기 시작했는지도 모르겠습니다. 가장 뜨거운 것들은 항상 소리 소문 없이 오는 것이기 때문이겠지요. 그 이유 때문인지 몰라도, 가끔 라그랑주 포인트는 롤랑 바르트가 언급한 '영도의 글쓰기'와 닮아 있다는 생각도 하게 됩니다. 어떤 가치 판단이나 이론이 개입하지 않은 순수한 상태, 그곳에서 시인들의 시는 창작되고, 또 시는 독자에게 읽히고 싶은 욕망으로 저마다의 중력을 형성하였을 것입니다.

어쨌든 이 비평집에 담긴 라그랑주 포인트는 시를 창작하는 시인의 관점과 시작품을 분석하는 평론가 혹은 독자의 관점이 미묘하게 만나는 무중력의 공간에서 집필된 것이라 할 수 있습니다. 시기적으로 보면 2017년부터 2020년까지 문단에 발표된 한국 현대시의 풍경이라고 해도 무방합니다. 소재와 내용에 따라 정도의 차이는 있겠지만, 문학평론가의 입장에서 최대한 딱딱하지 않고 따뜻한 시선으로 읽으려 애를 썼던 기억이 납니다. 시의 이론에 맹목적으로 끌려가지 않고, 누구나 자신의 관점에서 시를 쉽게 이해하고 수긍할 만한 논의를 편하게 전개하려 노력했던 시간도 생각납니다. 평소 시 읽기를 사랑하고, 또 시를 쓰는 독자들에 대한 필자 나름의 소소한 배려로 봐주셨으면 좋겠습니다.

우주에 별들이 고르게 분포되어 있다면, 밤하늘이 결코 어두울 리 없다는 독일의 천문학자 올베르스의 물음이 떠오릅니다. 알다시피 이 물음은 단순히 천문학에만 국한되었던 질문이 아닙니다. 그 해답을 의외로 쉽게 찾아냈던 사람이 바로 미국의 시인이자 소설가였던

에드거 앨런 포(Edgar Allan Poe, 1809~1849)였으니까요. 그는 올베르스의 역설에 대해 어쩌면 '전체로부터 방출된 빛이 아직 우리에게 도달하지 않았기 때문'일지도 모른다는 아주 시적인 문장으로 우리의 정신을 맑게 해준 바 있습니다. 앨런 포의 말마따나 "이 아이디어는 너무나 아름다워서 진실이 아닐 수 없기"를 바라는 마음은 시를 쓰는 마음이나, 시를 읽는 마음이나 모두 매한가지일 것입니다. 그래서 좋은 시는 늘 반짝반짝 빛나고, 또 좋은 비평은 그 별빛이 내 눈에 환하게 도달하는 날을 기대하는 마음에서 쓰이는 또 다른 장르의 시라고 믿습니다. 이 비평집 또한 시 쓰기와 시 읽기 사이의 어떤 라그랑주 포인트에서 잊을 만하면 새롭게 빛나는, 시의 어둡고 환한 무중력이길 바랄 뿐입니다.

2021년 1월
전주 아랫가르내 마을에서
글마음조각가 김정배 씀

차례

책머리에   5

제1부 축적과 잉여
선의의 발명   13
칠렐레팔렐레   24
'씨벌'들의 통촉(洞燭)   35
축적과 잉여의 시간 그리고 내일의 감정   56
공감의 시 읽기 - '손'의 안과 밖에 대한 상상력   74

제2부 징후와 불안
가면들, 얼굴들, 장소들   95
'이야기'라는 서정   119
시의 극점(極點)을 향한 소요   133
이미지 너머의 시적 징후   144
심리적 디아스포라, 그 감정의 질곡들   163

제3부 결핍과 궁핍
혼잣말과 중얼거림의 발명 혹은 소곤거림을 향한 시의 독법   183
소진 시대, 깊은 심심함(In-depth boredom)의 위로   204
결핍과 궁핍을 향한 삶의 문체   219
가족의 변주 혹은 가정의 악다구니   235

제4부 삶과 죽음
삶과 죽음을 유랑하는 매듭의 감각들   257
삶을 성찰하는 사유의 방식들 혹은 그 체온   284
죽음의 미래와 삶의 종언   307

선의의 발명

　세상의 모든 거짓은 처음엔 진실이었다는 문장을 기억한다. 어느 에세이스트의 명언이었는지 한 무명 시인의 시구였는지 기억이 희미하지만, 그 문장과 마주하던 날의 묘한 떨림은 여전히 또렷한 감정선으로 남아 있다. 거짓이 터부시되는 사회에서 거짓을 진실로 둔갑하는 일은 어쩌면 불경에 가까울지도 모른다. 거짓은 그 자체로 나쁜 일일 뿐만 아니라, 그 사회의 체제를 유지하는 데에도 큰 도움이 되지 못하기 때문이다. 그러나 다수가 모여 거짓을 추구하면 이야기의 향방은 금세 달라진다. 거짓에 등을 돌렸던 사람도 상반된 태도를 보이며 마음의 동요를 일으킨다.
　그라이스의 '대화 격률' 중에는 사람과 사람 사이의 대화에서는 절대로 거짓을 섞지 말아야 한다는 대목이 나온다. 그것이 비록 '선의의 거짓말(white lie)'일지라도 스스로 거짓이라고 여기는 경우, 그 어떤 정보와 사실도 타인에게 전하지 말아야 함을 그라이스는 강조한다. 구체적으로 그가 제안한 '질의 격률'은 대화를 하는 상대에게도 똑같이 적용된다. 대화의 문맥상 상호 간의 신뢰를 바탕으로 관련 있는 답변을 주고받기 때문이다. 그러나 우리는 질의 격률을 조금씩 위반함으로써, 새로운 문맥의 의미를 만들어내는 경우를 종종 목격한다. 오히려 거짓의 의미를 통해 진실에 가닿는 역설적인 모습을 확인하게 된다. 이 경우 많은 사람이 모든 것이 항상 진실일 필요는 없다고 동조하기도 한다. 어쩌면 거짓이 인간관계를 보다 유연하게 만들고, 그 유연함이야말로 거짓을 진실로 이끌 수도 있다고 믿게 되는 것이다.

  곰곰이 돌이켜 보면 정말로 처음의 모든 거짓은 진실이었다. 그 거짓의 진실을 지켜내기 위한 거짓이 반복됨으로써, 거짓의 진실은 진짜 거짓이 되어버린다. 그래서 사람들은 오랜 기간에 걸쳐 선의의 거짓말을 지속해서 발명해왔던 것은 아닐까. 이를 통해 세상의 첫 거짓에 대한 편견과 오해를 풀고 싶었는지도 모를 일이다. 그래서 시라는 장르 또한 세상의 모든 거짓이 처음에는 진심이었다는 말의 의미를 투미하게나마 증명하고 싶었는지도 모른다. 거짓의 진실이 거짓으로 번복되면서 처음의 거짓은 진실로부터 멀어지고, 거짓의 선의(善意)는 결국 악의(惡意)로 둔갑하는 상황에 대해 서로의 시안을 통해 한 번쯤 눈감아주길 원하면서 말이다.

    근사한 말이 어디 있나
    말을 많이 한 날은 마음이 켕긴다
    후환이라는 말 참 두렵다

    말이 없는 사람은

분노를 감춘 사람

말을 쟁여두면 병이 온다

기괴와 기형으로

달변은 앙금을 남기지

거짓말을 복용한 날은 손톱을 깎는다

안경을 닦고 책갈피를 문지른다

나를 베어 문 웃음이

일생의 말들을 훑으며 지나간다

뻥 뚫린 폐점처럼

근사한 말이 어디 있나

근사한 말이 어디 있나

중독자의 눈빛으로

말은 병든 난간에 앉아

지나가는 얼굴들을 쬔다

입을 열면 죄가 툭 튀어 나올 것 같아

큼큼거리며 모자를 고쳐 쓴다

― 정병근, 「말의 신사」 전문[1]

---

1 정병근, 「말의 신사」, 『시인동네』 2020년 5월호.

때로 진실은 거짓보다 더 비정한 모습으로 우리 앞에 얼굴을 들이민다. 이런 경우 말은 더욱더 교묘하고, 교활한 말과 행동으로 거짓을 진실인 양 대체하거나, 거짓을 거짓으로 관철하여 다른 영역의 침묵을 선택하기도 한다. 물론 진실을 진실로 끌어냄으로써 더 나쁜 경우의 수를 미연에 방지할 수도 있다. 반대로 거짓의 진실을 지키기 위해 거짓보다 더 부정확한 표현을 통해 어떤 선의를 드러낼 수도 있을 것이다. 가령 누군가 "당신 참 못생겼어."라고 말하면, "못생긴 게 아니라 독특한 거야."라고 되받아침으로써 거짓과 진실 모두를 대화 격률에서 빗겨 세울 수도 있다. 그러나 정작 그 부정확하고도 애매한 표현은 때로 우리의 "마음을 켕기게" 하고, "후환이라는 말"을 불러 세운다. 이때 "말을 많이 한 날"과 "후환이라는 말"은 동음이의어로 작용한다.

문제는 "말이 없는 사람"도 "말을 많이 하는 사람"과 별반 다르지 않다는 점이다. 오히려 말을 쟁여둠으로써 "기괴와 기형"의 병을 얻게 되고, "분노를 감춘 사람"으로 낙인찍히게 된다. 잠시 '달변'의 삶을 살 수도 있지만, '앙금'만 남길 뿐이다. 능숙하고 막힘없게 말을 하는 행위 자체가 마치 거짓말을 수시로 복용한 사람처럼 우리에게 인지된다. "손톱을 깎고", "안경을 닦고", "책갈피를 문지르는" 행위 자체는 모두 '후환'과 '분노'와 '기괴'와 '기형'의 인과론적 연결이 줄을 잇는다. 종국에는 웃음조차 '나'를 베어 물게 된다. 지금까지의 모든 말이 거짓이었던 것처럼 "뻥 뚫린 폐점처럼" 세상의 모든 말은 '나'를 훑으며 지나갈 뿐이다.

그런 이유로 '나'는 이제 "근사한 말"을 찾아 나선다. '말의 신사'가 되기로 한다. 하지만 "중독자의 눈빛으로" 끊임없이 근사한 말을 찾아 나서는 '나'에게 남은 것은 "병든 난간에 앉아" 있는 말뿐이다. 그 무엇도 회복하지 못하는 말은 "지나가는 얼굴을 쬘" 뿐이다. 제아무리 "큼큼거리며 모자를 고쳐 써도" '나'는 말의 신사가 되지 못한다. 이제는 "입을 열면 죄가 툭 튀어나올 것" 같은 표정도 말의 신사가 지닌 최선의 선의이자 사람됨이다.

    처음에 이 관절 인형의 손목을 꺾은
    손의 의지는 선의였을까

    안구를 갈아 끼우고
    가발을 씌우고 옷을 입히고
    팔과 무릎을 꺾다가 마침내는
    목을 꺾을 때까지

    처음에는 다 선의였으나
    선의는 필연적으로 왜곡되고
    모욕 받는다
    상처 입은 짐승이
    가장 깊은 동굴에 숨어 웅크리듯이

    웅크린 모욕을 견딘다
    세상의 측은을 거부하고
    세상의 기억을 거부하고
    세상의 망각을 불러 망각이게 하고

처음에는 다 선의였으나

하지만 과연 선의였을까
움푹 파인 눈자위도
얼굴도 없이 버려진 이 관절 인형이
속삭인다면

— 강연호, 「처음에는 다 선의였으나」 전문[2]

    살다 보면 누구나 한 번쯤 선의를 베풀게 된다. 그게 어떤 효력을 발생시키는지 의식하지 못하는 상태일 수도 있고, 아니면 의식적으로 인식할 수도 있다. 물론 이 지점에서 의식이 개입되면 그 선의는 금세 악의가 된다. 처음의 거짓도 의식하지 못한다면 선의가 된다. 더 정확하게 말하면, 거짓은 반복되지 않으면 진실을 유지한다. 그러나 그 거짓이 의식의 흐름이나 시간의 흐름에 따라 반복되는 순간, 거짓의 진실은 사소한 진실을 통해 금세 '악의'로 변모해 나간다. 이 시에서 관절 인형의 손목을 꺾은 '손의 의지' 또한 그러하지 않았을까. 손의 의지가 마주하고 있는 대상은 일차적으로 '관절 인형'이다. 관절 인형은 일반적으로 관절 부위를 구체로 만들어 쉽게 움직일 수 있게 한 인형을 말한다. 보통 어깨와 팔꿈치, 손목, 서혜부, 무릎, 발목, 허리 등의 부위로 나뉘어 비교적 해체가 쉽고, 조립 또한 용이한 구조로 되어 있다.
    그런 관절 인형의 손목을 손의 의지는 마치 자신과는 별개인 것처

---

[2] 강연호, 「처음에는 다 선의였으나」, 『시로 여는 세상』, 2020년 봄호.

럼 다룬다. 자신 또한 관절의 일부지만, 손의 의지는 관절 인형과는 다른 존재의 모습으로 "안구를 갈아 끼우고/가발을 씌우고 옷을 입히고/팔과 무릎을 꺾"는다. 심지어는 관절 인형의 목을 꺾기도 한다. 비록 관절 인형이지만, 관절 인형을 대하는 손의 의지에서 인간의 불우한 모습을 목격하게 된다. 또한, 다소 폭력적이고 거친 모습 속에서 인간에 대한 일종의 애처로움 같은 것도 느낄 수 있다. 이러한 감정이 발화되는 이유는 처음부터 손의 선의는 선의가 아니었기 때문이다. 선의는 손의 의지에 따라 점차 왜곡되어 가고 있는 것처럼 보이지만, 오히려 자신의 행위가 선의인지를 되물음으로써 진짜 선의의 의미를 되찾는다.

이 부분에서 악의와 선의를 명확히 구분해 내기란 쉽지 않다. 관절 인형의 목을 꺾는다고 해서 비난할 사람은 아무도 없다. 하지만 '손의 의지'는 그 행위가 곧 자신의 내면에서 비롯된 것임을 깨닫는다. 그래서 모든 행동이 "처음에는 다 선의였으나" 그 "선의는 필연적으로 왜곡되고/모욕 받"게 됨을 스스로 인지한다. 이제 손의 의지로 대변되는 시인은 상처 입은 짐승처럼 "가장 깊은 동굴에 숨어 웅크리"기로 한다. 이 모습은 그동안 우리가 선의라고 믿었던 것들이 불러들이는 '웅크린 모욕'이자 '세상의 측은'이며 '세상의 기억을 거부한 망각'이라 할 수 있다. 이제 선의로부터 영영 멀어진 손의 의지는 아예 관절 인형이 되어, 망각 속에서 망각을 불러들이는 수동적인 존재로만 묘사된다. "움푹 파인 눈자위도/얼굴도 없이 버려진 이 관절 인형"은 선의에 기댄 손의 의지인 동시에, 관절 인형이 되어버린 우리 모두의 초상이기도 하다.

구름들 모였다 금방 흩어지고 다음엔 심지어 비켜간다

부정적인 생각을 많이 하면
모든 게 산뜻하고 선명해진다

오래전, 당연한 모임을 들떠서 기다리던 친구에게
말해버렸다
너 빼고 이미 모였었어 너 기다리는 거 안타까워서
말해주는 거야

안타까워서가 아니라 추해서였다

벌 받는 것만큼 산뜻한 것도 없다
친구는 모르게 모인 친구들이 아니라
말해준 나를 용서하지 않았고

똑같이 당했을 때 나는
모르게 모인 친구들을 다 버렸다

추하긴 마찬가지지만
고독만큼 깨끗한 인류도 없으므로
구름만큼 약한 것도 없으므로

— 김경미, 「기다림은 추한 것」 전문3

기다림은 과연 추한 것일까. 기다림이 추한 것이라면, 기다리지 않는 것도 추한 것이 된다. 기본적으로 기다림은 미래의 시간을 전제로 약속된 행위다. 미래의 시간은 똑같은 상황에서도 누군가에게는 당도하지만, 다른 누군가에게 당도하지 않을 수도 있다. 엄밀하게 말해 기다림의 약속은 늘 현재를 통해서만 입증된다. 들뢰즈가 언급했듯이 미래는 어디까지나 잠재된 것이고, 그 잠재성은 결국 우리에게 현실로 드러날 때 이해받을 수 있게 된다. 따라서 기다림을 통한 잠재성은 현재를 통해 증명되거나 혹은 끊임없이 많은 미래의 시간을 통해 갈라진다. 기다리는 사람에 따라 복수의 미래가 주어지는 것이다.

이 시에서도 '나'는 '너'와 같은 모임에 속해 있지만, 다른 기다림을 경험한다. 하지만 각자의 기다림은 다시 현재라는 공간 속에서 하나의 사건으로 인식되어 '나'의 경험은 '너'의 경험으로 전이된다. '나'는 모임을 기다리던 친구에게 "너 빼고 이미 모였다"라는 사실을 전한다. 그 행위의 발화는 선의보다는 악의에 가깝다. 그런데도 '나'는 "기다리는 것이 안타까워서", 정확하게 표현하면 '너'가 당연한 모임을 기다리는 것이 "추해서" 말을 했다고 이야기한다. 여기에서 '나'는 '너'라는 대상을 통해 자신의 '악의'를 확인받는다. 그래서 '너'로 대변되는 친구는 "모르게 모인 친구들이 아니라/말해준 나를 용서하지 않"다라고 말한다. 모르게 모인 친구들은 '너'의 기준에서는 '선의'가 되지만, '너'가 안타깝고 추해서 말을 해버린 친구는 그 이유로 '악의'가 되어버린다.

---

3 김경미, 「기다림은 추한 것」, 『POSITION』, 2020년 봄호.

하지만 아직도 '너' 모르게 모인 친구들은 '너'에게 당도하지 않은 미래의 기다림이다. '나'를 통해 발설된 기다림은 '너'가 있는 현재의 시간에 도달함으로써 한 존재를 안타깝고 추한 존재로 전락시킨다. 이후 '너'는 '나'를 똑같은 방식으로 갚아준다. 그러나 '나'는 종전의 '너'와는 다른 방식으로 미래의 시간을 현재로 끌어당긴다. '나'도 "모르게 모인 친구들을 다 버"리는 행위를 통해 모두를 선의의 존재로 만든다. 어느 쪽으로나 추하기는 마찬가지지만, '나'는 '나' 모르게 모인 친구들의 '선의'를 미래의 시간에 그대로 남겨두게 된다. 이러한 기다림을 축으로 두고 벌어지는 '나'와 '너'의 부정의 시간은 마치 보르헤스가 인지했던 불이(不二)의 세계처럼 하나의 매듭을 형성한다.

이제 '나'는 "고독만큼 깨끗한 인류"에 가닿기를 원한다. 기다림은 구름과 같아서 내가 기다리지 않으면 약해지고, 내가 기다리면 "모였다 금방 흩어지고 다음엔 심지어 비켜"가는 추함(선의)의 힘을 내장하고 있다. 그래서 '나'는 최대한 "부정적인 생각을 많이" 함으로써 모든 것을 산뜻하고 선명한 감정으로 끌어낸다. 심지어 "벌 받는 것만큼 산뜻한 것도 없다"라고 고백하는 '나'는 이제 그 어떤 선의나 악의도 기다리지 않는다. 세상의 모든 기다림은 추한 것이니까.

법률에서 다루는 선의와 악의는 어떤 의미에서는 수사적이다. 지금까지 시에서 언급하는 선의와 악의 또한 수사적이다. 실제 법률에서는 거짓의 의도와 결과에 따라 악의와 선의를 구분한다. 이때 선의와 악의는 '착함'과 '나쁨'으로 뜻이 구분되는 것이 아니라, '모름'과 '앎'으로 인해 경계가 나뉜다. 쉽게 말해 선의란 '일정한 사실을 알지 못한 상태'를 말하고, 악의란 '일정한 사실을 알고 있는 상태'의 의미로 쓰인다. 지(知)와 부지(不知)의 심리 상태가 곧 선의와 악의의 중요한 법적 판단 기준이 된다. 어쩌면 시라는 장르는 법률에서 규정하는 선의와 악의의 의미를 어렴풋이 모두 내포하고 있는지도 모른다. 만약 그 사실을 인정하고 싶지 않다면, 누구라도 맨 처음의 거짓을 통해 또 하나의 선의를 발명하면 된다.

- 『시인동네』, 2020년 6월호 발표

칠렐레팔렐레

　그(시)와 이야기를 나눈다. 그는 쉬운 이야기를 어렵게 하는 사람이다. 다시 그(시)와 이야기를 나눈다. 그는 어려운 이야기를 쉽게 하는 사람이다. 살다 보면 쉬운 이야기를 어렵게 하는 사람이 있고, 어려운 이야기를 쉽게 하는 사람이 있다. 시를 쓰는 사람의 관점에선 어쩌면 쉬운 이야기를 어렵게 표현(낯설게)하는 사람이 매력적이다. 반대로 시를 읽는 독자의 입장이라면 어려운 이야기를 쉽게 표현하는 사람에게 오히려 마음 끌리기도 한다.
　몇 년 전부터 지역의 한 라디오 매체를 통해 매주 한 편씩의 시를 골라 읽으며, 독자와의 만남을 이어오고 있다. 어느 날 한 청취자가 묻는다. "시인은 왜 쉬운 이야기를 어렵게 말하는 것일까요?" 질문의 요지는 단순하면서도 간단했지만, 대답하기 어려웠다. 순간 그 질문은 시 읽기의 어려움과 수월함에 대한 단순한 이분법적 물음에 국한되지 않음을 깨닫게 했다.
　기본적으로 시는 세상이 만들어놓은 자명함에 균열을 일으키는 데서 파생한다. 될 수 있으면 비논리적이고 애매한 시적 표현만을 골라 독자의 사고를 의도적으로 유보할 때 시의 장르적 특징은 더욱 강조된다. 여기에 더해 우리의 삶 자체가 복잡다단하기 때문에 시인은 어쩔 수 없이 애매하게 말하고, 그래서 시는 더욱 어려워진다는 많은 시인의 이야기도 충분히 설득력을 지닌다.

이런저런 생각을 하던 중 한 트위터(곽재식)의 '140자 소설'을 접하게 된 일이 있다. 그는 한국시에서 나타나는 습관적인 난해함과 어려움을 이렇게 꼬집었다. "시를 번역기에 돌려 읽어라. 쉬운 시가 된다." 한 트위터의 짧은 문장을 앞에 두고, 시가 지향하는 소통의 의미가 무엇인지 오래 곱씹었다. 그동안 믿어왔던 시의 애매함과 난해함이 고작 파파고의 영어 번역기 앞에서 무력해지고 있던 것이다.

물론 이 단순한 에피소드를 두고 시의 전위나 개념의 다층성을 따져 묻자는 것은 아니다. 다만 그동안 알게 모르게 잊고 지내왔던 시의 의미가 알랭 바디우가 이야기했던 것처럼 불가해한 표면을 통해 안전하게 교환되는 소통의 회로를 부수는 것에서 시작됨을 다시금 확인해 보고 싶었던 것뿐이다.

  고추와 상추와 딸기와 방울토마토 모종을 심었다
  해바라기와 케일과 샐비어 씨앗도 뿌렸다

  매일같이 조리개로 한가득 물을 주고
  퇴비도 주고 잡초도 솎아주었다

  양껏 물을 머금은 식물들은 하루가 다르게 키가 자랐고

가지를 자르고 지주대를 박자 줄기들이 꼿꼿하게 올라왔다

중심을 잡아줘야 열매가 맺힐 거라 생각을 했다
문득, 중심이 사라져야 바람이 춤을 출 거란 생각을 했다

지주대를 뽑아버리자 오른쪽으로 왼쪽으로 휘청거리던 식물들
한쪽이 다른 한쪽으로 비스듬히 무너지면서 오롯해지고 있었다

심지도 뿌리지도 않은 민들레 한 송이가
화단 모서리 콘크리트를 비집고 칠렐레팔렐레 춤을 추고 있었다

빛도 물도 흙도 없이 바람만으로 온 세계를 뒤흔들고 있었다

— 김산, 「오직, 바람」 전문[1]

그런 의미에서 김산의 「오직, 바람」을 읽는 일은 색다른 즐거움이다. 마치 이 작품의 한 구절에서처럼 '칠렐레팔렐레' 말이다. 가볍고 조심성 없이 행동하는 모양의 뜻을 지닌 칠렐레팔렐레는 본래 '칠령팔락(七零八落)' 또는 '칠락팔락(七落八落)'의 성어와 상통한다고 전한다. 사전적 의미를 그대로 놓고 보면, 이 말은 사물이 서로 연락

---

[1] 김산, 「오직, 바람」, 『시사사』, 2020년 여름호.

되지 못하거나 고르지 못함을 내포한다. 제각기 뿔뿔이 흩어지거나 이리저리 없어지는 모양새를 뜻하기도 한다. 진작 이 말이 떠올랐다면, 얼마나 좋았을까. 시가 왜 어려운지에 관한 물음에 '칠렐레팔렐레'라고 답하면 그만이었을 텐데 말이다.

어쨌거나 작품 속의 화자는 현재 소소한 푸성귀를 기르는 사람으로 등장한다. '고추'나 '상추' 그리고 '딸기'와 '방울토마토'와 같은 모종은 모두 작품 속 화자의 인위적인 보살핌 아래에서 생육을 이어나간다. 어찌 보면 이러한 식물들의 생육 과정은 모두 화자가 현재 추구하고 있는 삶의 태도와도 맞물린다. 그래서 "식물들은 하루가 다르게 키가 자"라고, 이 과정을 통해 식물들의 "줄기들이 꼿꼿하게 올라" 서게 된다. 이러한 화자의 행동 방식은 "중심을 잡아줘야 열매가 맺힐 거라"는 생각에서 비롯된다. 그렇지만 시인은 '문득' 시적 사유의 태도를 전환한다. 그는 식물에서 '열매'를 얻는 것이 아니라, 바람에 휘청거리는 식물들의 '춤'을 얻어내려는 시적 전회를 시도한 것이다.

작품에서 말하는 시적 사유는 중심이 사라져야 가능한 것들이다. 이제 화자는 식물에서 춤을 열매처럼 거두기 위해 모든 식물의 지주대를 뽑아버리는 결단을 한다. 그로 인해 하나둘씩 중심을 잃고 휘청거리던 식물들은 이내 "한쪽이 다른 한쪽으로 비스듬히 무너지면서 오롯해"지게 된다. 이후 화자의 눈에 띄는 것은 인간의 손에서 완전히 벗어난 '민들레' 같은 식물이다. 화자는 "심지도 뿌리지도 않은 민들레" 같은 생의 이면에 기대어 결코 생육되지 않는 칠렐레팔렐레의 시적 사유[민들레와 칠렐레팔렐레의 각운(rhyme)도 재미있다.]를 마주하는 것이다. 결국 시인의 시적 세계를 뒤흔드는 것은 '빛'과 '물'과 '흙'이 아닌 자신의 의지로는 어쩔 수 없는 오직 바람뿐이다.

이제 시인의 시선에서는 바람이 온 세계(시)를 뒤흔들고 있다.

아직도 여기가 익숙지 않아서
잠에서 깨어나면
나는 울음을 터트리기 직전의 기분

말없는 창백한 사물들이
나를 알아볼 때까지
기다려야 한다

낮잠에서 깬 아이가
느닷없이 서럽게 우는 건
세상이 아직 익숙지 않아서라는데
잠들기 전의 세계와
눈을 뜨고 난 후의 세계가
서로 다른 방향으로 천천히 미끄러져 간다

황급히 눈을 비빈 사람들이
머리를 감고 가방을 들고 어디론가 간다

그곳도 어제와는 다른데

따뜻한 음식을 먹다가
고장 난 기계처럼

뼈만 남은 채로
맞은편 거리를 바라본다

약국 앞 줄지어 서 있는
파리한 사람들
모두 울음이 쏟아지기 직전의 뒷모습

아직도 여기
있습니까

— 강성은, 「낮잠」 전문[2]

"울음을 터트리기 직전의 기분"이란 어떤 감정일까. 생각해 보면 우리의 삶은 온전하지 않아서 잠에서 깨면 늘 눈곱이 낀다. 눈곱은 눈물이다. 그래서 눈물이 마른 자리에서 눈곱을 떼는 일은 왠지 모르게 서글픈 감정마저 든다. 어쩌면 자기도 모르게 흘린 눈물을 생각하는 일 자체가 서럽고 애처롭다. 그 서러움과 애처로움은 작품 속의 이야기처럼 아이의 서러운 울음과 맞닿아 있다.

이 작품에서의 '낮잠'은 생의 어리둥절함을 끌어당긴다. 화자는 낮잠에서 깬 아이의 서러운 울음이 "세상이 아직 익숙지 않아서"라는 이유 아닌 이유를 대지만, 사실 인간이 흘리는 울음의 기저에는 탄생에 대한 '비자발성'과 '강제성'이 내포된다. 스스로 원하지도 않은 세상에 태어난 아기는 이제 "잠들기 전의 세계"와 "눈을 뜨고 난 후

---

[2] 강성은, 「낮잠」, 『시로 여는 세상』 2020년 여름호.

의 세계"를 시시각각 목격하는 어른이 된다. 그때마다 바라보게 되는 세계는 서로에게 적응하지 못하고 "서로 다른 방향으로 천천히 미끄러져" 가게 된다.

그 어긋남의 차이 앞에서 우리는 앞에서 살펴본 「오직, 바람」에서의 감정을 다른 방식으로 체감하게 된다. 이 작품 속에도 아이는 식물을 키우듯이 자신의 생을 스스로 키워내야 할지도 모른다. 그 성장의 과정은 "황급히 눈을 비빈 사람들이/머리를 감고 가방을 들고 어디론가" 가는 행위로 귀결되지만, 그 반복 속에서 시인은 '어제와는 다른' 오늘과 조우할 뿐이다. 자신과 이 세상의 불협화음 속에서 시인은 과연 무엇을 목격하고 싶었던 것일까. "따뜻한 음식"을 섭취하면서 "고장 난 기계처럼/뼈만 남은 채" 맞은편 거리를 바라보는 화자의 시선에 대해 우리는 과연 어떻게 반응을 해야 할까. 화자는 이 물음에 대한 답을 "울음이 쏟아지기 직전의 뒷모습"에서 찾는다. 그 모습은 낮잠을 경계로 나뉘지만, 우리의 삶은 끝내 '아직도 여기'가 어딘지 모른 채 느닷없이 낮잠에서 깨어나 눈곱을 떼어내며 서럽기만 하다.

똑똑하다는 사람들이 죽을 때까지 몰랐으면 좋겠다
내 아버지가 누구인지
이씨인지, 이씨인지, 이씨인지

어쩌다 보니 이씨만 만나서 사랑했구나

엄마가 말했지

허물 같은 말을 벗어던지면 그 허물 속으로 들어가 죽는 사람이 있어서 영원히 허물을 벗는 중인 말이 있다

언젠가부터 내 몸에 달린 것들 중에서 하나뿐인 것들이 창피하다
하나뿐인 심장 하나뿐인 혀
하나뿐인 배와 하나뿐인 배꼽

엉덩이가 갈라진 이유를 알 것 같다

내일은 오늘보다 나은 죄를 짓고 싶다

자기 배꼽에 낀 때를 자꾸 들여다보면 목이 잘린대
한번쯤은 열어보고 싶은 지하창고처럼
호기심에 문을 열었다가 갇히기 좋지

배꼽이 떨어졌는데 배꼽이 남는다니!

바람 든 무를 사온 내게
꼭 저 같은 걸 사왔대
꼭 저 같은 걸 낳은 사람이

"너도 꼭 너 같은 딸 낳고 살아"

흠이 흠을 낳고 있을 때
이씨는 아버지의 형태가 아니고
이씨는 주인이 아니고
이씨는 우상 없는 이름이요 아버지를 넘어선다

집에 없어진 물건이 있는데
도무지 그게 뭔지 모르겠다

— 이소연, 「해석의 갈등」 전문[3]

    한 사람의 생을 두고 가타부타하는 일은 어딘지 모르게 어리석어 보인다. 그게 아버지의 생을 두고 하는 말이라면 더욱더 그렇다. 하지만 그 생을 바라보는 해석의 다양성은 언제 어디서든 쉽게 용인되기도 한다. 이 작품에서 관점은 아버지로 대표되는 '이씨'와 이씨를 사랑한 '엄마'와 그 사이에서 태어난 '나'로 구분되어 전개된다. 작품의 의미만 놓고 보면, 정작 이씨를 아는 사람은 아무도 없다. 그래서 작품 속의 엄마는 "어쩌다 보니 이씨만 만나서 사랑"을 하게 되었다는 다소 애매한 변명만을 늘어놓는다. 재미있는 것은 시적 화자인 '내'가 "언젠가부터 내 몸에 달린 것들 중에서 하나뿐인 것들이 창피하다"는 인식에서 발견된다. "하나뿐인 심장"과 "하나뿐인 혀", 그리고 "하나뿐인 배"와 "하나뿐인 배꼽"은 모두 하나이지만, 그것들은 모두 제각각으로 구성된 하나(들)라는 점에서 역설적이다. 다시 말

---

3 이소연, 「해석의 갈등」, 『시인동네』, 2020년 7월호.

해 그 하나뿐인 것들은 세 명의 이씨가 모두 관여된 다양한 해석의 증표로 딸인 '나'에게 인식된다. 이는 곧 '엄마'와 '나'의 갈등요인으로 작용하기도 하지만, 작품 속의 나는 그에 대한 원인을 엉뚱하게도 "엉덩이가 갈라진 이유"에서 찾는다.

  '엄마'와 '내'가 지닌 해석의 갈등을 줄이는 유일한 수단은 이제 죄를 차츰 줄여가는 방법밖에 없다. 이러한 인식은 "내일은 오늘보다 나은 죄를 짓고 싶다"라는 고백과 맞닿는다. 모녀에게는 죄를 짓지 않는 게 중요한 것이 아니라, 죄를 줄여가는 것이 중요한 것이다. 둘의 의견이 절충될 수 없음을 상기시킨다. 여기에 더해 그 죄는 엄마에게서 딸로 대물림된다. "자기 배꼽에 낀 때를 자꾸 들여다보"듯 화자의 태생을 들여다보는 행위가 이를 보증하는데, 이는 서로가 각자의 판도라 상자를 여는 것만큼 위험하고 위태롭게만 느껴진다. 그래서 하나의 배꼽에서 또 하나의 배꼽으로 무한 증식하는 모습은 "너도 꼭 너 같은 딸 낳고 살아"라는 문장 앞에서 꼼짝없이 두 손 두 발이 묶인다. 돌이켜 보면 우리 삶은 "흠이 흠을 낳"는 일에 익숙해져 있다. 엄마는 딸의 인생을 해석할 수 있지만, 딸은 엄마의 인생을 해석할 수 없다. 세상의 모든 딸의 해석이 갈등의 요인이 되는 이유이기도 하다. 여기에 더해 세상에 존재하기는 하지만 실체가 없는 '이씨'는 마치 "집에 없어진 물건이 있는데/도무지 그게 뭔지 모르겠다"라는 '나'의 독백처럼 영영 풀리지 않는 해석의 갈등으로 남게 된다.

  흔히 가족이 모두 제멋대로여서 엉망진창이 된 집안을 일컬어 콩가루 집안이라고 한다. 콩가루는 점성이 약해 쉽게 뭉쳐지지도 않지만 바람에도 쉽게 날아가 그 위계를 잡기에 무척 힘이 든다. 하지만 그 엉망진창 속에도 세상의 모든 엄마는 어려운 이야기(시)를 쉽게 말한다. 반면 세상의 모든 딸은 쉬운 이야기를 늘 어렵게 이해한다. 그 불가해한 표면을 스치며 교환되는 해석의 갈등 사이에는 "바람 든 무를 사온 내게/꼭 저 같은 걸 사왔대/꼭 저 같은 걸 낳은 사람이"라는 하소연이 뒤섞인다. 그런데도 이 가족을 여전히 하나의 가족 공동체로 묶어내는 것은 칠령팔락(七零八落)' 또는 '칠락팔락(七落八落)'으로 뒤엉킨 칠렐레팔렐레의 시선이다.

- 『시인동네』, 2020년 8월호 발표

'씨벌'들의 통촉(洞燭)

꿀벌의 씨앗이 되는 종자를 씨벌이라 한다. 벌을 치는 이들은 씨벌을 목숨만큼이나 귀히 여긴다. 꿀을 두고 벌이는 벌과 인간의 동상이몽 속에서도 씨벌만큼은 그 존재감을 여과 없이 드러낸다. 아무리 욕심 가득한 사람일지라도 씨벌 앞에서는 속수무책이라는 얘기다. 꿀벌의 씨앗이 되는 씨벌의 귀함을 알기에 이들은 꿀을 뜰 때도 씨벌이 겨울 동안 먹을 두 되가량의 꿀은 반드시 남긴다. 씨벌에 대한 예의인 셈이다. 씨벌이 겨울나기를 잘하면 잘할수록 꿀벌의 분봉은 수월해진다. 예로부터 꿀벌 떼의 이 세간내기를 「농가월령가」에서는 "벌통에 새끼나니 새 통에 받으리라/천만이 한맘으로 봉왕을 호위하니/꿀 먹기도 하려니와 군신분의 깨닫도다"라고 노래한 바 있다. 새로운 여왕벌의 탄생을 군신분의(君臣分義)로 설명하고 있으니, 그 비유가 실로 놀랍다. 꿀벌 떼의 분봉을 통해 새로운 왕을 탄생시키고 그 왕 또한 두 해가 지나면 자신의 역할을 다하고 사라질 거라는 예견은 의미 그대로 자연의 변증법인 셈이다. 더 놀라운 사실은 씨벌이 남긴 벌집의 원재료인 밀은 어둠을 밝히는 초의 백랍(白蠟)이 된다는 점이다. 지금이야 벌집의 원재료인 밀의 찌꺼기로 황초를 만드는 사람이 드물지만, 그 옛날 씨벌이 남긴 밀의 흔적으로 어둠을 밝히고 글자를 익히고 세상을 깨우쳤다는 상상은 지금 생각해도 꽤 매력적이고 흥미롭다.

무작정 씨벌에 대한 상상을 더듬거리다 보니 문득 씨벌이 남긴 황초가 '통촉(洞燭)'이라는 단어와 깊게 맞물려 있음을 직감한다. 통촉! 얼마나 따뜻한 낱말인가. 뜻풀이 그대로 '윗사람이 아랫사람의 사정이나 형편 따위를 깊이 헤아려 살핀다'는 이 말을 가슴 깊이 오래 궁글리다 보면 왠지 모르게 마음 한편이 환해진다. 드라마나 사극에서처럼 절대 권력인 임금에게 감히 '통촉'이라는 단어로 토를 달던 신하의 언행이 얼마나 아름다울 수 있었는지를 깨닫게 된다. 통촉은 그렇게 부정의 정신을 통해 새로운 삶의 이치를 우리에게 선사한다. 수직에서 수평으로 자세를 수시로 바꾸며 시인들의 거대한 몽상의 씨앗이 된다. 그 씨앗이 싹을 틔우듯 본래 시란 사람의 마음에 촛불을 켜놓는 일 아닌가. 바슐라르가 『촛불의 미학』에서 이야기한 대로 촛불의 영상은 몽상가들을 모두 시인으로 만들지 않았던가. 현실과 비현실 사이에 걸쳐진 이 불의 다리 앞에서 우리는 존재와 비존재의 끊임없는 공존을 목도하지 않았던가. 계속 타오르기 위하여 자기 자신을 뛰어넘는 불꽃의 원초적 영상 속에서 스스로 위를 날고, 그 첨단을 넘어 새로운 비약을 꿈꾸는 그 촛불의 불꽃이 바로 그 통촉 아니던가. 변증법이 아니던가. 굳이 시를 감상하면서 철학적 사유에 빚을 지고자 하는 것은 아니지만, 꿀벌의 씨앗으로 빚어진 이 씨벌의 통촉 앞에서 시인들의 시적 변증은 불확실한 확신의 몽상

<u>으로</u> 가득하다.

물 밖의 말을 물밑으로 끌어내려
그곳에서 섞는 말이 있다

기왕의 말은 산 같아도
세상을 흘러 다니는 흔한 말들, 그 말
강바닥 깊은 곳에서 귀엣말하듯 속닥거릴 때
비로소 반성이라도 하듯
반성과 반성이 결합하는 말이 태어나는 법이지,

기회는 만들어야 오는 거니까,
책갈피 속 문장처럼 숨어 있는 말 꺼내서라도
공통점을 모색하는 일은 좋은 거니까,

-헤이, 그대의 어깨에 나비가 앉아 있네.
-오오, 나비여, 그대가 날려보낸 부드러운 날개여,
  꽃을 찾아가는 말의 밀사여,

호기심 어린 안부같이
관심 밖에서 겉도는 불투명한 말들을 지우며
넙치 같은 아가미로 심호흡하듯
간을 보는 말이 있다.

― 이만섭, 「물밑대화」 전문1

정상적인 경로를 통하지 않거나 남몰래 만나서 어떤 일이나 문제의 해결을 위해 의견을 나누는 대화를 우리는 흔히 '물밑대화'라 정의한다. 일반적으로는 어떤 일이 은밀하게 이루어지는 상태를 '물밑'이라고 하니, 이 물밑은 단순하게 말해 세상에 보편화된 지식에 대한 반기다. 사실 세상의 모든 반기는 의문에서 시작되는 법이 아닌가. 굳이 헤겔의 변증법을 도식화하지 않아도 '물 밖의 말(正, thesis)'은 보편적 정서인 동시에 모순적 면모를 지닌 말의 상태를 일컫는다. 그 말을 '물 밑으로 끌어내리'는 행위(反, antithesis)는 그 자체로 보편성에 대한 부정인 동시에 모순을 털어버린 상태를 지시한다. 그 물밑에서 두 말은 뒤섞인다. 다시 말해 말의 합(合, synthesis)으로 초월해 가는 동시에 또 다른 부정을 기약한다. "기왕의 말은 산 같아도/세상을 흘러 다니는 흔한 말들, 그 말/강바닥 깊은 곳에서 귀엣말하듯 속닥거릴 때" 우리는 진리에 가까워질 수 있다. 그 물밑 속에서 "비로소 반성이라도 하듯/반성과 반성이 결합하는 말이 태어나는 법"을 목격한다면 굳이 철학적 논리 전개 방식을 따르지 않더라도 우리는 충분히 삶의 모순쯤은 해결할 수 있다. 살다 보면 정말로 기회는 만들어야 오는 것이고, 가끔은 책갈피 속 문장처럼 숨어 있는 말(antithesis)의 위력을 통해 삶의 합일점을 찾아 나서야 하는 것은 아닌지 궁구하게 된다. 그렇게 호기심이 어린 눈빛과 질문 섞인 모습으로 세상과 마주하다 보면 "오오, 나비여, 그대가 날려보낸 부드러운 날개여,/꽃을 찾아가는 말의 밀사"들과

---

1 이만섭, 「물밑대화」, 『문예바다』, 2016년 겨울호.

한 번쯤 조우하지 않을까 하는 불투명한 삶의 기대를 하게 된다.

무화과 입구로 들어간다

한번 들어가면
영영 나올 수 없는

말벌은 죽고
꽃가루를 묻힌 어린 새끼들이
무화과 밖으로 기어나온다

뒤집힌 꽃의,

꽃의 입장이라면
둥근 열매 안이
꽃의 바깥일 터
그곳에 하늘과 여우비와 죽은 말벌이 있다

나와 늙은 개와 낮잠
잉잉거리는 어린 말벌의 새끼들은
꽃 속에 있다

— 고영민, 「무화과」 전문[2]

---

2 고영민, 「무화과」, 『시담』 2016년 겨울호.

꽃의 불확실성은 확실하게 꽃을 넘어서버린 상태에서만 확인된다. 이 모호한 문장은 '무화과'라는 이름의 정의를 통해 그 의미를 보다 선명하게 가시화해낸다. 보통 무화과(無花果)는 '꽃이 없는 열매'라는 뜻으로 쓰인다. 중국의 의학서『본초강목(本草綱目)』에서도 무화과는 꽃이 피지 않고 열매만 맺는 나무로 소개된다. 정말 무화과는 꽃 없이 열매만 맺는 걸까? 우리의 상식과는 다르게 무화과는 분명 꽃이 있다. 그 꽃은 외면과 내면의 자리바꿈을 통해 무화과의 꽃을 피운다. 그 꽃이 꽃으로서의 존재가치를 획득하려면 무화과는 필연적으로 안과 밖을 뒤집어야 한다. "한번 들어가면/영영 나올 수 없는" 내면의 공간을 외부로 전복시켜야 한다. 그러나 안과 밖, 외면과 내면을 뒤집는다는 게 어디 말처럼 그리 쉬운 일인가. 다행스럽게도 우리는 이 지점에서 뫼비우스의 띠가 지닌 의미를 떠올려 볼 수 있다. 뫼비우스의 띠는 직사각형의 띠 모양의 종이를 한번 꼬아서 끝과 끝을 연결했을 때 생기는 곡면을 의미한다. 이렇게 만들어진 띠는 면이 하나인 상태로 관점의 전환을 통해 존재가치를 형성한다. 다시 말해 이 띠는 앞면과 뒷면의 구별이 없고 좌우의 방향을 정할 수 없는 마음의 시선으로 존재하게 되는 것이다. 우리가 익히 알고 있는 김성동의『만다라』나 조세희의『뫼비우스의 띠』를 생각해 보면 문제의 실마리는 쉽게 이해된다. 정답이 하나가 아니라는 사유 속에서 고정관념을 탈피해 보면 길이 트이는 법이다.『만다라』에 등장하는 노승의 화두를 해결하는 방법도 바로 그대로 두는 것이었다. '병 속의 새를 죽이지도 않고 병을 깨지도 않고 꺼낼 방법'은 예초 존재하지 않았던 거다. 단지 관점을 바꿔 보면 문제가 풀린다는 이 단순함 속에서 시의 변증은 그 사유를 더 깊게 한다. 한번 들어가면 영영 나올 수 없는 그 무화과의 내면도 "꽃의 입장이라면/둥근 열매 안이/꽃의 바깥"이 되는 사유를 불러일으키게 된다. 일순간 내부에 자리한 무화과의 꽃들은 외부에서 활짝 피어난다. 오히려 외부의 세계에 있던 "나와 늙은 개와 낮잠/잉잉거리는 어린 말벌의 새끼들은/꽃 속에" 자리하게 된다. 그런 점에서 보면 시인이란 자신의 관점과 인식을 날로 불안 속에 내던져야 한다. 비록 그 불안이 영혼을 잠식할지라도 말이다.

    나의 피가 온통 초록색이 되는 것
    나의 초록을 수혈 받은 기도가 잘 자라나는 것
    그 모든 게 한밤중에 은밀히 일어나는 것
    그게 한때 나의 꿈이었다

    결핍이 나를 키우고 있음을 깨달은 순간
    불안의 진면목을 인정해야 비로소 편안히 잠들 수 있는 순간
    비밀스런 언어는 찢거나 태우거나 숨겨서 들키지 말아야 하는 순간
    나는 알았다 나는 모든 종류의 눈빛에 흔들리는 겁쟁이

    흔들렸다 한때, 바람의 세기와 상관없이
    밀실이든 골목이든 광장이든 떠나보낼 내가 너무 많아서
    흔들린다 지금도, 아름다움과 추함에 대한 경계에서 천만 번 질문하며

흔들릴 것이다 앞으로도, 슬픔과 웃음이 한 단어라는 걸 알 때
까지
나의 질문이 늘 광합성을 할 수 있는 건 아니다

그러므로 나는 뿌리 내리는 중
나는 흔들리는 뿌리였기에 몸통이 흔들렸다
흔들리는 몸통이기에 줄기가 흔들린다
흔들리는 줄기이기에 잎조차 흔들릴 것이다
나는 죽어서야 결코 뿌리를 내릴 수 있을까
나의 대답은 항상 엽록소가 부족하다는 것이다

— 강순, 「야윈 나무」 전문[3]

불안한 영혼일수록 몽상은 깊다. 몽상과 꿈은 한통속인가. 몽상은 꿈속의 생각이다. 꿈은 잠을 자는 중에 뇌 일부가 깨어 있는 상태로 기억이나 정보를 무작위로 자동 재생하는 것이다. 그런 점에서 볼 때 꿈은 몽상과의 모순관계를 이룬다. 이 작품에서 '나'는 "피가 온통 초록색이 되는 것"을 꿈꾼다. 그 꿈은 "한밤중에 은밀히 일어나는 것"이기도 하지만 "한때 나의 꿈이었다"는 점으로 미루어 보아 몽상보다는 말 그대로 기억의 재생에 가깝다. 다시 말해 화자인 '나'는 시의 제목에서도 알 수 있듯이 '야윈 나무'로 상징된다. 한때 피가 온통 초록이었던 나무라는 기억이 화자의 기억을 자동 재생하고 있다. 언제나 그렇듯 인간은 한번 경험한 것에 대해서는 절대 몽상하지 않는

---

[3] 강순, 「야윈 나무」, 『문예연구』, 2016년 겨울호.

다. 단지 꿈만 꿀 뿐이다. 그 꿈을 이루지 못하는 순간 우리는 결핍에 시달린다. 야윈 나무로 대변되는 '나'를 키우는 것도 다름 아닌 결핍이다. 결핍은 꼬리에 꼬리를 물 듯 불안을 낳고 그 불안은 "바람의 세기와 상관없이" 화자인 나를 흔든다. 그 과정에서 감각적으로 경험하게 되는 합일의 감정은 "슬픔과 웃음이 한 단어"라는 사실과 "나의 질문이 늘 광합성을 할 수 있는 건 아니다"라는 점이다. 나뭇잎이 없어도 '나'는 야윈 한 그루의 나무가 되어 몽상한다. 뿌리내리기를 갈망한다. 이 모습에서 우리는 "나의 대답은 항상 엽록소가 부족하다"라는 꿈의 결핍만을 인정할 수 있을 뿐이다.

화장은 제 얼굴에 정성껏 편지를 쓰는 일

화장하는 여자를 곁눈질하다 손거울에서 눈이 마주쳤다 미처 빠져나올 틈도 없이 갇힌 내 얼굴에 파우더를 두드린다 얼굴이 뜨지 않게 거울에 꼼꼼하게 펴바르는 여자는 잔잔하다

어떤 타계의 탁자에 백자처럼 놓여 있는 머리, 어쩌면 거울에서 나는 다시 시작할 수도 있을 것이다

너무 가까운 거리에서 비껴간 당신처럼 속눈썹에 앉은 글씨들은 읽을 수 없다 다만 어떤 글씨에는 기차소리가 들린다 나무들 사이로 휘파람처럼 날아가는 기차

여자가 정성껏 입술을 옮기고 있다

> 내 입에 다른 입술을 붙이고 몇 번 다물어 맞추더니 거울을 닫
> 아버린다 내 얼굴을 가방에 챙겨넣고 경쾌하게 일어난다
>
> 거울은 얼굴이 내리는 낯선 역
> 나는 그 역명을 끝내 읽지 못했다
>
> — 박지웅, 「뜻밖의 세계」 전문[4]

가끔 인간의 결핍은 착각이 만들어낸 기억의 오류라는 생각이 든다. 기차역에서 작은 손거울을 들고 화장을 하는 여성을 통해 시적 상상력을 발휘하고 있는 이 작품은 착각과 착각이 덧대어져 이뤄낸 '거울이라는 낯선 역'에 관한 이야기다. 우선 작품 속의 이야기를 쉽게 풀어 보면 기차 속의 여자는 작고 앙증맞은 손거울을 보며 화장을 고친다. 여자가 기차역에 있는지 아니면 달리는 기차 안에 있는지는 확실치 않다. 다만 맥락상 추론 가능한 것은 기차를 타고 가다가 도착할 역이 다가오면 여자는 애써 화장을 고친다는 사실뿐이다. 여자의 손거울에 비친 '나'는 뜻밖에도 여자를 곁눈질하다가 거울 속에서 눈을 마주치게 된다. '나'는 그 거울을 빠져나올 틈도 없이 여자의 파우더 세례를 받게 된다. 이때의 남자는 당황하기보다는 오히려 거울 속에서 다시 시작할 수도 있을 것이라는 예감에 사로잡힌다. 그 사이 여자는 거울 속에서 "정성껏 입술을 옮"긴다. 그러다가 애써 거울을 닫아버리고 급기야는 여자를 곁눈질하던 내 얼굴까지도 "가방에 챙겨넣고 경쾌하게 일어난다." 이 대목에서 여자의 화장은 결

---

[4] 박지웅, 「뜻밖의 세계」, 『현대시학』, 2016년 12월호.

코 타자를 위한 행위가 아니라 오로지 본인만을 위한 행위였음을 짐작하게 한다. 생각해 보라. 여성들의 화장이 누구를 위한 것인지. 결국, 여자의 화장은 자기만족을 위한 절대적 행위일 뿐이다. 여성의 화장은 거울 속 자아에 대한 가면인 동시에 곁눈질하던 남자를 향한 민낯 그대로의 모습이다. "거울은 얼굴이 내리는 낯선 역"이라는 구절이 오래 기억에 남는 이유도 여기에 있다. 매번 같은 얼굴 같은 화장을 하지만 우리의 얼굴은 절대 같을 수 없다. 다시 말해 끊임없이 자신의 얼굴을 변증해가면서 그 변화하는 것들은 절대 변하지 않음을 인식할 뿐이다. 굳이 헤라클레이토스의 '나는 같은 강물에 두 번 발 담글 수 없다'는 전언을 빌리지 않더라도 거울 속 '나'는 뜻밖의 세계를 만난 셈이고 그 뜻밖의 세계를 통해 잠시나마 서로의 마음을 통촉하게 된 것은 아닐까.

> 바람이 나가라고 열어둔 창문으로 바람이 들어왔어
> 좋은 징조라고 했어 뜻밖의 기회를 얻거나
> 행운이 찾아오는 꿈이라고 행운을
> 믿는 것은 아니었지만
> 좋은 말을 들으면 기분이 좋아지니까
> 하루 종일 창문을 열어두었어
>
> 저녁이 점점 밝아오는 것이었어
> 거울 속의 나와 거울 밖의 내가 함께 오른손을 쓰는 것이었어
> 문틈에 찍힌 손톱에 고통도 없이 피꽃이 번지는 것이었어
> 내가 바라볼 때 창밖은 형성되고

막 완성된 풍경 속에서
막 만들어진 비둘기가 날아들어 왔어

그것을 내쫓으려고 방문을 열었지만
비둘기는 침대 끝에 앉아 나를 응시할 뿐이었고
만약 내쫓는 데 성공했다면 그를 만나지 못했을 것이라고 했어

그러니까 당신을 만나기 위해
그만큼의 악몽이 필요했던 것이구나

서로의 바깥에서 우리는 알아들을 수 없는 말을
말이 아닌 말투로 이야기했어
얼음물에 손을 집어넣은 것처럼
살이 아닌 뼈가 살아나는 감각으로

바람이 들어오라고
내 방과 몸의 모든 문을 죄다 열어놓고 싶었는데
그땐 왜 그 생각을 못 했는지
내가 열지 않았는데 열린 문을 보며
다시 저것을 닫아야겠다는 생각만 했어

문을 밀다가 뒤늦게 당기라는 말을 발견하고
여기엔 어떤 의미가 있을까 궁금해지는 것이었어

식탁 아래를 기어가던 흰 족제비에겐

아무리 물을 끼얹어도 꺼지지 않던 불에겐

— 김정진, 「바깥의 바깥」 전문[5]

　이 작품을 읽으며 가장 먼저 떠오른 것은 시인 이상의 「거울」이다. "거울속의나는왼손잽이오"라는 구절과 이 작품 속의 "거울 속의 나와 거울 밖의 내가 함께 오른손을 쓰는 것이었어"라는 대구는 묘하게 닮아 있으면서도 그 의미의 색채를 달리한다. 이상의 시구가 시적 주체의 분열을 경험시켰다면 이 작품 속에서의 화자는 거울이라는 매개체를 통해 주체의 합일을 이룬다. 궁극적으로는 시인 이상과는 정반대의 거울인 것 같지만, 자세히 들여다보면 두 작품 모두 각기 다른 나르시스를 향해 간다. "거울속의나를만져보지를못하는구료만은/거울이아니었던들내가어찌거울속의나를만나보기라도했겠오"라는 이상의 고백이 거울을 믿기보다는 거울을 보는 자신을 믿을 수밖에 없는 자아분열의 감각이라면, "바람이 나가라고 열어둔 창문으로 바람이 들어왔어/좋은 징조라고 했어 뜻밖의 기회를 얻거나/행운이 찾아오는 꿈"이라는 자아와 객체의 합일된 감각은 새로운 변증의 합으로 귀결된다. 그 고백의 연쇄 과정에서 화자는 온종일 창문을 열어두는 계기를 확인한다. 자신의 의도와는 다르게 인식되는 이 세계는 결국 "거울 속의 나와 거울 밖의 내가 함께 오른손을 쓰는" 기분 좋은 현상으로 설명될 수 있다. 이는 "문틈에 찍힌 손톱에 고통도 없이 피꽃이 번지는 것"이며 "내가 바라볼 때 창밖은 형성"되

---

[5] 김정진, 「바깥의 바깥」, 『시인동네』, 2017년 1월호.

며, 종국에는 화자에게 '막 완성되는 풍경'으로 자리하게 된다. 풍경이 완성되면 될수록 화자는 "그러니까 당신을 만나기 위해/그만큼의 악몽이 필요했던 것"이며, "서로의 바깥에서 우리는 알아들 수 없는 말을/말이 아닌 말투로 이야기"했다고 고백한다. 이 시적 고백 속에서 우리는 어떤 의미를 도출하기보다는 그저 그 반대 항에 형성되는 또 다른 관점을 목도하게 된다. 이 세상은 우리가 사유해내고 있는 꼭 그만큼의 반대형식이 세상 어딘가에 자리하기 때문이다. 그 변증으로 점철된 삶의 형식은 "아무리 물을 끼얹어도 꺼지지 않던 불"처럼 우리를 삶의 벼랑 끝으로 몰아세운다.

    초음파보다 의사의 청진기를 믿는다
    내 심장에 귀를 대고
    뚝뚝 빗소리를 들어주는 분

    눈꺼풀 들어올려
    바위 아래 짓눌린 눈동자를
    말없이 꺼내주신 분

    하얀 가운의 기운이 성(性)을 무너뜨린다
    맨가슴 드러내 그의 귓속으로
    지난밤 악몽을 흘려보낸다

    머물러온 체온보다 더 뜨겁게 감전당한 이력을
    그는 유심히 듣는다

평소 식습관과 운동 방식에 대해
슬픔을 대하는 태도나 증오의 형태에 대해

침대가 뜨거워지고 사소한 질문이 오가는 동안
청진기 속으로 빨려들 듯
온도를 넘어선 잦은 열병들,
내 몸을 해독하기 위해 당신의 몸이 열린다

최첨단 촬영기보다 더 면밀하게
맥박 속으로 침몰하는 귀

따스한 손바닥이 이마를 짚는다
빛을 켜 들고 혓바닥을 살핀다
초점 풀린 눈동자와
다급히,
집중하는 눈

— 조원, 「청진기를 심장에 대고」 전문[6]

세상이 규정할 수 없는 것들로 변증되어가는 사이 인간은 어느새 그것을 규정하고자 노력한다. 그런 점에서 청진기의 발명은 인간의 육체를 무척이나 간결하게 논리 속에 가둬놓았다. 하지만 청진기만

---

[6] 조원, 「청진기를 심장에 대고」, 『시사사』, 2017년 1~2월호.

큰 감성적인 의료기기가 또 있을까. 청진기는 병원 의사가 사용하는 여느 차가운 의료기기들과는 달리 유일하게 인간의 감정이 길들 수 있는 통촉의 도구다. 마치 어두운 밤 한 자루의 촛불이 되어 동굴을 비추듯 사람의 육체를 들여다보는 그 시선 말이다. 청진기를 목에 건 의사는 마치 어두운 밤 한 자루의 촛불을 든 사제처럼 보이며, 어쨌든 그 힘과 아우라를 통해 화자의 심장에 청진기를 대고 육체를 들여다본다. 그 과정에서 청진기는 육체뿐 아니라 화자의 감정까지도 추출해낸다. "내 심장에 귀를 대고/뚝뚝 빗소리를 들어"주기도 하고 "머물러온 체온보다 더 뜨겁게 감전당한 이력"을 유심히 들어주기도 한다. 이 과정에서 의사는 청진기를 통해 "내 몸을 해독하기 위해 당신의 몸이 열린다"는 다소 에로틱한 시적 전회를 선보인다. 동시에 "최첨단 촬영기보다 더 면밀하게/맥박 속으로 침몰하는 귀"가 바로 청진기임을 거듭 강조한다. 이 지점부터 청진기는 더는 의료기기의 역할을 거부한다. 청진기가 갖는 도구성의 상실이 인간의 육체와 그 운명에 동참하기 때문이다. 점차 죽음에 합일되어가는 육체를 사이에 두고 결국 의사가 선택할 수 있는 것은 "따스한 손바닥으로 이마"를 짚으며 "빛을 켜 들고 혓바닥을 살"피는 일뿐이다. 초점 풀린 화자의 눈동자와 그것에 다급하게 집중해내는 의사의 시선 사이에서 화자가 굳이 지난밤의 악몽을 떠올리는 것은 어쩌면 우리의 심장은 여전히 청진기의 이력 밖에서 뛰고 있기 때문인지도 모른다.

울타리는 가고 있다 울타리는 나지막한 끝말을 이어가고 있다
자주제비울타리콩 다음에 자주제비울타리콩덩쿨 자주제비울타

리콩덩쿨 다음에 자주제비울타리콩덩쿨손이 얽히고설킨 다음에 귀를 쫑긋 세우고 울타리를 귀담아듣는 울타리가 다음 순서다

드문드문하고 휘어지고 허술하게 엮어놓은 말 때문에 쉽게 넘어지는 울타리는 중간 말을 이어간다 울타리는 에워싸지 않고 에워싸고 지킬 것 없이 지키고 규정되지 않은 것을 규정하는 성질 때문에 가운데가 텅 비었다

울타리는 이끌고 가는 데 능하다 단번에 뛰어넘을 수 있는 형식을 빙 둘러서 간다 단번에 뛰어넘을 결심을 했다면 손에 든 가방부터 훌쩍 집어던진 그다음에

울타리는 밟지 않는다 울타리는 걷어차지 않는다 울타리의 존재를 증명하는 명확한 행위는 하지 않는다 울타리는 끝없는 말을 이어가므로 출입문을 통해 울타리를 벗어난다는 것은 무의미하다

울타리는 나를 좀 얽히게 하는 성질이 있으므로 뛰어넘을 수밖에 없다면 자주제비울타리콩이 울타리를 뛰어넘어서 콩이 되도록
울타리는 나를 좀 설키게 하는 성질이 있으므로 빙 둘러 갈 수도 있다면 자주제비울타리콩이 빙 둘러서 콩이 되도록

울타리는 길지만 높이를 지향하기 때문에 울타리과에 속하는

'씨벌'들의 통촉(洞燭) 51

> 것들은 동물적인 속성을 드러낸다 울타리를 타고 울타리를 옭아
> 매고 울타리를 친친 감는다
>
> 울타리는 뒷말을 이어간다 울타리는 끝까지 끝나지 않는다 울
> 타리는 지루한 말이 아니고 길고 긴 형식이다
>
> — 조말선, 「울타리」 전문[7]

    울타리는 작품 속 표현 그대로 뒷말이 무성한 곳이다. 본디 울타리는 풀이나 나무 등을 엮어서 만든 경계지점을 뜻하기도 하지만 그 경계로 말미암아 경계가 무너지는 원인이 되기도 한다. 그만큼 울타리는 외적·내적으로는 이중적 공간이면서, 울타리를 이루는 말들을 통해 그 개별성을 유지하는 장소이기도 하다. 가령, "드문드문하고 휘어지고 허술하게 엮어놓은 말 때문에 쉽게 넘어지는 울타리는 중간 말을 이어간다. 울타리는 에워싸지 않고 에워싸고 지킬 것 없이 지키고 규정되지 않은 것을 규정하는 성질 때문에 가운데가 텅 비었다"는 구절에서 울타리는 무질서의 반복을 통해 새로운 질서의 합일을 꿈꾼다. 베르나르 베르베르가 『상상력 사전』에서 이야기한 혼돈과 질서에 대한 글처럼 질서는 무질서를 낳고 무질서는 질서를 낳게 된다. 이것은 마치 이론상 달걀을 휘저어 만든 오믈렛 안에 무질서를 많이 넣으면 넣을수록 최초의 알에 대한 질서를 되찾을 기회는 점점 많아질 것이라는 재미난 이야기를 예로 든다. 질서란 무질서의 결합에 지나지 않으며, 무질서가 확장되면 새로운 질서들을 낳는다

---

[7] 조말선, 「울타리」, 『포지션』, 2016년 겨울호.

는 가능성을 제시한다. 결과적으로 시 작품 속의 울타리는 무질서한 반복을 통해 울타리의 형식을 규정해낸다. 동시에 울타리는 자신의 존재를 증명하는 명확한 행위를 스스로 무너트림으로써 그 역의 몸짓을 통해 자신의 존재가치를 형성시킨다. 그래서 울타리는 "끝까지 끝나지 않으면서" 뒷말을 이어간다. 그 길고 긴 변증의 형식이 울타리를 귀담아듣게 만드는 힘을 생성한다.

    네게서 조금 엎질러진 부분이
    내게 스며들었다
    너의 액화된 사랑, 미움, 기쁨
    나는 얼룩 없는 조각으로 돌아갈 수가 없다

    나는 쓰러지며
    네게 묻은 색깔을 너에게 묻힌다
    너는 잃어버린 슬픔이었어서
    그것의 무게를 가볍다 느낀다
    그리고 너는 쓰러진다

    우리는 무늬를 이루게 된다
    얼룩의 얼룩의 얼룩의 얼룩의
    고리이며
    세계가 한번도 들려주지 않았던
    고리로 끝이 난다

발신음을 전송한다
하나의 조각과
하나의 조각이 부딪치고

너와
모르는 너와
알지 못할 너와
네가 아닌 너와
너희들로부터 떨어져 나온 너에게

그곳이 흰
세계인 줄도 모르고

— 하재연, 「검은 도미노」 전문[8]

  꼬리에 꼬리를 물고 돌아가는 세상 속에서 우리가 종국적으로 만나게 되는 것은 무엇일까. 그것은 결국 서로의 마음을 통촉해내는 변증의 시선일 것이다. 이 글의 서두에서 이야기했듯 시의 통촉은 질문을 통해 발현된다. 질문은 시의 '씨벌'이다. 그 씨앗이 의심이든 부정이든 계몽이든 무슨 상관이랴. 우리가 경험하고 인식하는 모든 세계의 사물과 현상에 의문을 가져 보는 일, 상대방의 마음에 통촉의 촛불을 켜고 그 안을 오래 들여다보는 일. 그 합의 변증을 다시 무수히 무너뜨려 보려고 도전해 보는 일이 바로 통촉의 시선이

---

[8] 하재연, 「검은 도미노」, 『창작과비평』 2016년 겨울호.

다. 그런 점에서 이 작품 속 도미노는 변증의 상징이 아닐까. 서로를 넘어트리는 도미노는 과거와 미래를 동시에 소유함으로써 '우리라는 무늬'를 이룬다. 얼핏 보면 "하나의 조각과/하나의 조각이 부딪치"는 것이지만, 크게 보면 그 자체가 거대한 하나의 시적 테제(合, synthesis)인 셈이다. 이제 검은 도미노는 서로서로 밀거나 밀쳐내며 우리의 관념을 쓰러트리지만, 결과적으로 "그곳은 흰 세계"이다. '검정'의 모순으로서 존재하는 '흰 세계'를 화자는 "얼룩의 얼룩의 얼룩의 얼룩"으로 인식한다. 가만히 이 얼룩을 통촉하고 있다 보면 누군가 우리의 어깨를 툭 밀치며 말을 걸어올 듯하다. "너와/모르는 너와/알지 못할 너와/네가 아닌 너와/너희들로부터 떨어져 나온 너에게" 삼가 통촉하여 달라고 말이다.

-『문예연구』, 2017년 봄호 발표

축적과 잉여의 시간 그리고 내일의 감정

> 동굴에 살던 웬 인간이
> 동굴에 살던 다른 인간에게
> "내일 보자!"라는 인사말을 건네면서
> 세상이 완전히 달라진 것이었다.
> – 다니엘 S. 밀로, 『미래중독자』 부분

 인류 역사상 가장 위대한 약속은 무엇일까. 그것은 바로 '내일 보자'이다. 그 옛날 케냐와 에티오피아 중간쯤 되는 동굴 어디에선가 한 인간이 다른 인간에게 무심코 던진 '내일 보자!'라는 그 막연한 인사가 인간의 사유체계를 완전히 뒤바꿔버린다. 이스라엘 태생의 역사학자 다니엘 S. 밀로의 말에 따르면 '내일의 발명'은 인간과 동물의 가장 큰 차이를 구분하는 규준이 된다. 호모 사피엔스로 대변되는 인간만이 지구상의 모든 동물 가운데 유일하게 아직 존재하지 않은 미래를 위해 이미 존재하는 현재를 기꺼이 포기하기도 한다. 내일의 발명은 불확실한 미래에 대한 공포로 이어지고, 인간은 이를 극복하기 위해 '준비'와 '계획'이라는 개념을 만들게 된다. 그 과정에서 인간은 미래를 대비하는 축적과 잉여를 탄생시킨다.
 밀로의 주장을 긍정하든 부정하든 간에 시란 내일이라는 시간을 오늘로 앞당길 수 있는 강력한 힘을 지닌다. 영화 〈아저씨〉의 주인공 태식의 대사가 개인적으로 시적으로 다가오는 이유는 '내일'을 발명한 인간들의 불안 속에서 극 중 태식만이 축적과 잉여의 시간을 벗어나 영원한 현재의 시간을 발견하기 때문이다. "니들은 내일만 보고 살지? 내일만 사는 놈은, 오늘만 사는 놈한테 죽는다." 다소 어정쩡하고 모호하고 막연하고 심지어 식상하기까지 한 태식의 대사가 오늘이라는 시간 속에서 내일의 감정을 어떻게 호명하고 있는지, 그 시적 욕망을 현재의 감정 속에 어떠한 방식으로 축적하고 있는지에 대해 시를 읽으며 궁리해 보고자 한다.

> 이 순간, 울음이 필요해서 애먼 마음을 흔들지
> 마구마구 휘저어서 슬픈 것들을 휘핑하지
> 부글부글 끓어오른 거짓 거품이 흘러넘치지
> 사랑해 본 적이 있습니까, 당신은
> 도대체 사랑이 무엇인지요, 그런 감정은
> 뾰족한 스투키 화분이 작은 방의 살갗을 찌를 때
> 육지거북이가 먼 곳을 응시하며 주억거릴 때
> 선풍기 바람이 뜨거운 드라이기처럼 발열할 때
> 이런 것들을 사랑의 전조라고 감히 말할 수 있나요
> 차마 사랑을 모릅니다, 나는 낭만루저니까요
> 때문에 실연이 무슨 맛인지 도통 알 수 없지요
> 씁쓸한가요, 쌉쌀한가요, 녹차 아이스크림처럼 그런 건가요
> 아까부터 울음 곳간은 차곡차곡 차오릅니다
> 필요한 것은 울음인데 쓸데없는 기분들이 들어찹니다
> 울 수 있을 때 울 수 있는 것은 아름다워요
> 훌쩍거리지 않고 그 어떤 표정도 없이 눈가에 그렁그렁

두 볼에 떨어지기 직전의 그 감정
그런 게 사랑이라면 어제도 오늘도 해봤습니다
내일도 그런 흔한 풍경으로 가득하겠지요, 이 거리는
쓸데없는 것들만 파는 상점을 알고 있어요
짓무른 상처에서 고름이 들어차네요, 당신의 무릎
왜 그 자리에 주저앉은 건가요, 당신의 사랑
쓸데없는 것들이 이 세계의 뺨을 세차게 후려치고
가만히 서서 무너져 내릴 때를 생각해 봐요
그것이 사랑이었나요, 차마 쓸데 있는 시간이었던가요
미안해요, 알면서도 모르고 모르면서도 아는 나를
죽도록 미워하세요, 그래서 당신의 죽고 싶은 마음을
죽여 버리는 거예요, 증오의 대지 위로 더욱 단단한 우리의 씨앗
그것이 차마 사랑이라면 다시 자라나도 좋을 거예요
사랑을 모르는 시인의 시집 따위는 촛불에 사르고
다시 태어나는 거예요, 얼얼한 뺨이 붉은 꽃으로 춤출 때까지

― 김산, 「쓸데없는 것들로 가득한 세계」 전문[1]

살면서 울음이 필요한 순간은 언제일까. 엉뚱하게도 남자는 태어나서 세 번 운다는 말이 떠오른다. 먼저 태어났을 때 울고, 다음으로 부모님이 돌아가셨을 때 울고, 마지막으로 나라를 잃었을 때 운단다. 그리고 보면 남자에게 울음이라는 감정은 어떤 사건을 기준으로 응축되어 있다가 터지는 봇물 같기도 하다. 어쨌든 이 작품의 첫

---

1 김산, 「쓸데없는 것들로 가득한 세계」, 『시산맥』, 2018년 가을호.

행과 마지막을 두고 생각해 보면 화자는 "이 순간, 울음이 필요해서" 운다. 그 울음의 이유는 "사랑을 모르는 시인의 시집 따위는 촛불에 사르고/다시 태어나는 거예요"라는 구절에서 찾을 수 있다.

그렇다고 화자의 울음을 단순히 태어나는 순간의 감정이 응축되어 나타난 현상이라고만 보기 어렵다. 이 작품은 아주 단순하게 말해 '사랑'에 대해 이야기하고 있기 때문이다. 새삼스레 사랑이라니. 그러나 이 작품에서 말하고 있는 사랑은 새삼스럽지 않다. 우리가 일반적으로 구분하는 범주의 사랑과는 사뭇 다른 감정이 응축되어 있기 때문이다. 에로스(Eros)와 스토르게(Storge), 필리아(Philia)와 아가페(Agape)와 같은 일반적인 사랑의 범주에 귀속되지 않은 작품 속의 사랑의 감정은 시의 제목 그대로 '쓸데없는 것들로 가득한 세계'의 사랑이다.

그렇다면 쓸데없는 것들로 가득한 사랑의 세계는 무엇으로 구축되어 있을까. 작품 속의 화자는 그 감정에 대해 자문한다. "사랑해 본 적이 있습니까, 당신은/도대체 사랑이 무엇인지요"라고. 하지만 그 물음에 대해 이렇다 할 대답을 내놓지 않는다. 다만 사랑의 감정을 "뾰족한 스투키 화분이 작은 방의 살갗을 찌"르거나, "육지거북이가 먼 곳을 응시하며 주억"거리거나, "선풍기 바람이 뜨거운 드라이기처럼 발열할 때" 그것이 바로 사랑의 전조라고 이야기할 뿐이다. 그러나 그 사랑의 전조는 화자에게 사랑을 가르쳐주지 않는다. 화자는 스스로를 '낭만루저'라고 말하고 있으나, 사랑에 실패했다고 해서 사랑을 모른다고 할 수는 없다. 오히려 사랑에 실패했기 때문에 사랑을 더 잘 아는 것인지도 모른다. 그래서 화자는 사랑의 결과물로 나타나는 실연이 도통 무슨 맛인지 알 수 없다고 말한다.

재미있는 것은 사랑을 모른다고 말하는 화자가 사랑을 모른다고 말할 때마다 사랑은 쓸데없는 방식으로 그 이미지를 축적해 나간다는 점이다. 가령 실연이 도통 무슨 맛인지 모르는 화자는 씁쓸함과 쌉쌀함을 가진 '녹차 아이스크림'의 맛을 실연을 통해 기억해낸다. 그 과정에서 화자의 감정이 귀속되는 지점은 결국 '울음'이다. 정리하자면 '나'는 사랑을 모르지만 '녹차 아이스크림' 같은 사랑의 쓸데없는 감정을 경험한다. 그 아이스크림의 이미지 속에서 울음은 점점 녹아내려 "두 볼에 떨어지기 직전의 그 감정"으로 화자를 선도한다. 그러면서 "그런 게 사랑이라면 어제도 오늘도 해봤"다고 너스레를 떤다. 다시 말해 화자가 경험하고 있는 사랑은 어떤 특별한 것이 아니라 우리 일상 속에서 벌어지는 쓸데없는 것들로 가득한 흔한 풍경임을 암시한다.

    서점의 책들은 날것이다

    책들이 풀처럼 일어선다
    나는 낯선 글자들에 민감하다

    신선한 제목들 앞에선 야생의 짐승으로 돌변한다
    눈에 띄는 대로 뺐다 도로 끼웠다
    날것의 글자들은 날것인 채로

    서점의 시간은 풋것을 섭취하는 채식주의자의 원형 식탁
    중심은 비어 있고

마리코 아오키가 은밀한 체위를 꿈꾸듯
절름발이 늑대가 있는 동물원에도 경건한 목례를 표하며

상상은 식물성일까?

하루를 꺼내 들고 백 년의 변기에 앉으면
부지런히 시간을 세는 초침을 이해하고
정착지를 잃은 상상들을 외롭지 않게 다독였다
끈질기게 씹어 삼킨 살코기를 생각한다
관념이 풍기는 따위의 고소한 맛에 대해

한 권의 들소를 해독하는 데 천만 평 초원이 필요하다
원형 식탁의 즐거운 추억일지라도
초원은 침묵으로 배설될 것이다

— 성향숙, 「마리코 아오키는 서점에 갈 때마다 배변 욕구가 생긴다」 전문[2]

이 세계가 쓸데없는 것들로 가득 차 있다면, 인간은 가끔 사소하거나 쓸데없는 호기심에 자신의 시간을 한없이 투자하기도 한다. 이 작품에서 제시한 '마리코 아오키는 서점에 갈 때마다 배변 욕구가 생긴다'는 표제는 개인적으로 많은 호기심을 불러일으킨다. 단정할 수 없지만, 누구나 한 번쯤은 서점이나 도서관에 가면 마치 마법에 걸

---

[2] 성향숙, 「마리코 아오키는 서점에 갈 때마다 배변 욕구가 생긴다」, 『시와 사람』, 2018년 가을호.

린 사람처럼 배변을 보게 되는 경험이 간혹 발생하기 때문이다. 이 작품을 읽는 동안 문득 '마리코 아오키'에 대해 궁금함이 생겨 인터넷에 검색한다. 이름과 관련하여 '마리코 아오키 현상'이라는 검색어가 곧바로 연동된다.

　마리코 아오키 현상은 1985년 4월 발행된 '책의 잡지(本の誌)'에 실린 어느 독자의 엽서에서 유래되었다고 기사화되어 있다. 이 기사에 따르면 평범한 회사원인 마리코 아오키가 "서점에만 가면 왠지 변의를 느낍니다. 이유가 뭔가요"라는 질문을 잡지에 남겼다고 한다. 이후 이 문제를 두고 여러 전문가와 매체가 앞다투어 공방을 벌인 끝에, 다음과 같은 세 가지 결론에 도달하였다고 한다. 첫 번째 이유로는 책을 인쇄할 때 사용하는 잉크에 포함된 화학물질이 인간의 뇌에 영향을 미쳤을 것이라는 추측이다. 두 번째는 대량의 책에 둘러싸여 책을 고르고 구매하는 과정에서 발생하는 초조함 때문이라는 가설이다. 마지막으로 과거에 한 번이라도 서점에서 화장실에 간 기억이 있는 사람이라면 그 공간에 들어서는 순간 조건반사적으로 화장실에 가고 싶어진다는 것이다.

　이유야 어찌 됐든 이 작품에서는 도서관만 가면 배변 욕구를 경험하는 '마리코 아오키'의 경험을 시적으로 재구성하고 있다. 다만 이 작품이 마리코 아오키 현상과 차별화되는 지점은 서점을 야생의 공간으로 전환했다는 점이다. 화자는 "서점의 책들은 날것"이라고 선언한다. 그 선언 속에서 화자는 풀처럼 일어서는 책들과 조우하게 되고, 책장마다 꽂혀 있는 제목들 앞에서 '야생의 짐승으로 돌변'하는 경험을 하게 된다. 또한, 글자는 날것인 채로 "서점의 시간은 풋 것을 섭취하는 채식주의자의 원형 식탁"으로 전이된다.

다양하게 꽂힌 도서관의 책은 화자의 감정을 통해 결국 침묵을 향해 치닫는다. 그 침묵은 현재 내가 선택한 "하루를 꺼내 들고 백 년의 변기에 앉으면", "부지런히 시간을 세는 초침을 이해하고/정착지를 잃은 상상들을 외롭지 않게 다독"이게 된다. 여기에서 화자가 책을 읽는 행위는 "한 권의 들소를 해독"하는 과정으로 자연스럽게 전환된다. 그 과정에서 천만 평의 초원이 필요하다고 상상하는 것은 들소에 대한 오독일까 아니면 침묵에 대한 경외일까 자못 궁금해진다.

지우개 하니까 냉큼 지우개를 준다
연필 하니까 대번에 연필을 준다
락스 하니까 수세미까지 얹어 락스를 준다

꾸역꾸역 모이는 걸 보니 저건 필시 마지막 급행
수증기도 알고 보면 한 알, 한 알, 다 거기서 거기
토끼나 나비나 구름의 세계에서는 똑같고
소나무와 소나무의 차이는 목격하는 눈동자 속에만 있다

구피 같은 것이 죽으면 휴지로 대충 싸면 그만이지만
유리어항이 깨지는 건 어이가 없고 분통이 터지는 일

세탁기에 운동화를 넣고 돌리면 뱅글뱅글
돌아가는 것은 물체가 아니라 물체의 시간
이 아니라 탈수를 기다리는 생물의 눈알 한 쌍

마치 늘 내 편인 것처럼, 손은 책장을 넘겨주고
설거지 때는 호시탐탐 그릇 밖으로 미끄러지다가
잠이 들면 꿈속에서 꿈밖으로 밤을 쭉쭉 잡아당긴다
어둠의 색이 희미해질 정도로 세계, 팽팽하게,

그래 봤자 부처님 오신 날은 빨간 날, 문화센터는 휴관
멘토스 자판기는 500원 한 개부터 주입 가능하지만
달콤함도 잠시, 덕분에 입은 충분히 입 다물었으나

그래서 집으로 가는 길이 맞나요? 물어보는데
이 길만큼 산전수전 겪기 좋은 길도 없다고
영영 도착하지 못하는 길은 없나요? 물어보는데
여긴 태생부터 미아들이라, 안심해도 좋다고
웬만한 우왕좌왕은 티도 안 나고, 보여도 안 보인다고

내가 기어코 잃어버리고 싶은 것은 이 길의 끝인데
당신은 투명인간과 자존심에 대해 말한다, 하긴
진짜 투명일 리는 없으니까, 멘토스를 이렇게 와짝
와짝 씹어대는 중이니까, 불투명 인간의 단물 고인
입속이 궁금하다면 언제든 구경 오시길, 대환영!

─ 황성희, 「불투명 호갱님의 멘토스 시전」 전문[3]

---

[3] 황성희, 「불투명 호갱님의 멘토스 시전」, 『시와 사상』, 2018년 가을호.

시를 읽다 보면 제목에서부터 호기심을 주는 작품들이 있다. 「불투명 호갱님의 멘토스 시전」이 그런 작품이다. 개인적으로 '호갱님'이라는 단어를 자주 사용하지 않아서 그런지 몰라도 문득 '호갱님'과 '멘토스' 사이에서 내재하고 있을 시인의 상상력이 궁금해진다. 작품을 더욱 쉽게 이해하기 위해 표제로 제시된 문장의 단어들을 하나씩 뜯어 살펴본다.
　우선 제목에서 불투명하다는 것은 쉽게 말해 빛이 통과하지 않는 상태, 다시 말해 속이 비치지 않는 것을 의미한다. 호갱님은 국어사전에서 명시한 바대로 어수룩하여 이용하기 좋은 손님을 지칭하는 단어일 것이다. 멘토스는 추측이 맞는다면 세계적인 사탕 브랜드로서 지하철역의 자판기나 마트에서 주로 판매되는 식품을 지칭할 것이다. 멘토스는 모양은 납작한 공 모양이며, 보통 14개가 들어 있는 종이 팩으로 포장되어 판매된다.
　제목에서 주어진 단어를 종합하여 풀어 보면 '속을 알 수 없는 어수룩한 손님의 사탕 가게' 정도로 추측해 볼 수 있다. 물론 작품의 전체 맥락상으로는 멘토스라는 사탕의 이미지를 중심으로 시를 해석하는 것이 좀 더 유용하다. 화자는 종이 팩에 쌓인 멘토스의 14개 사탕의 이미지를 '마지막 급행'에 비유하면서, 좀 더 이미지를 확장해 "수증기도 알고 보면 한 알, 한 알, 다 거기서 거기"라고 귀결시킨다. 사실 멘토스처럼 호갱님을 속이는 사람이나 속는 사람이나 속고 속이는 것은 마찬가지다. 그래서 화자는 "토끼나 나비나 구름의 세계에서는 똑같고/소나무와 소나무의 차이는 목격하는 눈동자 속에만 있다"고 고백한다. 다만 그 차이는 그것을 바라보는 관점에 있을 뿐이다.
　그런 점에서 화자가 부처님 오신 날 문화센터에 가는 것은 그리

큰일이 아니다. 그것은 마치 "구피 같은 것이 죽으면 휴지로 대충 싸"는 행위이거나, "유리어항이 깨지는" 것을 어이없고 분통 터지는 일로 바라보는 관점의 차이일 뿐이다. 이런 상황에서 화자인 내가 기어코 잃어버리고 싶은 것은 '이 길의 끝'이다. 화자가 말한 이 길의 끝엔 도대체 뭐가 있는 것일까? 작품에서는 당신이 이야기하고 있는 '투명인간'과 '자존심'이라고 말한다. 화자는 그 자존심에 대해 크게 신경 쓰지 않는 눈치다. 다만 화자인 '나'와 반대편에 서 있는 '당신'이 투명인간과 자존심에 대해 말할 때, 화자인 내가 불투명하다면 당신은 절대 화자인 '나'를 호갱님으로 규정지을 수 없다는 의미를 담게 된다. 이제 불투명한 호갱님으로 규정되는 화자는 '당신'에게 당당히 말한다. "불투명 인간의 단물 고인/입속이 궁금하다면 언제든 구경 오시길, 대환영!"이라고.

해바라기를 집에 두면 부자가 된다는데
식탁 위 화병에 꽂혀 있는 천성이 造花인 그는 침묵이다
그 옆에 보초선 술병, 실눈으로 째려보며
― 너거 아부지가 먼저 죽어야 될 낀데

머리숱이 빠져 가르마도 없는 엄마는 자식이 가져간 전복죽을 먹으며
무슨 든든한 지원군이라도 만난 듯
전복 껍데기 같은 말 툭툭 내뱉는다

이쯤 되면 예방주사 맞기 싫어 맨 뒷줄에 설 때처럼

불안에도 소리 없이 금이 가고 엄마는 아버지 때문에 자주 더
실금이 갔고
아버지 덕분에 힘껏 아프기도 한데

스무네 살에 떠난 형이 남긴 금은 좀체 아물 기미가 없고
둘러보면 금 간 것이 적지 않아 친정집엔 돈보다 금이 많다
저녁연기가 금 간 하늘을 비낀다

- 서하, 「침묵은 금이 간다」 전문[4]

  이 작품을 가만히 들여다보고 있으니 문득 '침묵은 금이다'라는 말이 떠오른다. 이 말을 언제 들어보았을까. 초등학교 시절 선생님 혹은 부모님께 가끔 들었던 말로 기억한다. 아마도 말을 많이 하다 보면 실수를 하게 된다는 의미로 어른들이 사용했을 이 말을, 이 작품에서는 조금의 상투성을 넘어 '침묵은 금이 간다'라고 표현한다. 그렇다고 '침묵은 금이다'와 '침묵은 금이 간다'의 문장 사이에서 무슨 엄청난 시적 의미가 있는 것은 아니다. 다만 금이라는 동음이의어 속에 담긴 우리네 삶이 조금 서글플 뿐이다.
  어쨌든 우리는 살면서 타자의 압력에 의해 침묵하기도 하지만 스스로 침묵하기도 한다. 이 작품의 침묵은 후자에 가깝다. 비교적 쉬운 구조와 의미를 지녔음에도 이 작품에 눈길이 머무는 것은 이 때문이다. 이 작품에서 첫 행은 "해바라기를 집에 두면 부자가 된다"는 풍문으로 시작한다. 믿거나 말거나이지만 이 말을 믿는 사람이라면

---

[4] 서하, 「침묵은 금이 간다」, 『문예연구』, 2018년 가을호.

대부분 부자는 아닐 것이다. 이를 증명이라도 하듯 "식탁 위 화병에 꽂혀 있는 천성이 造花"다.

평소 입을 닫고 살던 어머니도 전복죽을 가져온 자식을 핑계 삼아 무슨 지원군을 만난 듯 말을 툭툭 내뱉는다. 이러한 어머니의 행동은 그와 어머니 사이에서 오랜 침묵이 자리하고 있었음을 암시한다. 당연히 그 모습을 지켜보는 자식 입장에서는 아버지인 그와 어머니 사이에 흐르는 긴장의 끈을 놓지 않을 수 없다.

작품의 말미에선 결국 어머니가 툭툭 내뱉는 잔소리와 아버지가 택한 침묵의 원인이 "스무네 살에 떠난 형"이 남긴 금 때문이라고 이유를 밝힌다. 물론 이때의 금은화폐로 사용되는 금속과는 다른 의미이다. 형 때문에 서로의 사이가 벌어지거나 틀어진 갈등의 요인인 '금'일 것이다. 이렇듯 금에 대한 동음이의어는 작품 속 화자의 친정집을 둘러싸고 있다. 화자는 "친정집에 돈보다 금이 많다"는 역설적인 표현을 작품 끝에 배치함으로써 슬픔의 값어치를 한 가족사에 응축해낸다.

물컹거리는 시간의 파편

바닥에서 자란 혀들은 죽은 지 5백 년이 되었고 우린 두 갈래 갈라진 혀 끝에서 길을 잃는다 변명이나 핑계는 비겁한 혀들이 하는 하품, 계단이 흘러내린다

그날 주어는 없었고 문장 밖으로 걸어간 혀들은 돌아오지 않는데 계단을 삼킨 고백이 밤하늘에 쏟아진다 흩날리는 혀는 더

    이상 할 말이 없다

        오늘은 어떤 계단 위에서 잠드는 걸까
        젖은 길들은 불가능한 무늬를 멈추지 않고

        춤춰라 춤을
        몸부림의 언어를
        그건 너인 동시에 나였을까

        수천 개의 혀가 떠오르고
        어둠의 깊은 무늬가 잠깐 환해진다

        고요히 불타오르는 길이 혀에 매달려 있다
                            – 김미정, 「춤추는 혀」 전문[5]

이처럼 말은 한 사람을 침묵시키기도 하고 때론 가족 구성원 모두를 긴장시키기도 한다. 「춤추는 혀」는 앞에서 언급한 「침묵은 금이 간다」에 비해 다소 난해한 전언을 지닌다. 작품에 쉽게 접근하기 위해 해석의 구심점을 찾아보면 이 작품은 '혀'에 대한 상상력에 기반을 두고 있다. 혀에 대한 상상력이니만큼 이미지와 감각 또한 혀의 특성에 맞춰 있다. 첫 행의 "물컹거리는 시간의 파편"은 물컹거림의 이미지를 갖는다. 그 혀가 지닌 시간과 혀끝에서 우리는 무심코 길을

---

[5] 김미정, 「춤추는 혀」, 『시와 사람』, 2018년 가을호.

잃기도 한다. 화자에게 길을 잃게 된 변명이나 핑계는 비겁한 혀들이 하는 하품이라고 인지된다.

　더 주목해야 할 것은 본질적으로 인간의 입속의 혀를 통해 발생하는 모든 언어는 주어가 없다는 사실이다. 한 번 문장 밖으로 걸어간 혀들은 결코 돌아올 수 없기 때문이다. 마치 혀가 잘려나간 사람처럼 '몸부림이 언어'가 되는 춤의 이미지를 덧입힌다. 그 이미지는 '너'인 동시에 '나'일 수도 있다. 이 작품에서 이야기하고 있듯이 혀를 통해 만들어지는 길은 고요히 불타오르고 세상의 모든 길은 결국 춤추는 혀에 매달려 하나의 이미지로 승화된다.

　　어느 날 법원 담장을 따라 걷다가 알았다
　　아름다운 삶은 모두 저 너머에 있다는 것을
　　하필이면 너머의 경계가 법원 담장이어서
　　나는 깨달음을 법정 안에 가두었다

　　매년 오는 봄인데도 언제 봄꽃 필까
　　안절부절못하는 마음 있겠지
　　꽃은 그냥 피는 것이 아니지
　　마음이 피운다고 쓴 시
　　마음에 와 닿았다는 그 시
　　꽃이 질 때까지 아무도 마음을 꺼내지 마라
　　그 빈 곳에 들어앉는 시
　　마음 빈자리에 가둔 시
　　아름다움도 시도

결국 가둬둬야 하는 것을
그런 시와 아름다움의 부스러기
기소유예 된 미적 기준들

어차피 올 봄인데
안 올까 봐 짐짓 걱정하듯이
새로움이란 결국 다음 해의 봄 같아서
반갑지만 지겨운 것
전위도 진위를 가릴 수 없는
꽃샘추위 같은 것
선형의 시간이 폭력이라면
순환의 시간은 기만이니
지난 모든 아름다움을 포기한 채
봄도 법원 담장 안에
가두고 나는 담장을 따라 걷는다
법원 담장은 높아서
볼 수 없는 봄
알 수 없는 아름다움
시야를 가린 시

법원 담장 끝에 나타난 문
여전히 문은 담처럼 굳건히 닫혀 있고
나는 여전히 담장을 따라

걷는다

깨달음은 멀고 걸음은 가깝고 담장에 기댄
토끼가 없으면 모자도 없다

― 최규승, 「걷는다-기억은 조건이 붙는 상상력이다」 전문[6]

이 작품에서 이야기하고 있듯이 '새로움이란 반갑지만 지겨운 것'이다. 표현상으로만 보면 그 지겨움은 '다음 해의 봄' 같기 때문이다. 화자는 전체적으로 봄의 배경을 통해 시간을 인식한다. 먼저 화자는 "매년 오는 봄인데도 언제 봄꽃 필까"라고 자문한다. 봄이 온다고 봄꽃이 핀다면야 상관없겠지만 이 작품 속의 화자는 담장을 거닐며 "아름다운 삶은 모두 저 너머에 있다"고 규정한다. 하필 그 너머가 법원 담장이다. 화자는 자신의 깨달음을 법정 안에 가두고 있다.

이러한 전제는 봄이 온다고 해서 반드시 봄꽃이 필 것이라는 일반적인 논리를 전복시킨다. 화자는 안절부절못하고 시를 마음속에 가두게 되는 현상으로 연결되면서, 결국 가둬야 하는 것은 지금껏 자신이 의지해왔던 미적 기준들임을 암시한다. 그 미적 기준들은 늘 새로움을 표방하지만 결국 다음 해의 봄으로 인해 다시 지겨운 것이 되고 만다. 화자는 새로운 것마저 법원 담장에 가두고, 봄도 가두고 결국 오지 않는 시를 기다릴 뿐이다. 그 기다림 끝에 만나게 되는 "법원 담장 끝에 나타난 문"은 여전히 굳건히 닫혀 있지만, 화자는 그래도 "담장을 따라// 걷는다" 미적 깨달음이란 멀고 걸음은 가깝기

---

[6] 최규승, 「걷는다-기억은 조건이 붙는 상상력이다」, 『현대시』, 2018년 9월호.

때문이다. 이에 화자는 마냥 걷기만 한다.

다만 주의 깊게 살펴볼 것은 이 작품의 부제처럼 "기억은 조건이 붙는 상상력"이라는 점에 있다. 기억은 어떤 조건에 붙는 상상력일까. 인간은 자신에게 불리한 조건이 붙는 기억은 모두 잊어버리려고 애를 쓴다. 망각의 힘을 통해 기억을 새롭게 하는 것이다. 하지만 결코 잊히지 않는 것이 있다면 그것은 바로 조건이 붙는 상상력이다. 앞에서도 언급했지만, 인류 역사상 가장 위대한 것은 '내일 보자'라는 약속이다. 인간은 과거의 시간을 통해 약속이라는 조건을 붙일 수 없듯이, 기억을 통해 미래의 감정을 차곡차곡 축적해 놓으려는 시인들의 분투가 문득 가깝고도 멀게만 느껴진다.

-『문예연구』, 2018년 겨울호 발표

공감의 시 읽기
― '손'의 안과 밖에 대한 상상력

　공감적 시 읽기는 감정 이입 혹은 정서적 동일시를 통해 이뤄진다. 감정 이입과 정서적 동일시의 대상은 시적 화자의 감정 혹은 정서, 느낌, 생각 등을 아우른다. 일반적으로 시 읽기의 과정에서 감정 이입이란 대상의 감정에 자신의 감정을 이입시킴으로써 대리경험이 선사됨을 의미한다. 동일시는 어떤 개인이 자신이 선택한 모델의 양식을 본떠 자아를 형성하려는 의식적인 노력을 일컫는다. 정서적 동일시란 자신이 선택한 대상을 통해 환기되는 정서와 자신의 정서를 같은 것으로 유지하는 것을 말한다.
　그런 점에서 시 읽기는 너무나도 당연한 말이지만 공감을 통해 타자의 마음을 움직이는 것으로부터 시작된다고 해도 과언이 아니다. 시를 읽는 독자는 자신과 비슷한 사람의 목소리에 대해 감정을 이입하고 정서적 공감을 불러일으킴으로써 시적 자아와의 동일시를 추구하고 경험한다. 아울러 그 반대의 감정과 정서를 통해서도 시적 의미를 확보하기도 한다. 시인이 내세우는 시적 사유에 대해 독자가 공감한다는 것은 결국 언어를 매개로 사물과 정신, 논리와 감정이 서로 뒤섞인다는 말이기도 하다. 이 모든 것은 단순히 여기, 지금 혹은 현재의 것만이 아니라 우리가 기억하지 못할 아주 오래전의 일이 될 수도 있으며, 공간적인 면에서도 아주 먼 곳(장소)과 관련될 수도 있다. 따라서 시인이 전하는 느낌이나 정서 혹은 생각을 이해하고 몰입할 수 있다면 독자는 언제든 시인이 내세우는 시적 자아에 자신의 감정을 투사하거나 공감할 수 있게 된다.

요즘 들어 한국 시단에서 발표되는 시들은 모호함과 난해함을 넘어 '너무 어렵다'라는 꼬리표를 자주 달게 된다. 일반적으로 시가 추구하는 모호성과 불확정성에 대해서는 이러쿵저러쿵 사족을 달아봐야 언급하는 사람만 진이 빠진다는 걸 우린 이미 잘 알고 있다. 이유야 어쨌든 공감적 시 읽기는 여전히 시인의 직관과 독자가 이해하는 시적 논리가 잘 병합될 때 가능해진다. 공감적 시 읽기는 결국 시인이 내세운 시적 사유 속에서 낯섦과 친숙함이 빚어내는 욕망의 한순간을 재발견하고, 자신의 경험과 기억을 갱신하는 일에 끊임없이 동참하는 과정이기도 하다. 자신도 모르는 자아의 모습을 타자의 모습에서 우연히 발견함으로써 정서적 일체감과 환기를 경험하는 것 또한 공감적 시 읽기가 요구하는 또 하나의 특성이기도 하다.

비교적 젊은 시인들의 시 중 공감적 시 읽기가 가능한 작품을 찾아 읽는다. 특히, '손'과 관련된 시편들을 찾아 읽으면서 시인과 독자의 욕망이 합일되는 지점이 어디이며, 시인이 선택한 낯섦과 독자의 논리적 욕망이 어떻게 상응하고 조우하면서 시로서의 미적 가치를 변별하는지에 대해 이래저래 가늠해 볼 요량이다.

사람이 많은 곳을 다녀온 날에는
오래도록 손을 씻는다

낮에는 밥을 먹다가 체했다
친구가 바늘을 꺼내 할머니처럼 머리카락에 긁더니 엄지손가
락을 바늘로 땄다 몇 번을 찌르고 나서야 검은 피가 나왔다

손바닥을 흔들며
아무도 몰래 지구의 죽은피를 빨아먹는 늦가을 억새처럼
우리는 가까스로
함께 어지러웠다

이를테면 유리를 갈아 끼운 창틀의 낯빛으로
우리는 낯선 그림자 골목을 지나쳤다

이것을
감기처럼 찾아온 우리들의 이웃이라고 해두자

저녁에는 홀로 풍선처럼 가벼워지기
사람들로부터 자유로워지기 위해 그들을 향해 손을 흔든다

내 몸을 빠져나간 검은 피처럼
어떤 슬픔이 우리를 물끄러미 바라본다

— 최서진, 「검은 피」 전문1

사람을 처음 만나는 경우 으레 그 사람의 손을 먼저 보게 된다. 굳은살은 없는지 손이 큰지 작은지 손이 두꺼운지 얇은지 등등, 이래저래 상대방의 손을 살펴보며 그가 살아온 삶을 반추해 본다. 그렇다고 손을 아무 뜻 없이 무작정 신봉하거나 신성시하는 것은 결코 아니지만, 어쨌든 처음 만나는 사람의 손은 그 사람에 대한 궁금증을 어느 정도 풀 수 있는 중요한 열쇠가 되기도 한다. 손가락 연구의 선구자인 존 T 매닝은 이러한 궁금증을 학문적(진화론적) 관점에서 인체 생물학을 연구하는 학자 중 가장 획기적이고 독창적인 사람으로 손꼽힌다. 그의 이론은 아직까지는 공식적으로 검증되지 않은 부분이 있긴 하지만, 인류 진화론적 측면에서 보면 손가락에 인간의 수많은 정보가 담겨 있다는 언급은 상당 부분 설득력이 있다.

　그리고 보면 일상생활에서 손은 많은 쓸모와 임무를 담당한다. 아침에 일어나 손으로 눈을 비비고 얼굴을 닦고 이를 닦으며, 밥을 먹고 인사할 때 우리는 모두 손을 사용한다. 행동 하나하나 손을 쓰지 않는 경우가 없을 정도로 손의 역할이 중요하다 보니 이와 관련된 관용적 표현 또한 쉽게 찾아볼 수 있다. 가령 '손을 끊다', '손을 놓다', '손을 닦다', '손을 떼다', '손을 빼다', '손을 씻다', '손을 털다' 등이 대표적이다. 이렇게 놓고 보면 손은 무언가를 집고 잡는 행위를 담당하면서도, 심리적으로는 '무언가를 그만두거나 멈춰야 한다'는 내면의 표현으로도 읽힌다.

　최서진의 「검은 피」에서 가장 먼저 눈에 띄는 부분은 "사람이 많

1　최서진, 「검은 피」, 『시인동네』, 2017년 12월호.

은 곳을 다녀온 날에는/오래도록 손을 씻는다"라는 구절이다. 손에 관한 관형어에서도 알 수 있듯 손을 씻는다는 행위는 어떤 관계와의 단절을 함의한다. 그 함의의 단서는 "낮에는 밥을 먹다가 체했다"라는 구절과 연계되면서, 결국에는 "사람들로부터 자유로워지기 위해 그들을 향해 손을 흔든다"라는 구절로 귀결된다. 세상을 살다 보면 사람 관계처럼 힘든 일은 없다. 그 관계 속에서 파생되는 감정은 마치 '검은 피'처럼 화자에게 다가선다. 하지만 그 체한 감정의 혈을 뚫어주는 역할을 하고 있는 것이 친구라는 사실은 인간 관계의 아이러니를 지시하기도 하다. 그래서일까. 늦가을 억새처럼 죽은피를 빨아 먹는 "우리는 가까스로/함께 어지러웠다"고 화자는 고백할 수밖에 없다. "내 몸을 빠져나간 검은 피처럼/어떤 슬픔이 우리를 물끄러미 바라"보지만, 결국 그 죽은 피를 입에 넣고 쪽쪽 빠는 게 우리 생이라고 한다면 슬픔이 감기처럼 찾아온 이웃이라고 한들 우리는 어쩔 수 없다.

하나의 주머니 속에서 우리가 손을 잡을 때
무성한 내 죄를 들킬 것만 같아
장갑을 꺼내지 않았지

죄가 한 번 더 축축해졌지

발바닥이 넘쳐나는 숲으로 들어갔지

숲은 더 깊은 곳으로

쓸모없는 족문들을 불러 모아서

숲 너머 숲엔
새들이 거꾸로 매달려 발목을 감춘 것들을 기다렸고

주문에 걸린 듯 사람들은 일렬로 뒤돌아보지 않았지

우리는 지금 나란히 나란히 걸으며
나란히를 증명했지
발바닥으로부터 손끝까지 올라온 시린 죄를 고백했지

차라리 늪이라도 있었으면 좋을 텐데
그대로 유령을 삼키면 좋을 텐데

이 숲엔 온통
가는 발자국과 돌아오는 발자국이 있는데
멈춘 발자국은 하나도 없었지

― 김네잎, 「산책」 전문[2]

   최서진의 「검은 피」가 죽은피로 대변되는 인간의 관계로 읽힌다면, 김네잎의 「산책」에서의 '손'은 '죄'로 읽힌다. 시에서 손과 함께 등장하는 '숲', '죄', '발자국' 등은 얼핏 김종삼의 시 「원정」이 떠오를 정

---

2 김네잎, 「산책」, 『미네르바』, 2017년 겨울호.

도로 그 시적 전개와 이미지 면에서 유사성을 지닌다. 하지만 「산책」에서의 화자가 지닌 태도는 「원정」에서 보이는 시적 화자와의 수동성과는 사뭇 다른 양상을 보인다는 점에서 이 작품만의 변별성을 찾을 수 있다.

가령, 김종삼의 시 「원정」에서는 "몇 개째를 집어 보아도 놓였던 자리가/썩어 있지 않으면 벌레가 먹고 있었다./그렇지 않은 것도 집기만 하면 썩어 갔다."라는 문장은 피할 수 없는 화자의 운명과 죄에 대한 인식을 고스란히 드러낸다. 하지만 「산책」에서는 오히려 화자 스스로 "발바닥으로부터 손끝까지 올라온 시린 죄를 고백했지"라는 능동성을 가감 없이 표출한다. 물론, "하나의 주머니 속에서 우리가 손을 잡을 때/무성한 내 죄를 들킬 것만 같아"에서의 인식은 김종삼의 시에서처럼 소극적으로 보일 수 있으나, 화자는 자신의 죄에 대해 그리 큰 죄책감을 느끼기보다는 적극적으로 자신의 운명을 타개해 나가려는 모습에 더 치중한다는 점에서 주목할 만하다.

이 작품의 결구 "이 숲엔 온통/가는 발자국과 돌아오는 발자국이 있는데/멈춘 발자국은 하나도 없었지"는 결론적으로 화자가 산책으로 이야기되는 자신의 삶에서 죄를 어떻게 인식하고 꾸려나가야 하는지를 잘 나타낸다. 그런 점에서 보면 화자의 말마따나 어차피 삶이란 '죄가 한 번 더 축축해지는 일'이면서, 발걸음을 멈추기보다는 앞으로 한 발짝 더 나아가야 하는 일임을 다시금 깨닫게 한다.

> 내 손가락이 가장 행복해하는 일은
> 시집의 책장을 넘기는 일, 그건
> 탈지면 같은 구름 뜯어다

짓무른 상처를 닦아내는 일
돈 세는 호강이야 못 누려보지만
돈독 오를 일 없으니 안심이야

밤마다 내 손가락은 푸른 대숲에 들지
끝내 속이 비워지질 않고
세 치 아래 성장판까지 닫혀
한 치도 웃자라지 못한 채 깨곤 하지

꿈결 파문 그치지 않는 그 손가락 끝으로
생마늘을 까고 멸치 똥을 빼고
끼니마다 풀풀 냄새 가실 날이 없네

어제는 사라진 지문 재확인시켜가며
동사무소 마감 시간 인감증명 떼랴
은행대출 붉은 지장 수없이 날인하랴
무진장 애를 썼지

내게 제일 먼저 숫자 세는 법을 가르쳐준 이
가위바위보 승패를 가장 먼저 겪게 한
그 손가락에 반지 한 번 껴준 일 없이
깍지 끼고 달래며 세상을 살아왔네

내가 해줄 수 있는 일이란 고작

깨물면 다 아픈 열 손가락

합장으로 기도해주는 것

그리고 지금처럼 인터넷뉴스 앞에 앉아

북미핵전쟁을 우려하며

삐져나온 코털이나 뽑아달라는 것

— 김백형, 「손가락을 위로하다」 전문[3]

    살면서 손가락이 행복해지는 일이란 무엇일까. 이 고민과 함께 다섯 손가락을 유심히 들여다본다. 가만 보니 '손가락의 위치와 그 생김새에 따라 지금껏 쓰임도 달랐겠구나'하는 생각이 머리를 스친다. 하지만 반대로 생각해 보면 이 손가락은 평생 사람만을 위로해왔겠구나 하는 생각도 든다. 그런 이유에서인지 화자는 이 작품의 제목을 '손가락을 위로하다'라고 달았다. 제목만 놓고 보면 화자가 자신의 손가락을 어떻게 위로하는지에 대해 알 수 있을 것 같지만, 아니나 다를까 손가락이 유일하게 위로받을 방법은 자신의 자리에서 쓰임을 받는 일이란 생각이 든다. 어쨌든 화자는 "내 손가락이 가장 행복해하는 일은/시집의 책장을 넘기는 일"이라고 고백한다. 시집의 책장을 넘기는 행복은 화자의 행복인 동시에 손가락의 행복이기도 하다. 왜냐하면, 그동안 손가락은 "생마늘을 까고 멸치 똥을 빼고", "인감증명 떼"고, "은행대출 붉은 지장 수없이 날인"하는 데 지금껏 사용되어왔기 때문이다. 그런 손가락에 현재 화자가 해줄 수 있는

---

[3] 김백형, 「손가락을 위로하다」, 『포지션』, 2017년 겨울호.

일은 고작 "깨물면 다 아픈 열 손가락/합장으로 기도해주는 것"뿐이다. 하지만 이 시의 백미는 마지막 연에서 발생한다. 화자는 손가락이 가장 행복해하는 일이 시집의 책장을 넘기는 일임을 알면서도, "지금처럼 인터넷뉴스 앞에 앉아/북미핵전쟁을 우려하며/삐져나온 코털이나 뽑아달라는 것"이라고 역설적으로 이야기한다. 시집의 책장을 넘기는 일보다 한반도의 정세나 혹은 소소하게 삐져나온 코털을 뽑는 일이 현재 손가락을 위로하는 유일한 방법이 되어버린 이 시대에 화자가 손가락에 건네는 역설적 위로가 왠지 '웃프'기만 하다.

어떤 후렴은 구름과 동일 성분이라는 거
흘러간 것들만을 모으던 기억
철봉에 거꾸로 매달려 있던 소녀 손이 미끄러져
모래밭으로 떨어질 때
그 순간,
먼 미래가 밀려왔다 되돌아가는 느낌
5초 뒤 나의 흥얼거리는 음역으로
다시 떨어지는 음의 교란

어쩌면 소녀가 내게 들려주려는 노래였을까
삼십 년 전 허밍이
이제야 창문에서 떨려온다

라디오 잡음 속으로 빗줄기가 주파수를 맞추고
노란 호박 안에 불을 켠 것 같은

이름,
5초 전 목소리와 5초 후 목소리가 다정하게 겹칠 때
까만 겹눈의 시차를 생각한다

몇 권의 책이 후드득 책장에서 떨어지는 어느 오후
빈자리에는 점과 선의 배열이 있다
화음이 창밖 구름을 따라 전깃줄에 걸리는 순간
여진처럼 집이 흔들리기 시작했다

— 이필, 「코러스」 전문[4]

   이필의 「코러스」에서 등장하는 손은 '소녀의 손'이다. 이 소녀의 손에 집약되는 것은 기억의 시차다. 기억이 시차를 지닌다는 것은 그만큼 기억이 불완전하고, 또 불완전해야만 함을 의미한다. 인간은 불완전한 기억에 추억을 세우고 사상을 세우고 예술을 구축한다. 하지만 놀랍게도 인간이 기억을 완전히 기억하지 못한다면 기억을 왜곡할 수 없다는 점에서, 기억은 불완전함을 무기로 내세우는 것인지도 모르겠다. 기억하고 싶은 데로 기억하는 현상, 혹은 자신이 경험한 일을 전혀 기억하지 못하는 현상, 반대로 자기는 경험하지 않은 일을 경험한 것으로 말하는 현상, 기억이 마모되고 뒤틀릴 수 있다는 것은 말 그대로 인간에게는 축복이나 다름없어 보인다.
   이 작품의 제목 '코러스'는 마치 인간 기억의 편린처럼 읽힌다. 또한, '소녀의 손'으로 집약되고 형상화되는 기억은 화자에게 "소녀 손

---

[4] 이필, 「코러스」, 『문학사상』, 2018년 1월호.

이 미끄러져/모래밭으로 떨어질 때/그 순간,/먼 미래가 밀려왔다 되돌아가는 느낌"으로 작용한다. 이 과정을 통해 소녀의 손은 "흘러간 것들만을 모으던 기억"의 역할을 자처한다. 하지만 기억이란 누구에게나 늘 그렇듯 형태는 뭉개지고 색은 바뀌고, 배경은 불확실함으로 점철되기 일쑤다. 그런데도 그것을 우리가 '기억한다'라고 할 때 이는 마치 '코러스'처럼 들리게 되며, 그 빈자리에는 "점과 선의 배열"이 위치하게 된다. 화자는 코러스처럼 교란되는 기억의 순간마다 "라디오 잡음 속으로 빗줄기가 주파수를 맞"춘다고 이야기하지만, 결국 짧게는 "5초 전 목소리와 5초 후 목소리가 다정하게 겹칠 때" 기억의 여진은 끊임없이 우리의 현재를 압도해간다.

가슴을 열면 발자국이 쏟아졌다
희고 검거나 검거나 흰

흐르고 있다고 믿으면
지워지고 지워졌다 생각하면
다시 돌아오는

눈물을 닦으면 눈물이 났다

되돌려줄 손이 없을 때
서랍은 소매를 길게 빼 물었다
할 말을 잊은 듯이 입들이 그렇듯이

꿈은 반대라는데
왜 여전히 아침은 캄캄한 걸까
왜 아이들은 날마다 태어날까, 죽을까

들려줄 말이 없어 귀가 자라고
바람 속을 지날 때는 숨을 참았다

바닥이 가까워질수록
모르는 일들이 자꾸 떠올랐다

살아 있다 믿으면 흐려지고
눈을 비비면 다시 시퍼런 빛

귀를 기울이자 어깨가 생겼다
그 다음에는
얼굴이 자라고

사람이 되어 가는 중이라고 했다

— 김선재, 「순서」 전문[5]

    기억이 우리를 압도한다는 것은 언제든 그 기억 때문에 원인과 결과가 뒤바뀔 수도 있음을 의미한다. 우리가 일상생활 속에서의 어

---

[5] 김선재, 「순서」, 『모:든시』, 2017년 겨울호.

떠한 순서를 갖는다는 것은 어쩌면 그리 큰 의미가 없는지도 모르겠다. 특히 시적 논리에서는 더욱 그러하다. 이 작품에서 제목으로 제시되고 있는 '순서'는 얼핏 보면 어떤 논리적인 모순 관계를 형성하는 것처럼 보인다. 그러면서도 이항으로 대립하고 있는 이미지들은 서로 침투하고 밀어내면서 그 긴장감을 형성한다.

  작품의 첫 연의 내용을 살펴보면, 화자는 "가슴을 열면 발자국이 쏟아졌다"고 언급한다. 그 발자국은 "희고 검거나 검거나 흰" 색이다. 이러한 표현은 다른 연을 통해서도 반복적으로 묘사되는데, 이는 화자가 인식하고 있는 현실 속에서 순서는 결코 일반적인 논리 관계의 영향을 받지 않음을 암시한다. 이러한 가운데 화자는 "눈물을 닦으면 눈물이 났다"라고 말한다. 추측건대 눈물을 닦는 역할은 손이 담당하였을 것이다. 하지만 화자는 눈물을 닦느라 써버린 손이 사라졌다는 인식을 한다. 그래서 화자는 "되돌려줄 손이 없을 때/서랍은 소매를 길게 빼 물었다"고 이야기한다. 이후 손의 쓰임은 "눈을 비비면 다시 시퍼런 빛"에서 등장하지만 결국 이 모든 이미지는 "꿈은 반대라는데"로 집약되고 구체화된다. 다시 말해 이제 꿈과 현실은 화자에게 굳이 구분할 필요가 없는 공간이나 다름없다.

  꿈속에서 무너져 내린 순서는 현실 속에서도 그대로 무화되어 나타난다. 어떤 행위의 이면에서 서로 뒤엉키는 이 작품의 시적 이미지들은 '질서'라기보다는 오히려 '무질서'에 가깝다. 하지만 무질서가 반복되면 '질서'가 형성되는 것은 당연한 이치일 것이다. 화자는 순서의 모순으로 빚어진 과정들을 통해 "사람이 되어 가는 중"이라고 고백한다. 사람으로 태어난 후에도 자신이 사람이 되지 못했다고 생각하는 것은 화자의 감정이 오롯이 완성되지 못했을 것이라는 추측 때문이다. 화자가 말한 바대로 감정의 혼돈이 자꾸 반복되는 것이 사람이 되어가는 순서라고 인정하고 보니, 문득 화자의 고백처럼 "모르는 일들이 자꾸 떠올랐다" 사라지는 기분이 순서 없이 찾아든다.

불편한 노래 같은 레이스 달린 치마는
아직 춤을 추지 않아요
꿈꾸는 듯한 눈빛을 행운의 동전처럼 던지면
격렬한 슬픔이 허리춤부터 뛰쳐 올라와요
슬픔은 저녁보다 빨리 당도하는
울컥한 속도를 지녔어요
슬픔을 떼어 먹는 시간이에요
나는 나를 배회해요
쳐져가는 젖무덤은 자꾸 쳐져요
레이스처럼 접힌 세상은 바람에 비쳐 차갑고
꽃은 혼자서도 자라지만 나는 꽃이 될 수 없어요
누군가 노란 꽃을 한 아름 꺾어 주지만
나는 그의 꽃이 될 수 없어요
이름도 부르지 않은 채 늘 결론으로 입을 열죠
그리운 마약이라는 말을 닮은
봄이 오는 걸까요
빈 가지에 피어나는 꽃망울은
나의 눈물이에요
긴 속눈썹처럼 감긴 그늘 아래에서
알몸을 가린

나는

맨발만 보고 있어요

＊Sien : 고흐의 그림 「슬픔」 속의 여인.

— 정선우, 「Sien」 전문[6]

    시엔(Sien)은 빈센트 반 고흐의 작품 「슬픔」에 등장하는 여인의 이름이다. 고흐가 사랑했던 여인 시엔에 대해 검색해 보니, 고흐가 여러 지방을 떠돌다 만난 매춘부로 기록되어 있다. 이때 고흐를 만난 시엔은 이미 다섯 살인 딸이 있고, 다른 남자의 아이를 밴 상태였다고도 전한다. 그런 시엔을 고흐는 왜 사랑하게 됐을까. 고흐는 그 감정을 동생 테오에게 보낸 편지에 고스란히 담아놓는다. 테오에게 보낸 고흐의 편지의 내용을 간략하게 언급하자면, "지난겨울 임신한 여자를 알게 됐다. 겨울에 길을 잃고 헤매고 있는 임신한 여자…. 그녀는 빵을 먹고 있었다. 하루 치 모델료를 다 주지는 못했지만, 집세를 내주고 내 빵을 나누어줌으로써 그녀와 그녀의 아이를 배고픔과 추위에서 구할 수 있었다.", "그녀도, 나도 불행한 사람이지. 그래서 함께 지내면서 서로의 짐을 나눠서 지고 있어. 그게 바로 불행을 행복으로 바꾸어주고, 참을 수 없는 것을 참을 만하게 해주는 힘 아니겠니? 그녀의 이름은 시엔(Sien)이다."('동생 테오에게 보내는 편

---

6   정선우, 「Sien」, 『문예연구』, 2017년 겨울호.

지」 중에서)

　편지의 내용만 놓고 보면 고흐가 시엔을 사랑하게 된 이유는 각자에게 주어진 불행과 슬픔이 서로에게 위로와 행복이 되어주기 때문으로 읽힌다. 이러한 감정을 유지하면서 정선우의 「Sien」을 살펴보면, 시가 전달하려는 슬픔의 감성이 몸의 자세에서 옴을 알게 된다. 이 작품에서는 직접 묘사되어 있지 않지만, 고흐의 작품 「슬픔」 속 시엔은 자신의 무릎을 껴안은 채 앉아 있는 모습으로 묘사되어 있다. 화자의 표현처럼 시엔의 몸의 자세는 "슬픔을 떼어 먹는 시간"인 동시에 "나를 배회"하는 시간으로 집약된다. 그 슬픔의 시간 동안 시엔의 오른손은 너무나도 얌전하게 자신의 무릎 위에 올려져 있는 것으로 묘사된다. 시엔은 이 모습을 통해 자신은 결코 누군가의 꽃이 될 수 없음을 자각하고 있는지도 모를 일이다. 시엔은 스스로 슬픈 꽃을 자처한다. 이 모습을 보는 화자는 "빈 가지에 피어나는 꽃망울은/ 나의 눈물"이라고 시엔을 표현한다. 그러면서 자신의 알몸으로 덮인 심연 깊숙한 곳에 자리한 슬픔이 손가락 끝에 꽃처럼 피어나고 있음을 독자에게 슬며시 전해준다.

　주지하듯이 시에서 누군가의 목소리를 찾고 공감하는 일은 타자에 대한 감정 이입 혹은 정서적 동일시 없이는 불가능하다. 그 정서적 동일시는 낯섦이라는 감정을 통해 가면처럼 시 작품 속에 덧씌워진다. 언제나 그렇듯 독자는 시의 가면을 벗길 책무를 지니며, 시인은 독자에게 가면 이후의 민낯을 공개할 책임을 지닌다. 그 과정에서 가면을 벗은 시는 민낯 이후에야 진짜 가면을 보여줌으로써 시라는 장르만이 갖는 고유한 미적 특질을 획득해낸다. 결국, 공감적 시 읽기는 시인이 가지는 낯섦에 대한 동조이면서 거부라 할 수 있다.

그 안에서 파생되는 시인들의 '손'에 대한 소소한 상상력은 이 봄이 얼마만큼 슬프고 또 낯설어질 것인지에 대한 기대를 은근슬쩍 갖게 한다.

― 『문예연구』, 2018년 봄호 발표

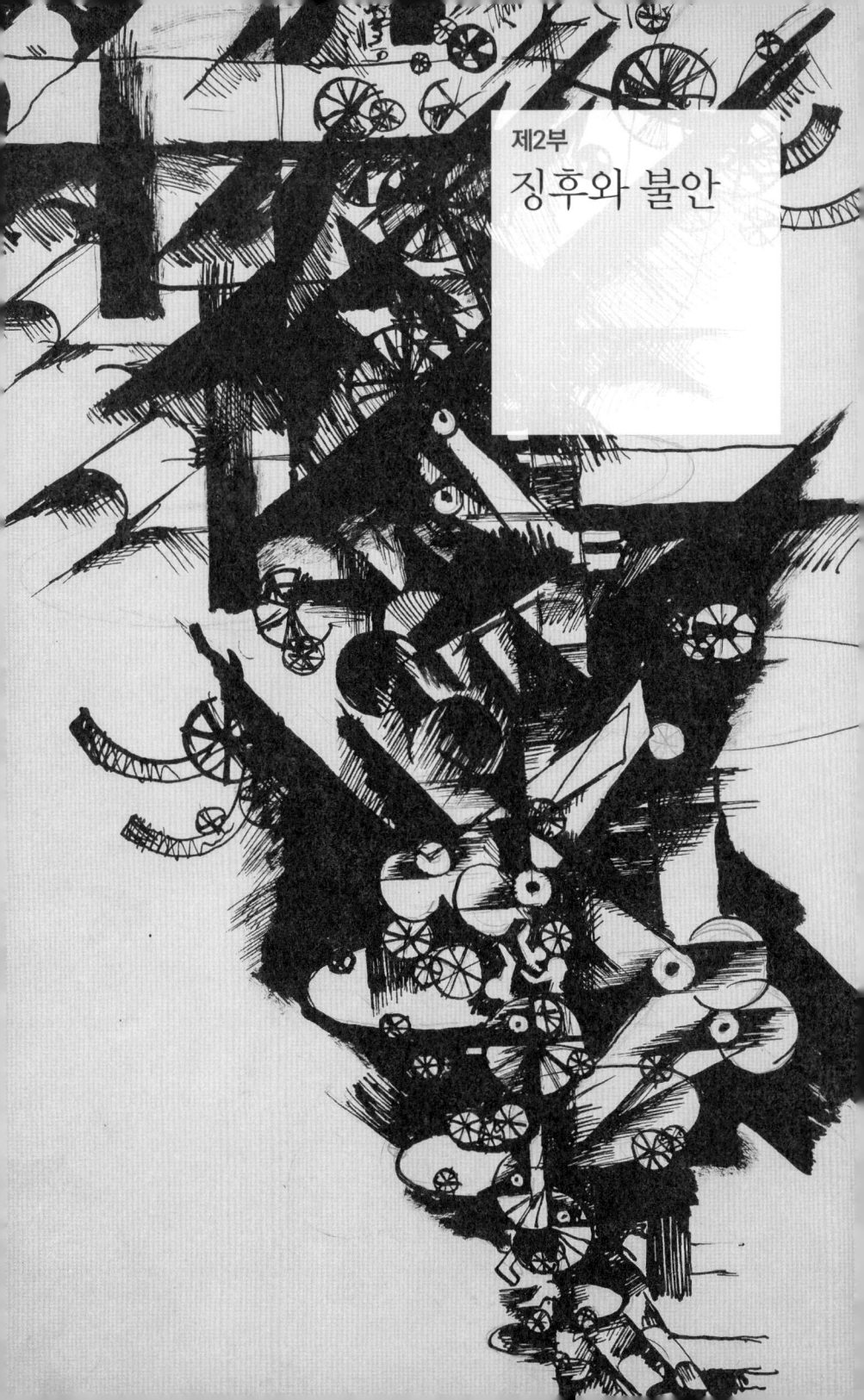

제2부
징후와 불안

가면들, 얼굴들, 장소들

진실을 말하는 최선의 방법은 거짓을 말하는 것이다.
- 알베르토 망겔

우리는 일상 속에서 수없이 많은 기억과 마주하며 산다. 인간에 대한 기억은 보통 사람의 '얼굴'을 통해 각인되고 기록된다. 그러나 얼굴은 소통의 창구이면서 때로 불통의 원인이 된다. 이런 점에서 얼굴은 상황에 따라 상호 모순적으로 인식되기도 한다. 누군가가 상대에게 "너, 표정이 왜 그래?"라고 묻는다면, '나'는 그 원인에 대해 적절하게 설명을 하거나 혹은 무표정(Poker Face)으로 일관할 수 있다. 이때 인간의 얼굴은 거짓과 진실이 동시에 혼종 하는 '가면'으로 덧칠해진다. '나'는 진실을 말하고 있지만, 상대는 거짓으로 받아들이기도 하고, 그 정반대의 상황이 연출되기도 한다. 그래서 얼굴은 자기 주변 세계와 상호관계를 성립하는 페르소나(persona) 이상의 의미를 가지면서, 한 사람의 내면을 사건으로 기억하는 장소의 역할을 부여받는다.

가끔 처음 보는 사람의 얼굴을 떠올려 보자. 우리는 그의 얼굴을 보며 이런저런 상상을 하게 된다. 첫 인상이 긍정적으로 다가왔다면, 그 얼굴은 좋은 인상으로 기억될 것이다. 하지만 반대의 경우라면, 그 얼굴은 결코 좋은 인상으로 기억되기 힘들다. 이 둘을 가르는 기준은 그 얼굴을 판단하는 우리의 무의식에서 기인한다. 가령 뉴스에서 범죄자의 얼굴이 공개되었다고 상상해 보면, 대부분의 사람은 그 얼굴을 두고 이러쿵저러쿵 이야기를 만들 것이다. 그 사람의 표정을 보면서 그가 살아온 삶의 궤적까지도 꼬치꼬치 유추할 뿐만 아니라 현재 그가 지닌 심리상태까지도 파악하려 애쓸 것이다.

이러한 현상은 얼굴이 갖는 공통적 인식이 정신적 오브제의 역할뿐 아니라, 사람과 사람 사이의 관계에 밀접하게 편입되어 있음을 이해시킨다. 물론 한 인간의 삶의 궤적을 단순히 그 사람의 얼굴이나 표정으로 단순화하여 판단하는 것은 무리가 있다. 인간의 얼굴은 언제든지 거짓과 진실의 중간 사이에서 다양한 가면을 쓰고 은폐되고 조작될 수 있기 때문이다. 하지만 인간의 얼굴이 갖는 가면의 이중성이야말로 시를 쓰는 시인에게는 오히려 한 사람의 인생을 다채롭게 살펴볼 기회로 작용한다.

그런 점에서 볼 때 한용운의 「반비례(反比例)」라는 시작품은 한 인간의 얼굴이 단순한 페르소나 이상의 가면으로 귀착될 수 있음을 말해준다. 한용운은 "당신의 얼굴은 '흑암(黑闇)'인가요./내가 눈을 감은 때에 당신의 얼굴은 분명히 보입니다 그려./당신의 얼굴은 흑암이어요."라는 고백을 통해, 환하지만 어두운 타자의 가면을 모순 형용으로 묘사한 바 있다. 그가 포착한 것은 상대의 얼굴이 가면일 수도 있지만, 내가 눈을 감는 행동을 통해 상대가 아닌 내 얼굴에 가면을 덧씌울 수도 있음을 암시한다. 언제든지 서로가 서로에 대한 이미지를 거짓과 진실로 귀결시킬 수 있음을 보여주는 것이다.

인간의 얼굴에 대한 이러저러한 사유를 거칠게 엮다 보면, 한 인간의 얼굴과 얼굴 사이에는 거짓말처럼 복잡하게 얽힌 가면이 진실과 거짓의 형태로 자리하게 되는 것을 목격한다. 만약 시라는 장르가 일종의 거짓을 통해 진실에 다가서는 행위로 정의될 수 있다면, 이 세상에 존재하는 모든 얼굴은 거짓을 말하는 것이다. 그 거짓이 어떤 시적 지평에 놓이느냐에 따라 거짓으로 점철된 가면은 얼굴이 되기도 하고 사건이 되기도 한다. 이 지면을 통해 얼굴과 관련된 다양한 시편들을 살피며, 시가 만들어낸 가면의 깊이를 떠올려 보기로 한다.

  당신의 질척한 입 냄새에 덜미가 잡힌
  나의 끝은 언제나 벙어리장갑인 걸 알았다

  당신이 엄지손을 쳐들 때마다
  난 한없이 찬란해지고
  찬란해서 처량해지고

  당신의 혓바닥이 나를 핥을 때마다
  멍든 복숭아의 물러진 속살처럼
  뭉개져 갔다

  어깨 위의 먼지를 털어내며
  솜사탕은 먼지가 부푼 몸이라는 걸
  당신이 속삭였을 때

나는 눈동자가 사라진 구멍 난 해골처럼

검붉은 잇몸을 드러내며

솜사탕 뭉치를 베어 물었다

먼지처럼 부풀어 오른

살아도 죽은 것만 같은 얼굴이

당신의 손아귀에서 끈끈하게 녹고 있었다

― 한세정, 「먼지와 솜사탕」 전문[1]

'당신'과 '나' 사이에는 어떤 가면이 존재하는가. "질척한 입 냄새"와 "혓바닥" 그리고 "검붉은 잇몸"으로 이어지는 이미지는 "먼지처럼 부풀어 오른/살아도 죽은 것만 같은 얼굴"로 귀결된다. 전체적으로 부정적인 이미지로 구성된 이 작품을 읽는 동안 가장 먼저 든 생각은 '아, 사람의 얼굴도 먼지처럼 부풀어 오르는구나'이다. 작품의 제목에서도 명시하고 있듯이 '먼지와 솜사탕'은 서로 밀접한 상관성을 이룬다. 특히, 솜사탕은 얼굴을 기의로 삼으면서 '당신'이 마주하게 되는 일종의 가면과도 동일시된다.

이러한 먼지와 솜사탕 사이의 상관성은 벙어리장갑처럼 덜미 잡혀 있지만, 솜사탕은 이내 "먼지가 부푼 몸"으로 내면의 속성을 드러낸다. 그만큼 솜사탕은 화자에게 외형적으로나 표면적으로 정말 먼

---

[1] 한세정, 「먼지와 솜사탕」, 『시로 여는 세상』, 2019년 봄호.

지가 부푼 몸처럼 가볍게 묘사되고 있는 것이다. 주목할 것은 먼지로 묘사된 솜사탕을 먹는 주체이다. 그 주체는 아마도 "살아도 죽은 것만 같은 얼굴"일 것이다. 이 모순적인 시구 속에서 사람이 죽고 나면 정말 먼지로 된 솜사탕을 맛보게 되는 것은 아닐까 상상해 보게 된다. 순간 등골이 송연하다.

 송연함도 잠시, 시의 화자는 먼지로 대변되는 솜사탕과 그 솜사탕을 먹고 있는 대상을 '나'와 '당신'의 관계에서 하나로 합일시킨다. "당신의 손아귀에서 끈끈하게 녹고 있"는 '나'는 이제 '당신'의 혓바닥을 감당해야 하는 대상이 된다. 그런 이유로 '나'는 "멍든 복숭아의 물러진 속살처럼/뭉개져" 갈 뿐이다. 화자가 달콤한 솜사탕의 이미지에서 '찬란'보다는 '처량' 쪽에서 표정을 매듭짓는 이유를 어슴푸레 깨닫게 된다.

 술만 마시면 아는 것이 많아지는 사람
 하지만 목소리가 너무 작아서
 얼굴을 가까이 대야만 들을 수 있는 사람을 알기 시작했다
 어쩌면 전생에 만난 적이 있을지도 모른다 싶게
 여러 겹이 느껴지는 사람이지만
 결과적으로는 힘겨운 사람

 우리는 모르는 게 많으니
 전생에 대해선 더더욱 알 수가 없다
 전생은 알 수 없는 것이어서
 우리가 이토록 모르는 게 많은지도

술을 마시면 생의 끝물인 것처럼 피어나는 이 사람
하지만 자정 무렵이면 과감히 시들고 마는 사람

하지만 끝물이라는 말은 얼마나 인간적인가
그러나 시든 사람은 또 얼마나 무거운가

여기가 도대체 어디인지를 모르는 한 사람과
어디로 이끌어야 하는지를 모르는 한 사람은
서로의 끝을 위해서라도 뭉쳐 있어야 하지만

사람이 사람을 부축하면
두 사람은 인간이 된다는 걸 아직은 모른다

이른 아침 부축 받았다는 사실을 알게 된 사람들은
여태껏 사용한 적 없어 열지 않았던 창문을 연다
사람에 따라 다르겠지만 어떤 사람의 경우엔
그 창문 바깥으로 야자수를 몇 그루 거느린 파란 바다가
전용 풍경처럼 가까이 펼쳐져 있는 법

지난밤 부축을 받고 돌아왔다는 사실을 알게 된 아침일수록
스스로를 포개고 겹쳐서라도 살아가는 법

― 이병률, 「술에 취한 사람 부축하기」 전문2

엉뚱하게도 '부축'이라는 말을 오래 곱씹는다. 일반적으로 부축은 상대방의 겨드랑이를 붙잡고 걷는 것을 의미한다. 기본적으로 부축을 받는 상대는 정상적인 행동반경을 벗어난 사람일 것이다. 부축을 당해야 하는 사람은 "여기가 도대체 어디인지를 모르는 한 사람"이다. 반면 부축을 하는 사람은 "어디로 이끌어야 하는지를 모르는 한 사람"이기도 하다. 그런데 이상하게도 이 시에 등장하는 그 사람들은 서로가 한데 어울려 하나의 풍경을 이룬다. 굳이 대상들의 위계를 형성하지도 않는다.

　사람이 사람을 부축하면 인간이 된다는 인식은 시의 상형(象形)을 통해 묘사된다. 두 사람의 심리적 긴장 속에서 만들어지는 사람 인(人)자는 결과적으로 사람의 속성을 이해하는 데 중요한 매개가 된다. 이래저래 사전을 뒤적여 사람 인(人)자를 살펴보면, 사람 인(人)자는 사람의 좌우 대칭인 팔다리를 간략하게 하나씩만 표현해 옆으로 서 있는 사람의 모습을 본떠 만든 글자로 표현된다. 사람 인(人)은 보통 사람을 나타내지만, 문장 속에서는 '자신'과 대칭되는 '남'의 의미로도 설명된다. 또한, 당당하게 서 있는 대(大)자의 모양과는 달리 사람 인(人)자는 꾸부정한 옆모습으로 그려지게 된다. 이는 시의 표현처럼 위험에 조심하려 움츠리고 있는 술 취한 사람의 일반적인 모습이거나 꾸부정하게 누워 잠을 청하는 모습과 유사하다.

　사전의 설명을 토대로 생각해 보면, 시 속의 사람이 왜 술을 마신 사람으로 묘사되었는지 쉽게 이해된다. 이 시의 주체는 시에 등장하는 대상에 대해 "술만 마시면 아는 것이 많아지는" 존재로 인식한다.

2　이병률, 「술에 취한 사람 부축하기」, 『문학과 사회』, 2019년 봄호.

술만 마시면 아는 것이 많은 사람은 사실 술을 마시지 않아도 아는 것이 많은 사람이다. 이유야 어쨌든 화자는 그를 "목소리가 너무 작아서/얼굴을 가까이 대야만 들을 수 있는 사람"이라고 표현한다. 술을 먹어야만 화자가 부축할 수 있는 사람의 생은 얼마나 고달픈가. 그 끝을 보여주기 위해서는 또 얼마만큼의 술을 마셔야 하는가.

하지만 이상하게도 화자는 "사람이 사람을 부축하면/두 사람은 인간이 된다는 걸 아직은 모른다"고 고백한다. 결국 나 이외의 누군가의 생은 어쩌면 '전생'과도 같아서 알려고 해도 끝내 알 수 없는 미지의 영역이었던 것일까.

    멀리 여행을 갈 처지는 못 되고 어디라도 좀 다녀와야
    숨을 쉴 수 있을 것 같을 때
    나무 그늘 흔들리는 걸 보겠네
    병가라도 내고 싶지만 아플 틈이 어딨나
    서둘러 약국을 찾고 병원을 들락거리며
    병을 앓는 것도 이제는 결단이 필요한 일이 되어버렸을 때
    오다가다 안면을 트고 지낸 은목서라도 있어
    그 그늘이 어떻게 흔들리는가를 보겠네
    마흔 몇 해 동안 나무 그늘 흔들리는 데 마음 준 적이 없다는 건
    누군가의 눈망울을 들여다본 적이 없다는 얘기처럼 쓸쓸한 이야기
    어떤 사람은 얼굴도 이름도 다 지워졌는데 그 눈빛만은 기억나지

> 눈빛 하나로 한 생을 함께하다 가지
> 나뭇잎 흔들릴 때마다 살아나는 빛이 그 눈빛만 같을 때
> 어디 먼 섬이라도 찾듯, 나는 지금 병가를 내고 있는 거라
> 여가 같은 병가를 쓰고 있는 거라
> 나무 그늘 이리저리 흔들리는 데 넋을 놓겠네
> 병에게 정중히 병문안이라도 청하고 싶지만
> 무슨 인연으로 날 찾아왔나 찬찬히 살펴보고 싶지만
> 독감예방주사를 맞고 멀쩡하게 겨울이 지나갈 때
>
> — 손택수, 「나뭇잎 흔들릴 때 피어나는 빛으로」 전문[3]

시인 김수영은 「장마 풍경」에서 '사람은 바빠야 한다'는 인상적인 구절을 남긴다. 그래야만 풍경을 볼 때도 평범한 풍경이 결코 평범한 풍경이 되지 않는다고 이야기한다. 잠깐 쉬는 동안에 보는 풍경이야말로 최고의 풍경을 만들어내는 기술인 셈이다. 이 작품도 그런 맥락에서 읽어 보는 것은 어떨까. 이 작품에서 화자는 바쁘다는 것은 사람에게 많은 틈을 만들어준다고 이해한다. 그 가운데서 일상에 쫓기는 화자의 심리가 결코 녹록지 않음을 지시한다. 화자는 너무 바쁜 나머지 아플 틈도 없다. "병을 앓는 것도 이제는 결단이 필요한 일"이 되어버린 것이다.

바쁜 일상에서 유일하게 화자를 위로하는 것은 '은목서'이다. 은목서는 물푸레나무과의 꽃나무로 그 향이 무척 향기롭고 강하기로 유명한다. 꽃향기가 만 리까지 퍼져나가 일부 지역에서는 만리향으로

---

[3] 손택수, 「나뭇잎 흔들릴 때 피어나는 빛으로」, 『문예연구』, 2019년 봄호.

도 불린다. 화자는 이러한 특징을 지닌 '은목서'와 안면이라도 트고 지낸 사실을 다행으로 여긴다. 이날로부터 화자는 "그 그늘이 어떻게 흔들리는가"를 관찰하게 된다. 이 과정에서 "어떤 사람은 얼굴도 이름도 다 지워졌는데 그 눈빛만은 기억"이 난다고도 이야기한다. '은목서'의 눈빛이 한 사람의 얼굴을 대행하고 있는 것이다.

  화자는 이어 "눈빛 하나로 한 생을 함께하다" 간다고까지 말한다. 바쁜 일상 속에서 '은목서'에 마음을 빼앗기는 그 순간만이 화자에게는 "어디 먼 섬이라도 찾듯" 유일한 병가의 시간으로 전이 되는 것이다. 그러나 넋을 놓고 바라보는 '은목서'는 결국 바쁜 일상의 굴레에서 화자를 끌어내지 못한다. 어디 "병에게 정중히 병문안이라도 청하고 싶지만" 결국 화자는 독감예방주사를 맞고 멀쩡하게 겨울을 지나고 있으니까 말이다.

    밑그림으로 그려 놓았던 어릴 적 꿈을 만나러 간다.
    미완성이어서 온전한 꿈은 스크린 속에 살아남아 있다.
    반세기 전, 꿈과 나는 서로 마주하던 동의어여서
    꿈과 나 사이에서 굴러다니는 크레파스로
    얼굴을 칠할 수 있다고 믿었지만,
    한줄기 빛으로 모든 색깔을 섞을 수 있음을 처음 알고
    4B 연필로 판화처럼 눌러 그려놓은 앳된 얼굴,
    벤허의 마차는 아직도 얼굴의 외곽선을 질주하고
    입술선은 사운드 오브 뮤직의 도레미송을 부르고 있다
    꿈이 오늘보다 빠른 내일에 먼저 도착해 있듯,
    총천연색으로 얼굴을 채색하여 꿈을 이루려는

나보다 먼저 도착한 나를 만난다.
꿈이란 얼굴을 그리는 게 아니야,
꿈이란 영혼을 그리는 거야, 라며 개종할 때
내가 방치한 내 얼굴, 관객의 거리를 두고서 대면하면
몽당연필로도 닿지 않는 꿈이 있음을 알게 된다.
왜 얼굴만 그리는 꿈이었을까? 자문하면,
얼굴을 빼곤 모두 색깔을 바꾸고 있었다.
매일매일 색깔을 갈아입는 것이
꿈을 이루는 것이라고 자답하고 있었다.
꿈을 이루지 못한 이유를 알게 된 나이에
밑그림 그대로인 어린 얼굴을 마주본다는 것은
생전에 사후를 미리 기록하는 일이어서
맥박이 다른 사람의 빠르기로 바뀌는 것을 묵인한다.
이것은 앳된 얼굴을 나의 진본으로 확정하는 일이므로
내 꿈은 영영 색깔을 가질 수 없을 것이지만,
영혼 되어 얼굴마저도 지워진 나는
내 얼굴이 궁금해 스크린에 다시 등장할 것이다.
영혼은 밑그림 얼굴과 인구에 회자되는 얼굴을
정표처럼 맞춰보곤 할 것이다. 그때
영혼은 생전의 마지막 생각을 첫 대사로 말할 것이다.
'앳된 얼굴대로 사는 것이 꿈을 이룬 것이다.'
가끔, 멀쩡하던 필름이 끊기거나
무성영화처럼 색깔을 잃는 틈이 있을 것이다.
빛으로 만든 이 어두운 틈은 침 묻힌 몽당연필로

눌러 그려야만 닿을 수 있는 진심의 깊이일 것이다.

– 차주일, 「대한극장」 전문[4]

누구나 어릴 적엔 꿈을 밑그림으로 그리며 산다. 그 미완성의 꿈은 성인이 되어서도 결코 이룰 수 없다. 작품을 읽는 동안 홍영철의 「꿈 곁에서」의 마지막 부분이 입에 맴돈다. "이제, 꿈은 허전하다./그래서 꿈은 꿈/그래도 꿈은 꿈." 정말로 그렇다. 꿈을 꾼다는 것은 역시 허전함을 배우는 일이다. 그 과정을 통해 누구라도 어른이 되는 것일까. 아니라면 꿈은 꾸다 깨면 그만인 것일까. 그런 이유에서라도 역시 "꿈은 꿈"이다. 그런데도 우리는 여전히 어릴 적 꿈을 포기할 수 없다. "그래도 꿈은 꿈"일 테니까 말이다.

차주일의 작품 「대한극장」에서 읽히는 꿈은 홍영철이 말한 꿈보다 한층 구체적이고 서사적이다. 이 작품에서 화자는 어릴 적 꿈을 만나기 위해 극장을 찾는다. "온전한 꿈은 스크린 속에 살아남아 있"기 때문이다. 그러나 '꿈'과 '나' 사이의 괴리는 크고 멀기만 하다. 화자는 "꿈과 나 사이에서 굴러다니는 크레파스로/얼굴을 칠할 수 있다고 믿었지만," 이내 그럴 수 없음을 쉽게 지각한다. 이는 "꿈이 오늘보다 빠른 내일에 먼저 도착해 있듯,/총천연색으로 얼굴을 채색하여 꿈을 이루려는/나보다 먼저 도착한 나를" 만나고 있기 때문이다. 이 과정에서 화자는 "꿈이란 얼굴을 그리는 게 아니"라는 인식에 포섭된다. 그러면서 "꿈이란 영혼을 그리는" 것이라고 언급한다.

화자는 자신이 방치한 자신의 얼굴에 대해 자문하면서, 이제 꿈을

---

[4] 차주일, 「대한극장」, 『시와 반시』 2019년 봄호.

이루지 못한 이유에 대해 아는 나이가 되어버렸다고 고백한다. 그래서 자신의 꿈을 이루지 못한 화자는 자신의 얼굴이 궁금할 때마다 극장을 찾게 된다고 말한다. 스크린에서 보았던 수많은 얼굴과 자신의 얼굴을 비교하면서, 영혼의 첫 대사로 "앳된 얼굴대로 사는 것이 꿈을 이룬 것이다."라는 말로 시적 인식을 귀결시킨다. 문맥만 놓고 보면 어릴 때 꾸었던 모든 꿈은 사실 그때 모두 이뤄진 것이다. 살아가면서 그때 이루고자 했던 꿈을 돌이켜 보면 꿈은 "가끔, 멀쩡하던 필름이 끊기거나", "무성영화처럼 색깔을 잃는 틈"으로 기억된다. 이 작품도 마찬가지다. "빛으로 만든 이 어두운 틈"이야말로 순수한 어릴 적 꿈을 이룰 수 있었던 "진심의 깊이"가 아니고 무엇이었겠는가.

    천국에서 허탕 친 사람들이 부엌으로 돌아와
    식은 국을 다시 데울 때
    나는 친구를 사귀고 싶었다
    두리번거리는 일을 잊지 않기 위해

    식빵과 가스 밸브와 환기구의 구도를 완성하는
    불개미의 촘촘한 행렬은
    시차 없이 모든 시간에 불쑥 관여하였다
    들끓는 것들 중 가장 말수가 적다는 것을 배울 무렵
    누가 올 거야, 얌전히 있어
    나는 그런 말에 눈동자가 묶여 있었다
    방 안에 들어가 바늘로 눈알을 긁어놓은
    사진 속 사람들을 세어보았다

긴 밤이 나를 지루해할 때까지

얼굴이 얽은 곰보 청년은
우리 집 담에 기대어 담배를 피웠다
창공엔 표정 없이 새파랗게 멍든 얼굴
신은 자신이 떨어뜨린 눈, 코, 입이
어디에 붙어서 사는지 그런 구경이나 해보려고
날씨를 준 것은 아닐까

거울 앞에서 앞머리만 자르다 가버린 여름이 있어
보풀만 떼다 끝나버린 겨울도 있어
그렇게 말하는 사람과는 어울리는 게 어렵지 않았다

그렇게 우리는 서로 다른 얼굴로 만나서
같은 표정으로 헤어지는 사이가 된다

집에 누군가가 떠날 때까지
바깥을 서성거렸다
재재한 아이들이 줄지어 밖에 나와 있었다
잠깐만 나가 있어, 그 말에 풀려나서는
불개미들처럼 천적이 없다는 듯
빨개진 볼로 어둠을 데우는

나의 불쏘시개

나의 친구들

— 서윤후, 「모모제인(某某諸人)」 전문[5]

　모모제인(某某諸人). 제목부터 호기심을 끄는 작품이다. 그 의미를 잠시 헤아려 보면 '아무아무 여러 사람'이라는 뜻이다. 뜻을 가지고 있되 뜻이 없는 제목인 셈이다. 그렇다면 아무아무 여러 사람이 지니는 의미는 무엇일까. 아무아무 여러 사람은 과연 어떤 관계로 연결되어 있을까. 이에 대해 화자는 "우리는 서로 다른 얼굴로 만나서/같은 표정으로 헤어지는 사이"라고 말한다. 제각각의 얼굴을 가지고 같은 가면을 소유하게 된 이들을 모모제인이라고 부르는 것이다.
　다시 시의 첫 문장으로 돌아가 보면, 화자는 "천국에서 허탕 친 사람들이 부엌으로 돌아와/식은 국을 다시 데운"다는 인식을 보여준다. 그 인식의 연장선상에서 왜 나는 친구를 사귀고 싶은지에 대한 이유가 드러난다. 화자는 모두를 친구로 사귈 수도 있고 동시에 그 누구도 친구로 사귈 수 없는 것이다. 그래서 화자는 아무아무 여러 사람을 모두 친구로 사귈 수 있는 것은 아닐까. 그런 이유로 화자가 기억하는 사람들은 "얼굴이 얽은 곰보 청년"이거나 "표정 없이 새파랗게 멍든 얼굴"들이다. 친구를 사귀고 싶은 화자의 욕망은 마치 "겨울 앞에서 앞머리만 자르다 가버린 여름"처럼, "보풀만 떼다 끝나버린 겨울"처럼 그리 어려운 일이 아니게 된 것이다.
　하지만 화자는 아무아무 여러 사람이 정말 친구가 될 수 있는지 의문을 갖는다. 이런 의문의 해답은 "방 안에 들어가 바늘로 눈알을

---

[5] 서윤후, 「모모제인(某某諸人)」, 『창작과비평』 2019년 봄호.

긁어놓은/사진 속 사람들을 세어보는" 행동에서 엿볼 수 있다. 화자에게 친구는 모두 타인의 의중보다는 나에 의해서 관계가 형성되는 구도에서 파생된다. 그러한 관계 속에서 이제 나에 대해 제재할 사람은 모두 사라지게 된다. 마치 천적이 없는 불개미처럼 화자는 "빨개진 볼로 어둠을 데우는" 존재로 혼자서 거듭난다. 결국, 모모제인은 아무아무 여러 사람인 동시에 아무아무 여러 사람 중 하나인 나 자신, 그 이상도 그 이하도 아니다.

> 한 군데를 긁으면 가려움이 온몸으로 번져나가기 시작했다 내 몸인데 내 손이 닿지 않는 부분이 있다는 것이 이상했다 고개를 들면 베란다가 보였다 안도 바깥도 아닌 곳 그곳에 내놓은 식물들을 한번도 돌보지 않았는데 매일 키가 자라고 잎이 늘어났다 그러나 내가 그 곁을 살짝 스쳐가기만 해도 몇 개의 잎이 너무 쉽게 떨어졌다 맞은편으로 보이는 베란다마다 많은 것을 꺼내놓고 있었다 깊은 밤마다 자주 사람이 걸어나오는 베란다도 있었다 멀리 떨어져 얼굴을 알아볼 수 없는 그와 눈이 마주친 적 있다 서랍 속에는 함께 찍은 사람을 오려낸 사진이 많았다 남기지 않고 오려낸 얼굴일수록 오랫동안 선명하게 기억이 났다 사진 속의 나는 혼자서는 지을 수 없는 표정을 짓고 있었다 가벼운 눈물이 오래 눈에 맺혀 떨어지지 않았다 오래 앉아 아름다운 것을 쓸수록 나는 못생겨졌다 거울을 한번에 오래 바라보지 못했다 잠깐씩 자주 쳐다보았다 내가 기억하는 아름다운 이야기를 남김없이 옮겨 적고 난 밤에는 아무도 나오지 않는 꿈을 자주 꾸었다
>
> ― 곽문영, 「오랫동안 아름다운 것을 쓸수록 나는 못생겨졌다」 전문6

한 사람의 얼굴을 오래 보고 있으면, 우리 몸의 안과 밖 사이에는 수많은 모순이 존재한다는 사실을 희미하게나마 깨닫게 된다. 특히 서로 다른 문화에서 나타나는 얼굴 안에서 밤과 낮의 이미지가 대립할 때 그 특징은 더욱 두드러진다. 이는 거울을 통해 내가 내 얼굴을 보지만, 결국 인간은 자기 신체의 일부를 절대로 직접 볼 수 없는 그런 모순을 함의한다. 그래서 인간의 몸은 열려 있거나 동시에 닫혀 있기도 한 장소로 부각된다. 이 시에서 화자는 "내 몸인데 내 손이 닿지 않는 부분이 있다"는 고백으로 이야기를 시작한다. 화자는 내가 굳이 인식하지 않아도 스스로 인식하면서 그 인식의 깊이를 넓혀가는 것들을 보면, 마치 "한 군데를 긁으면 가려움이 온몸으로 번져나"간다는 생각마저 든다고 말한다. 하지만 화자가 인식하는 세상은 어쩌면 그와 정반대로 전개되고 있는지도 모른다. 그것은 마치 베란다에 내놓은 식물들처럼 "그 곁을 살짝 스쳐가기만 해도 몇 개의 잎이 너무 쉽게 떨어"져 나가는 현상으로 이해된다. 여기에 덧붙여 화자는 "밤마다 자주 사람이 걸어나오는 베란다" 이야기를 꺼낸다. 베란다의 사람은 멀리 떨어져 얼굴을 볼 수는 없지만, 화자는 그와 눈이 마주친 적이 있다고 기억한다. 그 기억 속에서 화자는 "혼자서는 지을 수 없는 표정을 짓고 있었다"고 말한다. 베란다를 통해 보게 된 사람들은 어쩌면 가면을 벗고 자신을 솔직하게 드러낸 사람들은 아니었을까. 어쨌든 그러한 일련의 과정에서 화자는 "가벼운 눈물이

---

6 곽문영, 「오랫동안 아름다운 것을 쓸수록 나는 못생겨졌다」, 『창작과비평』 2019년 봄호.

오래 눈에 맺혀 떨어지지 않는" 감정을 도출시킨다. 그러한 감정을 무엇으로 규정할 수 있을까. 화자는 "오래 앉아 아름다운 것을 쓸수록 나는 못생겨졌다"라고 말하지만, 어쩌면 화자인 나는 못생겼기에 아름다운 것들을 쓸 수 있는 자격을 획득하고 있는지도 모른다. 아름다운 이야기를 남김없이 쓸수록 결국 나에게 남는 것은 나조차도 어찌할 수 없는 나 자신 혼자뿐이다.

눈물이 흐르다 떨어지는 계곡
한번 쉬었다 가라고 턱이 있네

골똘한 생각에 잠겼을 때 턱을 포개던 두 손바닥
당신에게도 마음이 있네
감싸고 감싸면 턱은 보란 듯이 당신에게 마지막 생각을 선물하네
칼처럼 뾰족한 턱 단단한 도끼 같은 턱
둥글둥글 설렁설렁 넘어가는 턱

마음에도 마음이 있었네
당신을 위한 마음이 아닌 마음을 위한 마음이,
마임처럼 숨어 있었네
아무렇지 않은 척 웃고 눈을 감고
슬픔을 이겨내려 당신이 당신의 몸을 붙들고 매달려 있을 때
마음은 마임처럼 당신의 뒤를 밟고 있었네
당신의 그림자를 넘어뜨리려 마음은

더 큰 손짓 발짓으로 당신을 안고 있었네

그림자가 그림자를 덮고
그림자가 그림자를 업고
우스꽝스러운 모습으로 어둠 아래 당신이 켜져 있을 때
그림자에 갇힌 당신의 빛나는 순간을 읽었네

그곳에 이곳으로 올 때 잃어버린 것들을 주머니 속에 다시 담자
당신의 몸은 꽉 찬 공중의 새떼처럼 찰랑대며 황홀했네
새떼가 갑자기 내 시선으로 방향을 틀었을 때
벅찬 두려움이 당신의 턱을 만들었네

눈물은 절벽 같은 턱 모서리에 매달려 사라질 것을 두려워하고
손길은 턱을 만지며 당신을 위로하네
저녁마다 사랑을 찾아 자동차들은 거리 위를 헤매고
차가운 밤공기는 짙은 밤을 찾아 오래 차가워지며 흩어지네

나의 마음도 돌아갈 곳이 있어서 다행이네

— 강윤미, 「턱」 전문[7]

---

[7] 강윤미, 「턱」, 『모:든시』, 2019년 봄호.

생각해 보면 인간의 얼굴 중 가장 설명하기 어렵거나 애매한 부위는 턱이다. 턱은 인간의 얼굴 중 코와 입을 포함하는, 얼굴의 중앙에서부터 아래쪽 부분을 지칭한다. 재미있는 것은 이 작품에서 화자는 '턱'에 대해 얼굴의 일부가 아니라 마음을 규정짓는 장소로 규정하고 있다는 점이다. 그래서 '턱'은 "눈물이 흐르다 떨어지는 계곡"으로도 묘사된다. 이러한 시적 사유는 화자에게 "턱을 포개던 두 손바닥/당신에게도 마음이 있네"라는 의식으로도 이어진다. 통상적으로 우리는 인간의 마음이 뇌에 있거나 가슴(심장)에 있다고 믿지만, 화자는 턱이 보란 듯이 "당신에게 마지막 생각을 선물"하는 곳으로 인식된다. 그런 생각은 여러 사람의 다양한 턱을 떠올리게 하는데, 이는 "칼처럼 뾰족한 턱 단단한 도끼 같은 턱/둥글둥글 설렁설렁 넘어가는 턱"으로 구분된다.

화자는 여기에서 한발 더 나아가 "마음에도 마음이 있"다고 고백한다. 턱에서 시작된 마음은 이제 '마임'처럼 나를 속이고 당신의 몸을 붙들고 뒤를 밟게 된다. 뒤를 밟지만, 서로 말을 할 수 없기에 서로의 관계는 감감무소식 오리무중으로 치닫는다. 단순한 몸짓에 갇히게 된다. 하지만 화자는 그러한 상황 속에서 오히려 "그림자에 갇힌 당신의 빛나는 순간을 읽"는다고 말한다. 그러나 그것도 잠시, 그 황홀함과 벅찬 두려움은 다시 "절벽 같은 턱 모서리에 매달려 사라질 것을 두려워"하는 화자의 심리로 전이된다. 턱 매개로 시작된 시적 사유는 결국 턱을 벗어남으로써 "나의 마음도 돌아갈 곳"을 찾게 된다.

옷장 문을 연다

집 나간 엄마가 숨어 있을 리 없는데

내일도 안 오면 공생원으로 간다 군고구마 껍질에 산각 그늘 진 건물이 서린다 열린 창문으로 엿보면 아이들은 어른의 얼굴을 하고 미카엘 안젤라 아녜스 다른 세계의 이름으로 불렸다 나도 그런 이름이 있는데 그늘을 공유하는 얼굴들 사이로 수녀의 검은 옷자락이 스친다

엄마 치마를 쥐고 있었는데 보자기였다
네모난 저수지로 출렁인다

고무판에 엄마 얼굴을 새겨 보세요 물결 무늬를 채워 간다 조각칼로 마음을 도려낸다 가장 약한 곳을 파고드는 칼날이 있다 도르르 말려 나온 찌꺼기를 한데 모아 마음을 버렸다

잉크빛 굳어가는
어긋난 감정을 덧칠한다

박공지붕 구조물 앞에 엎드려 있다 볕을 쬐는 것인지 잠깐을 방치하는 것인지 집을 나가려는 것인지 돌아왔는데 들어가지 못하고 있는 것인지 이 모든 것과는 무관하게

타조는 모래에 고개를 파묻고 있다

친구가 되고 싶다 종횡무진 달려가
머리를 처박는다

얼룩이 스미는 얼굴들

한집에 있지만 같이 살지 않는다

자다 깨면 옷장은 문득 사람처럼 서 있다
검은 심장 문을 열고

켜켜이 걸린 시간 아래
그늘의 무게를 더한다

심장 소리가 어둠을 천공한다

― 노국희, 「얼굴들, 장소들」 전문[8]

    집 나간 엄마를 찾기 위해 습관적으로 옷장의 문을 여는 아이들의 심정은 어떤 상태일까. "자다 깨면 옷장은 문득 사람처럼" 서 있다는 표현에서 잠시 생각을 멈춘다. 그러나 화자는 그러한 아이들의 행위는 말 그대로의 습관과 집착일 뿐 그 어떤 의미도 갖지 못함을 잘 알고 있다. 화자가 사는 이 공간은 비슷한 얼굴들이 모여 사는 장소이기 때문이다. 그래서 이곳에 사는 아이들은 수녀에게 그 누구에게

---

[8] 노국희, 「얼굴들, 장소들」, 『시인동네』, 2019년 3월호.

붙여도 어색하지 않은 "미카엘 안젤라 아녜스"의 이름으로 불리며 산다. 그런 아이들은 누가 시키지 않아도 어른의 얼굴을 하고 있으면서 저마다의 그늘을 함께 공유하는 장소들로 묘사된다.

주목할 것은 한 번도 엄마의 얼굴을 보지 못한 아이들에게 "고무판에 엄마 얼굴을 새겨 보"는 행위는 또 얼마나 잔혹한가에 대한 문제다. 아이들은 조각칼로 고무판을 파내면서 자신의 마음을 버리지만, 그 슬픔의 출처에 대해 아이들은 알지 못한다. 그래서일까. 아이들은 타조가 모래에 고개를 파묻고 있듯 어느 곳에서든 머리를 처박는다. 이 상황을 유추해 보자면 타조는 자신에게 피해를 주는 상대가 가까이 다가오면 모래 속에 머리를 처박는 행위를 한다. 땅으로 전해지는 소리를 들으면서 주변의 정황을 살핀다.

이러한 타조의 행동이 과연 머리가 나빠서일까. 타조는 우리의 생각과는 다르게 머리를 모래에 파묻는 행동을 통해 자신의 처지와 정황을 인식하고 살피게 된다. 작품 속의 아이들도 그런 것은 아닐까. 모래 속에 머리를 파묻는 타조처럼 자신의 기억 속에 머리를 파묻고 자신을 버린 부모의 얼굴을 찾고 있는 것은 아닐까. 그러나 그 행동은 역시 무모할 것이다. 그 과정에서 아이들의 얼굴은 이미 장소로 변해 있기 때문이다. 이 푸 투안에 따르면 '장소'는 인간의 경험과 체험을 통해 형성된다. 아이들의 얼굴이 곧 장소라면 어쩌면 그 장소는 이미 "한집에 있지만 같이 살지 않는" 슬픈 얼굴들의 다른 가면들일 것이다.

시를 읽다 보면 이 세상에 존재하는 시적 대상은 어떤 사유의 지평에 놓이느냐에 따라 모두 사건으로서의 가치를 내재하고 있음을 알게 된다. 이러한 시적 대상은 가면이든 얼굴이든 장소든 간에 모두 은유적인 맥락 아래에서 시적으로 통합된다. 그 과정에서 시인의 내밀한 내면이 시적으로 형상화되기에 이른다. 다시 시인들이 주목한 얼굴과 가면과 사건을 다시 떠올려 본다. 그리고 얼굴에 덧씌워져 있던 가면을 살며시 걷어내 본다. 시의 진짜 가면은 결국 가면을 벗겨낸 민낯에 있다는 사실을 이 글을 다 쓰고 난 뒤에 깨닫는다.

- 『문예연구』, 2019년 여름호 발표

'이야기'라는 서정

　미켈 발은 이야기의 사건을 "한 상황에서 다른 상황으로의 변이지점"(『서사란 무엇인가』)이라고 말한다. 만약 시에서 활용되는 이야기의 가능성을 그가 말한 전언으로 치환해 볼 수 있다면, 시인이 일상생활 속에서 경험하는 사건은 곧 시에서의 능동적인 이야기의 선택과 개입으로 이해해 볼 수도 있다. 시는 연과 연의 구분을 통해 이야기와 이야기의 플롯을 설정하고, 시인에게 '선택'된 사건의 에피소드를 통해 시적 감각의 전경화를 이루는 데 유용한 장르이다. 시인에게 선택되지 못한 에피소드는 이미 선택된 에피소드를 통해 독자에게 여백과 상상을 제공하는 문학의 잠재태가 되고, 이 두 특성은 다시 독자의 시 읽기 과정을 통해 이야기 형식의 시적 서사를 이루게 된다.
　여기에서 전제되어야 할 것은 원래 시의 양식은 서정과 서사의 구분보다는 하나의 실타래 속에서 서로를 포용하며 존재해왔다는 점이다. 물론 '향가시대 이후 각자의 고유영역으로 분리'(정효구)되긴

하였지만, 여전히 시는 서정과 서사를 넘나들며 이야기의 가능성을 요구하고 있다. 시에서의 서정과 서사가 동전의 양면처럼 맞물려 독자에게 제공하고자 하는 것은 아마도 시인의 인식과 형상 때문일 것이다. 굳이 이야기시라는 장르적 특성을 언급하지 않아도 시의 독자는 사건의 선택을 통해 벌어지는 시의 맥락(context)과 텍스트 내의 이야기를 가로지르며, 시인이 전하고자 하는 시적 인식과 형상을 포착하게 된다.

시인이 선택한 사건은 시가 발현되는 유일한 실마리로 작용하면서, 독자는 더욱 불편하고도 모호한 방식으로 시인이 형성해 놓은 재현된 가상 세계로 들어가는 입구를 찾게 된다. 이 과정을 통해 독자는 역설적으로 시인이 선택한 에피소드와 선택하지 않은 에피소드를 번갈아 확인하는 경험을 하게 된다. 동시에 시 텍스트를 통해 음미할 수 있는 다양한 이야기의 잠재성과 가능성을 이해하게 된다. 물론 이야기와 사건이라는 용어는 일반적으로 소설이라는 장르의 서사 이론을 통해 좀 더 체계적이고도 면밀한 설명이 가능하다. 하지만 근래 발표되고 있는 시인들의 시작품을 통해서도 언제든지 이야기의 가능성과 서사의 층위를 확인할 수 있다고 본다.

그렇다면 시인은 이야기를 어떻게 전달할까. 대부분의 서사 이론은 서사의 층위를 이야기(Story)와 담론(discourse)으로 나누어 구분한다. 그러나 시에서 언급하는 서사의 층위는 시인의 창의적인 이야기 구조와 그 여백의 의미를 모두 담아야 한다는 조건이 붙는다. 누구라도 쉽게 이해할 수 있듯이 시란 실제 현실과 시인의 상상력이 만들어낸 경계의 모호함을 끊임없는 '필연적 허구'로 전환하는 장르이기 때문이다. 따라서 시인에게 이야기니, 서사니, 서정이니 하는 것도 결국은 인간이 형성한 보편적인 개념과 인식의 한계에서 벗어나기 위한 하나의 문학적 장치에 불과하다. 중요한 것은 시를 읽는 독자는 시인이 선택한 사건의 세계에 드러난 이야기와 숨겨진 이야기를 가로지르며, 그 세계 자체로서의 존재(화자)를 다양한 심연을 통해 재현하게 된다.

    종로 낙원상가, 비둘기들이 땅으로 내려왔다
    새의 낙원은 하늘이 아니라 종로구이다

    엄마가 내 손을 잡고 집을 나왔을 때, 버스정류장 앞에서 옷자락을 퍼덕이던 서른셋 여자의 동공은 흔들렸다 하필, 여름이었고 나는 복숭아맛 하드를 사달라고 칭얼거렸으니 당신 눈에 비친 세상은 얼마나 막막했을까 엄마가 양푼에 찬밥을 퍼 담아 열무김치와 고추장을 넣고 쓱쓱 비벼먹을 수 있는 골목으로 돌아간 것은 본능이었다 날갯죽지가 뻐근하도록 얻어맞은 비만한 몸을 이끌고 낙원의 중심으로 걸음을 내디딜 때마다 조율되지 않은 말들이 새어 나왔다

    이년의 팔자가 이 모양 이 꼴인 게지

    눈을 부릅뜨고 비벼먹던 그날의 엄마보다
    늙고 비만한 나는
    비둘기 발목에 쪽지를 묶는 것처럼
    파스를 붙인다

> 팔자걸음을 걷는 음표들
> 비둘기가 낙원을 떠나지 못하는 것은 무거운 발목 탓일지도 모른다
> 오선지처럼 전깃줄이 늘어진 하늘은
> 도돌이표로 연주되고
>
> 먼 길, 돌아온 자리가 후끈거리는 것이다.
>
> — 박은영, 「귀소본능」 전문[1]

이야기가 담긴 시작품을 읽다 보면, 자주 언급되는 단어가 '신파'다. 젊은 시인이든 아니든 간에 자신의 작품에 신파란 단어가 붙는다면, 우선 누구라도 냉담한 반응을 보인다. 왠지 모르게 새로움을 담보하지 못한 아류의 느낌이 앞서기 때문이다. 여기에 영화나 연극, 그리고 소설 등에서 목격되는 눈물 콧물이나 짜는 이미지로 평가절하 되었다는 아쉬움을 습관적으로 갖기 때문이다. 그도 그럴 것이 신파의 사전적인 의미는 "원줄기에서 새로 생긴 갈래. 또는 그런 무리"로 정의된다. 그런 점에서 이 단어가 표면적으로 갖는 의미는 누구에게든 그리 유쾌하거나 반가운 용어가 아니다. 하지만 관점을 달리 생각해 보면, 세상의 모든 이야기는 그 자체가 신파다. 시인은 이 세상에 이미 존재하는 신파의 이야기와 보편적인 인간의 감정 속에서 새롭고 낯선 신파를 만들어낼 뿐이다.

---

[1] 박은영, 「귀소본능」, 『시인동네』 2020년 3월호.

박은영 시인은 신파로 활용될 수 있는 비둘기라는 시적 오브제를 활용하여, 시 행간 곳곳에 독자가 알아차릴 만한 깊은 시적 여운을 숨겨놓는다. 만약 이러한 접근에 동조한다면 박은영의 「귀소본능」은 새로운 신파의 가능성과 낯선 이야기의 서정을 가장 잘 보여주는 작품으로 평가할 수 있다. 특히 이 작품을 읽으며 유독 집중한 부분은 시인이 포착한 이 세계의 이야기가 어떻게 선택되고 은유로 재구성되는지, 나아가 인간의 인식과 형상이 신파라는 이야기 구조 안에서 어떠한 방식을 통해 새롭게 통합될 수 있는지에 대한 것이다. 우선 시인은 시의 제목인 '귀소본능'과 비둘기라는 시적 소재를 통해 시의 맥락과 이야기를 다 말해버리는 듯 보이지만, 사실은 그 방식을 통해 오히려 자신이 말하고자 하는 이야기를 역설적인 여백으로 남겨놓는다.

　이 작품에서 말하는 귀소본능은 동물이나 곤충이 자신의 서식 장소나 산란의 기억이 있는 곳으로 회귀하는 현상을 말한다. 시인이 비둘기라는 소재를 작품의 시적 소재로 등장시킨 이유는 전서구(傳書鳩)로 불리는 '비둘기 통신'에서 비롯된 것으로 추측된다. 비둘기는 새 중에서도 집을 가장 잘 찾아 돌아오는 귀소본능의 대표적인 조류 중 하나이다. 회귀성이 매우 강하며, 방향감각과 귀소본능이 뛰어나 BC 4000년경에 이미 중근동 지방에서 사육되었다는 기록이 자주 발견된다. 또한, BC 3000년경에는 이집트에서 어선의 전서구로 적극적으로 활용되었다는 기록도 있다. 박은영 시인은 이 비둘기의 특성을 십분 활용하여 세상의 모든 비둘기는 결국 가족의 품이 있는 "종로 낙원상가"로 되돌아온다는 인식을 보여준다. 눈여겨볼 점은 화자로 대변되는 회귀한 비둘기가 엄마나 가족과의 소통과 화해보다는 아직 "조율되지 않은 말들" 속에서 긴장을 유지한다는 데 있다. 그 감정은 비둘기 통신으로 이해되는 당연한 이야기에 새로운 신파적 요소를 부과한다. 가령, "그날의 엄마보다/늙고 비만한 나는/비둘기 발목에 쪽지를 묶는 것처럼/파스를 붙인다"라고 표현된다. 얼핏 자신의 발목에 붙이는 파스와 비둘기 발목에 묶는 쪽지가 급박한 감정을 상상하게도 하지만, 이 또한 아직 해결되지 않은 엄마와 나의 관계를 대변하는 시적 장치로 유인될 뿐이다.

　이 과정을 시적 사유로 따라나선 작품 속 화자는 그 비둘기의 귀소본능에 대해 제 나름의 독특하고 낯선 신파를 선보인다. '종로 낙원상가의 비둘기'나 세상 사람에게 "조율되지 않는 말들"을 듣고 사는 엄마나 모두 그저 그런 낙원에 회귀한 존재로 규정하고 있다. 화자는 그 모든 것을 '팔자'로 귀결하지만, 자세히 뜯어보면 처음부터 비둘기나 엄마는 자신이 원했던 자리로 귀소하지 못한 채 세상의 타성이 그들에게 회귀한 것으로 이해한다. 그래서 "새의 낙원은 하늘이 아니라 종로구"가 된다. 다만, 시의 화자는 끊임없이 엄마를 닮아가면서 "그날의 엄마보다/늙고 비만한 나"로 변모해갈 뿐이다. 또한, 표면적으로만 보면 시의 화자인 '나' 또한 엄마에게로 귀소하고 있는 듯 보인다. 하지만 나나 비둘기나 각자의 팔자에 회귀하고 있다. 비둘기가 지상의 종로구를 하늘의 낙원(樂園)으로 여기는 것도, 알고 보면 하늘의 낙원이 땅의 낙원으로 회귀한 셈이다. 화자는 그 이유를 "비둘기가 낙원을 떠나지 못하는 것은 무거운 발목 탓"으로 돌리고 있지만, 그보다 더 설득력 있는 논리는 "양푼에 찬밥을 퍼 담아 열무김치와 고추장을 넣고 쓱쓱 비벼 먹을 수 있는 골목"이 바로 '이곳'에 있기 때문이다. 화자는 이를 두고 '본능'이라고 말한다. 이 작품에서 화자는 사물에 대한 단순한 흉내 내기가 아니라, 오히려 적극적인 흉내 내기를 통해 삶의 감각을 신파에서 빗겨 난 새로운 신파의 서정을 확보해낸다. 그래서 그 흉내 내기의 닮음이 오히려 새로워지기 위한 이야기의 닮음인 동시에 오직 '나'만 남게 하는 시적 경험으로 전이된다. 엄마는 끝끝내 비둘기를 닮아가지만, 비둘기는 결코 엄마를 닮지 않은 숨겨진 내면의 이야기를 통해, 새로운 형식의 신파가 담고 있는 시적 서정을 시인은 알뜰한 이야기의 구조와 사유로 풀어내고 있다.

    카페의 테라스 자리에 앉아 나는 너를 생각했다
    맨다리 위로 낯선 벌레가 한 마리 기어 올라왔다
    의외로 벌레의 다리는 단단했고 따가웠는데

    벌레를 손바닥으로 쳐 낼 때에는 너를 징그러워하지 않을 수 있었다
    무심코 밟아버렸을 때 흘러나오는 것들은 어쩔 수 없는 일이었을 테니까

    내가 너에게 말했던 장래와 희망은 진심이었을 거라는 확신 속에서
    바로 옆 화분으로 날아 들어가는 벌레

    네가 내게서 빌려간 책은 이름 없는 철학자가 쓴 첫 시집이었는데

곧 돌려주겠다는 너의 말은 아직도 지켜지지 않았고

벌레는 넓은 잎 위에서 가만히 있다
바로 옆 테이블에 앉은 외국인 두 사람은 알아들을 수 없는 대화를 했고
나는 차가운 커피를 마셨고
너는 여기에 없고
우리는 모두 잠시 닿아서 모였다가 그 어디에도 쓸모없는 사연들이 된다

잠시 빌려간 것과 문득 다가온 것은 어쩌면 똑같을지도 모른다고
죽일 수는 없었으니까
하지만 신경 쓰지 않으려고 하면 할수록 더 간지러워졌다

읽지 못하게 된 책은 새로 주문하면 그만이었지만
자세히 들여다보면 벌레는 내가 아는 검은색이 아니었고

외국인들은 갑자기 웃으면서 의자에서 일어났다
벌레는 어느새 너무 많아졌고
테라스에 든 햇볕은 점점 뜨거워지고 있었다

나는 너를 다시 생각했고
빨갛게 부어오르고 있는 다리를

그냥 긁었다
여름은 여름이었다.

- 이유선, 「그냥 벌레」 전문[2]

　이유선의 「그냥 벌레」를 보며, 제일 먼저 눈에 띈 구절은 시의 마지막 연 "그냥 긁었다/여름은 여름이었다"라는 부분이다. 시의 표현을 빌려 직설적으로 설명하자면, "빨갛게 부어오르고 있는 다리를 그냥 긁는" 행위는 박은영 시인이 말한 '본능'과 상통한다. 「그냥 벌레」는 본능적으로 다리를 긁는 행위를 통해 자의적으로 인간이 지닌 귀소본능을 설명하려는 게 아니다. "여름이 여름"으로 회귀하는 자연의 현상과 벌레가 너무 많은 테라스에 앉아 자신조차 벌레의 감각으로 전이되는 시적 체험의 인과적인 과정을 통해 시인은 인간 내면의 귀소본능 감정을 시로 형상화하고 있는 것이다.

　이 작품에서 화자는 "카페의 테라스 자리에 앉아 너를 생각"하는 이야기의 숨은 주체이다. 시적 주체가 타자를 생각하는 행위도 어떤 의미에서는 귀소본능으로 봐야 할까. 사람이 다른 사람을 그리워하거나 생각하는 것 자체가 일종의 귀소본능이 될 수 있다고 인정한다면, 이 작품에서의 화자는 지금 '너'에게로 회귀하고 있는 중이다. 그 과정에서 자꾸만 방해하는 "낯선 벌레"는 "네가 내게서 빌려간 이름 없는 철학자가 쓴 첫 시집"처럼 모호하고 아리송하다. 화자는 그 감정을 "그리움"과 "징그러움"으로 나누어 표현하고 있지만, 종국에는 두 감정 모두 "진심이었을 거라는 확신 속에서" 벌레를 응시한다.

2　이유선, 「그냥 벌레」, 『모:든시』, 2020년 봄호.

그 무엇도 그 어떤 존재에게로 회귀하지 못하는 감정에 대해 화자는 "우리는 모두 잠시 닿아서 모였다가 그 어디에도 쓸모없는 사연들이 된다"라고 인식한다.

시간이 흐를수록 화자는 반복과 끊김의 연동을 통해 내 삶에 스며 있는 '장래'와 '희망'이라는 본능에 대해 생각한다. 물론 이러한 화자의 사유는 "잠시 빌려간 것과 문득 다가온 것은 어쩌면 똑같을지도 모른다"라는 어쩔 수 없는 상황에서 발행하는 삶의 성찰에 가깝다. 그러한 이유로 작품 속의 화자는 자신을 회귀하는 존재이면서 동시에 어떤 존재를 회귀시키는 양가적인 모습으로 스스로를 이해한다. 화자가 "신경 쓰지 않으려고 하면 할수록 더 간지러워지는 것"도 다 그 때문이다. 카페의 테라스에 앉아 여기에는 없는 '너'를 자꾸만 떠올리는 '나'와, 외국인이 모두 떠난 그 자리에 점점 찾아드는 벌레의 모습은 시인에게는 '나'와 '너'라는 감정이 어느 쪽으로도 규정할 수 없는 상태로 우리의 삶에 스며드는 독특한 페이소스를 선사한다.

그런 이유로 이 시에서 가장 주목해야 할 부분은 '그냥'이라는 감정이 된다. '그냥'은 시적 화자와 더불어 하나의 심리적 공동체를 구성해 주는 단어로 시적 사유를 집중시킨다. 가령, "알아들을 수 없는 대화"를 하는 외국인과 "이름 없는 철학자가 쓴 첫 시집"과 자세히 들여다보면 "내가 아는 검은색이 아"닌 벌레는 '그냥'이라는 공동체 안에서 서로서로 존재를 밀고 당기며 일상의 평범한 풍경으로 회귀한다. 따라서 '그냥'은 이유선에게는 있는 그대로의 모습이거나, 아무 생각이나 조건 없이 존재하는 공동체의 모습이면서 가장 감각적인 본능을 내재한 각각의 이야기로 자리한다. 여름이 여름인 이유가 그냥 여름인 것처럼 말이다. 벌레에게 물린 내가 그냥 벌레의 감각을 그대로 수용하고 긁어대듯 말이다.

풍선껌을 씹다가 눈물이 났다
어떻게 이 딸기 맛을 그만둘 수 있을까
윗몸일으키기를 하다가 눈물이 났다
어떻게 이 숨찬 맛을 그만둘 수 있을까
아니 어떻게 그만들 두셨나 그 모든 미라는 미라들은
그만두는 것을 이토록 그만둘 수 없는 난 말이다
아버지의 머리칼을 쥐어뜯으며 상상에 박차를 가한다
해바라기의 끝 조약돌의 끝 축구공 신발 개구멍의 끝
구름에게 놀란 구름이 새카맣게 질려 뭉개진 자리
태양은 그 뒤에 숨어 캄캄한 눈물을 흘린다
차갑게 식을 체온을 위해 미리 몸을 던지는 빗줄기
황급히 우산을 펼쳐 들고 당신과 당신이
잰걸음으로 피하는 것은 무엇일까
발자국은 젖지 않은 채로 어디까지 어리석을 수 있나
그림자는 자신의 끝을 목격하기 위해 눈을 부릅뜨지만
나무는 어떻게 그 푸르렀던 맛을 그만둘 수 있는가
아버지를 그만둔 아버지 위로 오래오래 흙이 뿌려진다
단물을 삼킬 때마다 나의 사지는
있음과 없음을 향해 공평하게 부풀어 오른다
풍선의 모든 것이 현재가 없이는 불가능한 일이었다
비록 그것이 터지기 직전의 아슬아슬한 맛이라 하더라도

― 황성희, 「풍선껌의 서정적 측면」 전문3

인생을 살다 보면 우리는 늘 선택을 해야 하는 순간과 마주한다. 보통 한 인간이 무언가를 선택한다는 것은 그 선택에 대한 책임까지도 감당해야 함을 의미한다. 범박하게 비유하자면 시인에게 인생이란 '선택'의 연속이면서 동시에 그 선택의 의미를 유예하는 과정이라 해도 과언이 아니다. 황성희의 「풍선껌의 서정적 측면」은 인간 감정의 결과보다는 선택의 과정에 집중하고 있는 작품이다. 시의 맥락을 하나의 이야기 텍스트로 전환하여 생각해 보면, 이 작품을 읽는 즐거움은 드러난 이야기와 숨은 이야기의 차이로 인해 발생하는 시적 갈등을 통해 드러난다. 하나의 사건과 그다음 사건 사이에서 발생하는 시적 인식의 차이가 독자로 하여 예측과 긴장을 만들어낸다. 이러한 시적 긴장은 작품의 제목에서도 짐작할 수 있듯이 '풍선껌의 서정'에 주목하는 것이 아니라 '풍선껌의 서정적 측면'에 집중함으로써 발생한다. 시인이 선택한 '측면'은 사물이나 현상의 한 부분에 집중한다. 풍선껌에 내재한 많은 이야기의 가능성 중 하나가 시인의 선택을 통해 파편적으로 선택될 수 있음을 의미한다.

　이 시를 더욱더 쉽게 이해하기 위해 단순한 스토리라인을 구성해 보자면, 시적 화자는 "풍선껌을 씹다가 눈물"을 흘리는 감정의 소유자이다. 그가 눈물을 흘리는 이유는 매우 단순하다. 풍선껌 속에 들어 있는 '딸기 맛' 때문이다. 그 딸기 맛에 대한 감각은 화자에게 윗몸일으키기를 하다가 흘리는 눈물과 동일한 감각이다. 풍선껌의 '딸기 맛'은 윗몸일으키기의 '숨찬 맛'과 동일한 감각의 연장선상에서

3　황성희, 「풍선껌의 서정적 측면」, 『현대문학』 2020년 2월호.

화자에게 살아 있음을 느끼게 하는 집약된 측면이다. 다시 말해 그 측면의 감각은 한 인간 존재가 누릴 수 있는 특권으로 인식된다. 이러한 인식을 전경화하기 위해 화자는 미라를 언급하면서 "아니 어떻게 그만들 두셨냐"라고 말한다. 화자가 생각할 때 미라야말로 살아 있는 것을 그만두지 못해 죽어서도 살아 있는 존재로 살고 있기 때문이다. 이를 빗대어 화자는 자신 또한 "그만두는 것을 이토록 그만둘 수 없"다고 고백한다.

이후 드러나는 화자의 측면적 상상은 의식의 자유로운 흐름을 타고 급변한다. 화자는 "아버지의 머리칼을 쥐어뜯으며 상상에 박차"를 가한다. 구름이 구름에 놀라기도 하고, 그 뒤에 숨어 태양이 눈물을 흘리기도 한다. "차갑게 식을 체온을 위해" 빗줄기는 미리 몸을 던지기도 한다. 이러한 화자의 시적 전개 방식은 '미라'에서 파생된 것이다. 결국 시인에게 그 복잡하고도 파편적인 선택은 '풍선껌'이라는 이미지를 향해 가는 여정과도 같다. "나무는 어떻게 그 푸르렀던 맛을 그만둘 수 있는가"와 아버지의 무덤은 "있음과 없음을 향해 공평하게 부풀어" 오르기도 한다. 시인에게 이러한 모든 것은 현재라는 시간을 선택하지 않으면 발생하지 않는 "불가능한 일"이다. 사람이 태어나 죽게 되는 것도 결국은 그 딸기 맛과 같은 '죽음의 맛'을 잊지 못하는 인간(미라)의 "터지기 직전의 아슬아슬한 맛"으로 귀결된다.

어쩌면 세상의 모든 시는 시인이 이야기를 통해 선택한 '선택 이전의 상황'과 '선택 이후의 상황', 그리고 '선택한 상황'과 '선택하지 않은 상황' 사이에서 만들어지고 소멸하는지도 모른다. 시를 읽는 독자는 시인이 만들어내는 이야기 중심의 복잡한 선택 과정 안에서 또 하나의 중요한 '사건들'과 조우하게 되는데, 그것은 독자가 작품 속에 모호하게 숨어 있는 이야기의 또 다른 화자가 될 때 더욱 가시화된다. 이러한 독자의 개입이 가능한 이유는 '측면'이 허용하는 열린 의식과 신파 때문이다. 시인은 기존의 개념을 의심하고 새로운 개념을 통해 세계를 전과는 다르게 보도록 인도한다면, 독자는 시인이 만들어 놓은 세계와 이야기를 다양한 레테르를 통해 새로운 가능성의 신파를 형성한다. 그 시적 긴장과 갈등이 결국 시의 이야기 구도를 세우는 일인 동시에 새로운 이야기의 서정을 만드는 길이 된다.

대부분의 시가 그러하겠지만 시는 이야기에서 출발한다. 시인은 그 이야기의 측면에 담긴 심연 속에서 또 다른 이야기의 측면을 찾고, 무수한 삶의 이야기를 하나의 뫼비우스의 띠로 몰아간다. 그 과정을 통해 시인과 독자는 안과 밖의 이야기를 하나로 연결하면서 바깥의 감각을 호흡하고, 바깥과 소통하며, 바깥을 변형함으로써 시라는 장르를 다시 우리 앞에 세운다. 그 지점에서 만나게 되는 사유는 이야기의 질서를 유지하는 매우 중요한 시적 도구로 활용되면서, 지금까지도 시인조차 경험해 보지 못한 신파의 지름길을 독자에게 안내한다. 그렇다고 그 지름길이 정말 신파가 될 것이라고 믿는 시인은 우리 곁에 없다. 그렇기에 오늘도 이 세계에 담긴 이야기의 신파는, 한 편의 새로운 서정시로 남게 된다.

— 『시인동네』, 2020년 4월호 발표

시의 극점(極點)을 향한 소요

요즘 우리 사회에서 일어나는 일련의 사건을 지켜보면서 여전히 현대사회를 움직이는 단위는 개인이 아니라 조직이라는 생각이 든다. 그 조직의 논리 안에서 공동체적 질서와 보편적 가치는 개인의 가치와 사유보다는 공동의 이익과 목표를 위해서만 항해하는 듯 보인다. 누구라도 눈치채겠지만, 그런 사유체계 안에서는 개인의 정서와 개성 등이 큰 의미를 확보하지 못한다. 오직 '이름'과 '자리'만이 이 사회를 지탱하고 그 역할을 체계적으로 수행할 뿐이다. 그 누구라도 조직의 구조에 반기를 든다면, 개인은 언제든 체제에 의해 압살당할 위험에 노출된다. 속된 말로 '조직의 쓴맛'을 경험하게 되는 것이다.

하나의 극단이 또 다른 극단을 낳는다는 것은 이제 널리 이해되는 사실 중 하나이다. 서로 대립하는 듯 보이는 것들도 따지고 보면, 두 측면의 진실이 하나의 형태로 각각 존재하는 경우도 많다. 이와 같은 형태의 사회현상 논리는 시를 쓰는 시인의 시적 극점(極點)에 그대로 스며들기도 한다. 시인은 일반적으로 주어진 독사(doxa)의 세계에 주목하기도 하지만, 파라독사(paradoxa)가 형성하는 세계를 통해 조직 체제의 현상을 역설의 방식으로 가로지르기도 한다. 또한, 고정된 이름과 그 자리를 끊임없이 탈주하면서, 사회의 격자를 스스로 통과해 나간다.

이 세계를 구성하고 있는 사회의 격자를 시인이 가로지른다는 것은 노마드적 주체로 그 정체성을 확보한다는 의미이기도 하다. 조직이 만들어낸 규율과 원칙을 지키는 사람이 훌륭한 사람으로 인정받는 이 사회에서 체제의 격자를 가로지른다는 것은 결코 만만한 일이 아니다. 조직과 사회의 격자를 가로지를 때마다 시인에게는 시적 사유에 대한 갈등과 고통이 뒤따르기 때문이다. 그런 이유로 시인은 두 개의 계기를 동시에 생각하게 된다. 하나는 소요(逍遙)의 계기이며, 다른 하나는 투쟁의 계기이다. 시인에게는 소요가 곧 투쟁이며, 투쟁이 곧 소요다. 범박하게 비유하자면, 사랑이 전제될 때 투쟁은 이미 의미를 획득하고, 그 투쟁이 밑받침될 때 소요 또한 그 의미를 인정하게 된다. 사랑이 없는 투쟁은 원한에 불과하고, 투쟁이 없는 사랑은 퇴폐에 불과할 테니까 말이다.

　　지구의 시작은 봄일까 가을일까

　　동네에서 강아지와 내가 산책한다
　　대문에서 할아버지가 나와 말을 한다
　　왜 사람 다니는 길에 강아지 다니게 해요?

공원에서 강아지와 내가 산책한다

강아지는 흙과 풀이 있는 곳을 좋아한다 공원은 그런 곳

여기는 잔디보호구역 들어가면 안 돼

벤치에 앉은 연인이 강아지의 목줄을 세게 당기는 사람을 본다

무엇으로부터 잔디를 보호하는 걸까?

사람?

왜 잔디를 보호하는 거지?

공원에 놀러 온 사람들이 앉으려고?

잔디는 사람이 쓰려고 사람으로부터 보호한다

나는 오늘 보는 것을 멈추기로 한다

나는 선을 넘는다

현재는 비윤리적이다

거기는 들어가면 안 되는데

그렇게 말하는 사람은 공원을 지나가는 평범한 사람

법을 지키는 것은 쉽다

그림자는 가둘 수 없다

신은 질서가 없다

나는 먼저 웃고 먼저 슬퍼한다

나는 정리에 반대한다

어두운 기도실에서 기도를 시작한다

개인의 욕망은 기도해도 들어주지 않는다

> 이타의 끝은 자살
>
> 저는 저를 이해할 수 없습니다 용서해주세요
>
> 의식의 흐름대로 쓰는 것이 문학 기법이듯
>
> 그냥 사는 것도 방법이다
>
> 버찌가 터진다
>
> 어디에선가 무언가가 태어난다
>
> — 성다영, 「레디-메이드」 전문[1]

성다영의 「레디-메이드」는 일반적인 '독사'의 세계에서 벗어나 고정화된 세계를 벗어나려는 '파라독사'의 시적 여정을 고스란히 담아낸다. 공원에서 시작된 화자의 질문은 '지구'에서 시작하여 '자기'로 환원된다. 다시 말해 지구의 시작은 자기 질문의 시작이며, 그 주관의 사유는 객관의 사유로 귀결된다. 나아가 다시 자기에게로 되돌아오는 원환적 성격을 드러낸다. 그런 점에서 첫째 연의 "지구의 시작은 봄일까 가을일까"라는 구절과 넷째 연의 "잔디는 사람이 쓰려고 사람으로부터 보호한다"라는 구절은 서로 '파라독사(질문)'와 '독사(규율)'의 대구를 이루면서 화자가 사유하는 객관성과 주체성의 양극단을 벗어나게 만든다. 이 과정을 통해 화자는 세계로 대변되는 공원의 격자를 소요하듯이 사람들의 사유를 가로지르며 투쟁하고, 또 그 투쟁을 자신의 시적 소요로 여기면서 노마드적 주체로 거듭난다.

독사의 차원에서 볼 때 일반적으로 인간은 객관적 장을 정확히 인

---

[1] 성다영, 「레디-메이드」, 『현대시』, 2019년 11월호.

식함으로써 자신이 자유롭다는 확신을 하게 된다. 당연히 위계적인 독사가 지배하는 공원에서는 "잔디보호구역"이라는 말이 오히려 이 세계의 '모범답안'처럼 인식된다. 하지만 화자는 공원에서 형성된 규율과 원칙에 반구조적인 역설을 강조한다. 이러한 화자의 객관과 주관의 역설적 사유는 눈 밝은 독자라면 이미 목격했겠지만, 첫 행의 '봄'과 '가을'에 대한 질문으로부터 시작된다. 봄과 가을은 날씨의 측면에서 서로 비슷한 환경을 공유한다. 하지만, 생성(봄)과 소멸(가을)이라는 특징을 각각 다르게 소유한다는 점에서 지극히 주체적이다. 또한 그 두 개의 주체적 진실은 서로를 보정한다. 특히 작품에서의 봄은 둘째 연과 셋째 연에서 드러나는 화자의 궁금증과 질문으로 연계된다. 화자가 보기에 "강아지는 흙과 풀이 있는 곳을 좋아한다"라는 인식은 자신의 바깥을 정확히 인식해야 자기를 이해할 수 있다는 시적 사유와 맞닿아 있기도 하다.

하지만 편견에 사로잡힌 공원(세계)의 많은 사람은 자신만의 의식도 없이 맹목적으로 잔디를 보호하고, 그 어떤 조직의 관념도 넘어서려 하지 않는다. 마치 "잔디보호구역"에는 절대 들어가면 안 되는 사람처럼 말이다. 화자는 결국 자신이 발견한 세상에 스스로를 용해시켜버린 공원의 사람을 모두 '레디메이드'로 규정한다. 레디메이드(ready-made)란 '기성품의, 전시용의 작품'이라는 뜻을 지닌 단어이다. 화자는 어느 쪽으로든 극단적으로 매몰된 사람을 모두 자기 이해가 소실된 기성품, 즉 레디메이드로 인식하고 있다. 화자는 마르셀 뒤샹이 기성품을 활용하여 사유를 전복하고자 했던 것처럼 자신 또한 규율화 되어가는 공원의 풍경과 그곳에서 발현되는 사유 체계에 제동을 걸고 나선다. 그 행위는 화자에게 "오늘 보는 것을 멈추"게 하고, 세상이 정해놓은 규율의 "선을 넘는" 행위를 실천하게 만드는 역설의 힘으로 작용한다.

> 능숙한 손에 몸을 맡기면
> 이렇게 그럴듯한 만두가 태어나는 법
>
> 사람 일도 마찬가지
> 차근차근 배우고 조심조심 따라 해서 나쁠 것 없는데
> 실패하지 않으면 더 좋은데
>
> 세상 제멋대로인 사람들 많다
> 도무지 말을 듣지 않는다
> 귀 모양을 닮은 만두만 내 이야기에 귀 기울인다
>
> (중략)
>
> 오만 생각 다 그만두고
> 그래, 만두 빚을 때는 만두를 빚자
> 빚을 수 있는 것은 만두뿐이다
>
> — 유병록, 「우리, 모여서 만두 빚을까요」 부분[2]

성다영의 시에서 진짜 '레디메이드'는 어떤 규칙에 갇혀 있지만,

---

[2] 유병록, 「우리, 모여서 만두 빚을까요」, 『창작과비평』 2019년 겨울호.

결국 어떤 규칙에도 갇혀 있지 않으려는 노마드이다. 이러한 형태의 노마드는 시인에게 이 세계는 질서가 없고 정리되지 않은 모습으로 인식된다. 하지만 이 세계가 만든 규정을 벗어나려는 모습이 반복되면 언제든 인간은 '레디메이드'로 전락할 수 있다는 인식을 끊임없이 상기시킨다. 시의 제목이 갖는 표면적인 의미와 그 이면에 숨은 의미를 우리가 동시에 생각해 봐야 하는 이유가 여기에 있다. 시인은 독사와 파라독사를 끊임없이 오가면서 레디메이드를 가로지르기 위해서는 "그냥 사는 것도 방법"임을 최종적으로 제시한다. 그제야 시인이 소요하는 세계의 공원은 버찌(질문)가 터지는 봄, 다시 말해 태초의 물음으로 다시 가로질러, "어디에선가 무언가가 태어나는" 생성의 계절을 우리에게 선물하게 된다.

성다영의 시 「레디-메이드」가 자기 오해를 벗어나려고 하는 시적 소요의 역설이라면, 유병록의 시 「우리, 모여서 만두 빚을까요」는 자기 이해에 집중하려는 시적 소요의 역설로 읽힌다. 흔히 사람은 객관성에 대한 인식이 결여된 자기 이해는 자기 오해로 빠질 수 있음을 자각한다. 그런 자기 오해는 일종의 자기 환상을 만들어내기도 한다. 이미 성다영의 시에서 우리가 목격하듯, 공원으로 표상되는 이 세계의 구조 속에서 레디메이드적인 사유만이 추출되는 것은 아니다. 유병록의 시에서처럼 오히려 그와 대비되는 상상력을 통해서 각자의 정체성을 확보해가기도 한다. 시인이 자신의 주체성에만 집착하게 되면 결국 시의 보편성을 결여하게 된다는 두 시인의 인식이 공통적으로 내포한 결과이기도 하다.

이러한 관점에서 유병록의 시 「우리, 모여서 만두 빚을까요」는 자기 이해의 노마드적 소요 과정을 반복함으로써 공동체 구성원으로서의 능숙한 모습을 우리에게 요구한다. 그 주체는 화자가 보기에 "실패하지 않으면 더 좋은" 공동체의 구성원이다. 화자는 그 공동체를 구성하는 힘은 다 함께 만두를 빚는 일에서 비롯된다고 믿는다. 이 믿음에는 세상에는 제멋대로인 사람들이 너무 많으며, 사람들이 "도무지 말을 듣지 않는다"라는 자조가 깔린다. "귀 모양을 닮은 만두", 다시 말해 타자에 대한 이해가 전제된 주관성은 객관적 존재로서의 소요 가치를 확보할 수 있을 때 더욱 두드러짐을 강조한다. 이러한 화자의 인식은 표면적으로 성다영의 시가 보여줬던 시적 소요와 대척을 이루는 듯 보이지만, 사실은 그렇지 않다. 유병록은 이 시의 마지막을 통해 이렇게 말하고 있기 때문이다. "그래, 만두 빚을 때는 만두를 빚자/빚을 수 있는 것은 만두뿐이다"라고. 시인은 표면적으로는 만두(공동체)라는 세계에 귀속 당하고 있는 듯 보이지만, 결국 만두라는 공동체를 통해 개인의 세계에게 몰입하고 집중하고 있음을 고백한다.

> 인도의 카나우지 지방에서는
> 미티 아타르(miti attar, 흙의 향기)라는 이름으로
> 비 향기를 담아 향수를 만든다.
> 사람들에게 비가 오기 직전의 고향 땅의 풋풋한 흙내음을
> 사실적으로 떠오르게 한다는 흙 향수.
> 내 고향은 정우(淨雨)인데,
> 맑은 비가 뛰어다니는 지평(地平)마을이다.
> 생땅을 갈아엎은 듯한
> 비에서 풍기는 흙내음,

> 비 향기 진동하는 지평선,
> 그 진동을 담은 시를
> 단 한 편이라도 쓸 수 있을까.
>
> — 박형준, 「비의 향기」 전문[3]

    시인이 사회에 대한 객관적 사실에만 집착하거나 그 반대의 경우를 지향할 때 시인은 자신을 소외시킬 상황을 발생시키기도 한다. 그런 이유로 시인은 객관성과 주체성의 양극단에서 끊임없이 사유의 격자를 가로질러가면서 그 누구도 소외당하지 않도록 노력한다. 그 과정의 반복은 시인 스스로의 자유를 확보하게 하면서, 이 사회의 그 어떤 코드에도 매몰되지 않는 노마드적 주체로서의 자리를 선점하게 된다. 그러한 관점에서 성다영의 시와 유병록의 시가 종국적으로 추구하고자 하는 시의 극점은 박형준의 시가 말하는 시의 진동과 한통속이라는 생각이 든다. 모두 각자의 소요를 통해 시의 진동을 만들어냈지만, 그 진동의 암호는 비밀을 간직한 사람에게는 더 이상 암호로 인식되지 않기 때문이다.
    박형준의 시 「비의 향기」에서 그 진동이 '비'라고 생각하며 다시 시를 읽는다. 비는 액체에서 고체로, 고체에서 다시 기체로 끊임없이 순환하는 물질이다. 우리가 익히 알고 있는 비는 대기 중의 수증기가 높은 곳에서 찬 공기를 만나 형성하는 물방울로 인식된다. 수증기에 가까운 물방울이 구름 속에서 식어 지상으로 떨어지게 되면, 그 물방울은 온전한 액체의 비로 전환한다. 그 비는 이 세계의 계절

---

[3] 박형준, 「비의 향기」, 『미네르바』, 2019년 겨울호.

과 만나 얼음이 되기도 하고 나무와 꽃이 되기도 한다. 여기에 거친 상상력을 조금 더 보태면 사람의 몸이 되기도 한다.

이 작품에서 비를 시의 소요로 이해하는 것은 '비'가 '향수'라는 단어와 연결되어 있기 때문이다. 태초의 자연에서 끌어올린 '향기'나 '향수', '흙내음' 등의 진동은 이 시를 이해하는 소요의 과정으로 시의 극점을 향해 달린다. 화자는 작품의 첫머리에서 자신이 이해하고 있는 시적 사유의 발화지점을 인도 카나우지 지방에서 내려오는 '미티 아타르(miti attar)'에서 찾아낸다. 다소 평이하고도 쉬운 시적 진술을 통해 화자는 인도 카나우지 지방의 사람들은 '흙의 향기'를 빌려 '비의 냄새를 담은 향수'를 상상해내고 있음에 주목한다. '비'와 '지평선'이라는 화자의 기억 속 암호 코드를 통해 화자는 자기 이해의 근원에 대한 시적 사유를 불러내고 있다. 이 단순하고도 소박한 화자의 소요 속에서 우리는 한 시인이 자신의 시의 극점을 어떠한 방식으로 연금술화 해나가는지를 목격하게 된다.

하지만 화자가 정작 비의 향기를 통해 주목하고자 한 것은 단순히 "고향 땅의 풋풋한 흙내음"이나 "사실적으로 떠오르게 한다는 흙 향수"에 국한되지 않는다. 작품 속의 비는 종국적으로 고향 땅에 대한 그리움을 넘어서 노마드적 주체로서의 자기 이해에 대한 시인의 열망과 맞닿아 있기 때문이다. 화자가 "생땅을 갈아엎은 듯한/비에서 풍기는 흙내음"을 애써 기억하고자 하는 것도 모두 이와 관련된다. 이러한 이유로 '비'는 "비 향기 진동하는 지평선" 너머의 세계를 제공하는 시의 '진동'으로 자리하기도 한다. 세상의 모든 만물이 투명하고도 맑은 비를 맞으며, 땅을 잠깐 들었다 놓을 정도의 맑은 에너지가 담긴 그런 극점의 시적 소요와 시의 진동 말이다. 이러한 시적 소요와 진동은 결국 시인에게 시의 극점을 가로지르는 격자로 작용한다. 시인은 자신이 속한 이 사회의 조직과 규율 속에서 다만 수용과 투쟁을 반복할 뿐이다. 그 행위가 시를 읽는 독자에게 술렁거리듯 소란스러운 시의 소요(騷擾)가 될지, 아니면 시의 극점에 달한 시의 소요(極點)가 될지는 아무도 모를 일이겠지만.

- 『시인동네』, 2020년 2월호 발표

이미지 너머의 시적 징후

 시를 창작하는 데 있어 이미지는 시적 사유의 카테고리를 형성하는 중요한 수단이 된다. 그 카테고리 안에서 시인의 감각은 보편성이나 일반성으로 환원되지 않는, 다시 말해 개별적이고 특수한 감각의 지평을 생산한다. 이는 시인의 감각이 배경의 전경화를 이루기보다는 시인의 신체를 통해 체험되고 통섭하고 있음을 의미한다. 그런 이유로 시인은 이미지를 통해 의미를 만들어내고, 다시 그 의미를 극대화함으로써 독자가 누릴 수 있는 시적 사유의 불확정성을 최대한 확보해낸다.
 따라서 한 편의 시를 감상할 때 시의 핵심적인 이미지는 시인의 사유에 가장 직접적인 영향을 미칠 수밖에 없다. 시인은 이미지를 중심으로 핵심 전언을 만들어가며, 이미지를 활용해 시를 구성하고 전개한다. 그런 점에서 시는 여전히 이미지로 이야기하고, 이미지로 의미하며 이미지로 표상하는 문학 장르라고 해도 지나침이 없다. 또한 '언어로서 자기-표상을 할 수 있는 능력', 즉 랑가주의 능력은 이런 시인의 이미지와 만나 자신과 타자를 구분하고 정의할 줄 아는 시의 내러티브를 구성하는 능력과도 상보성을 이룬다. 특히 시인은 자신이 경험한 것을 다양한 이미지를 통해 이야기함으로써 스스로 외부 세계와 자신을 구분하고, 동시에 자신의 시적 사유를 다양한 언어 속에서 은유로 재창조해낸다. 시작품 속의 모티프들은 이미지와 이미지의 충돌과 시적 언어 표현의 조화를 통해 결국 하나의 이미지를 맥락화하고 계열화시킨다.

근래 발표된 다양한 시들을 읽으며, 시적 이미지 속에 축적된 시인의 사유의 층위를 확인해 본다. 시적 이미지에 대한 일련의 의미 정립은 시를 포함한 세상의 모든 이미지가 사실은 시인으로 표상되는 1인칭의 관점을 통해 의미의 감각과 내포의 새로움을 경험시키고 있음을 어렴풋이나마 예측하게 하는 즐거움을 선사한다. 시인은 이미지의 카테고리를 통해 자신이 표현하고자 하는 핵심 전언을 만들어가며, 자신과 타자를 구분함으로써 시의 이미지 속의 침잠하고 있는 시적 사유의 핵심 전언이 어떤 카테고리를 이루고 있는지를 조망하게 한다.

> 내가 알제리를 떠올렸다는 것
> 알제리의 거리를 알아차렸다는 것
> 다음 순간을 염두에 두지 않자
> 눈에 담지 않아도 풍경이 잡혔다
>
> 제 생채기를 아무렇지 않게 헤집고 사막으로 돌아간 이는
> 그 이유로 잊혀졌다

지금 시간은 마지막 물기를 간직한 사막을 지나고 있는지 모
른다

길이 길이 될 때까지 풍경이 풍경이 될 때까지
난 새로 눈을 뜨는 사람
내 안으로 수 세기가 지나갔다
비로소 불어오는 바람 천지사방에서 부는 바람

온몸이 시려왔다
빼빼 마른 내 신발
신발을 꽉 꺾어 신었다
신발을 몰래몰래 따라가면
세상의 벽들이 흘러내렸다

그 길이 보이는 건 신발 때문이었다
사람들은 길을 파거나 길을 내면서
지나온 길을 알 것도 같다며 세상을 건너갔으리라

더 이상 내려앉을 수 없는 곳을 빠져나온 자는
말라버린 입술을 만지지 않았다

저물어가는 길을 물끄러미 쳐다보았고
꺾어 신은 신발은
사막의 노을빛을 닮아가고 있었다

― 이길상, 「깡마른 신발 속의 길」 전문1

시의 이미지는 시인의 문화적 배경 속에서 축적된 약호화 과정을 통해 그 외연은 불가피하게도 시적 내포를 형성한다. 이미지의 특성상 그 프레임 안에 담을 수 있는 영역은 한정되어 있기 때문이다. 이는 시인이 속한 개인과 집단 그리고 그 시대가 어떤 기호에 대한 이미지의 층위를 형성하는지에 대해 집중해야만 하는 인과를 도출한다. 그 과정에서 파생하는 이미지의 시적 정립은 결국 시인 개인의 1인칭 관점을 통해 표상함으로써 가능해진다.

이 작품에서 시인이 택하고 있는 모티프는 '길' 혹은 '발'이라고 할 수 있다. 사실 길과 발 나아가 그와 관련된 여타의 이미지는 시적 소재의 측면에서나 의미의 측면 모두에서 얼핏 진부해지기 십상이다. 이러한 이미지들은 단순하게 말해 인간의 본질적인 삶의 여로를 직간접적으로 함축하고 있기 때문에 자칫 이미지 속에 시인의 사유를 가둘 수 있다는 우려를 자아낸다. 하지만 이런 이미지를 시인이 어떻게 활용하고 구성하느냐에 따라 시는 언제든 중층적이고 다의적으로 해석될 수 있다. 그만큼 시는 진부한 이미지 속에서 돌출되는 시의 매력을 찾는 일임을 중언부언 떠올린다.

어쨌든 이 작품 속의 시적 화자가 '알제리'를 떠올렸다는 것은 단순히 '사하라'가 알제리에 자리 잡고 있어서만은 아니다. 물론 사하라는 모로코, 알제리, 튀니지를 비롯해 북아프리카의 여러 나라에 걸쳐 분포되어 있다. 시적 화자가 굳이 알제리를 떠올렸다는 것은 시인만이 지닌 시적 이미지의 카테고리가 어떤 낯선 시적 전언을 포

---

1 이길상, 「깡마른 신발 속의 길」, 『포지션』, 2018년 봄호.

착했기 때문이다. 사실 '알제리'라고 하면 표면상 아프리카 대륙의 북서부와 지중해에 면한 아랍계 나라로 이해된다. 지극히 개인적인 심증으로는 알제리가 왠지 유럽과 가까울 것이라는 편견이 든다. 시적 화자 또한 '자신이 알제리를 떠올렸다는 것'과 '알제리의 거리를 알아차렸다는 것'의 인과를 단순히 '다음 순간을 염두에 두지 않았기 때문'이라고 고백한다. 다음 순간을 염두에 두지 않은 사람의 감정은 어떤 감각과 맞닿아 있을까. 현재의 순간에 오롯이 집중할 수 있는 사람은 사막에서조차도 타인의 뒤를 쫓는 것이 아니라 자신의 뒤를 쫓게 된다. 시적 화자의 표현대로라면 "길이 길이 될 때까지 풍경이 풍경이 될 때까지" 말이다. 그런 감정을 지닌 사람만이 사막의 길을 건너갈 수 있을 것이라고 시적 화자는 믿는다. 그러면서 시적 화자는 또 하나의 이미지를 도출시키는데, 그것은 바로 '빼빼 마른 신발'이다. 그 신발을 몰래몰래 따라가며 "저물어가는 길을 물끄러미 쳐다보았고/꺾어 신은 신발은/사막의 노을빛을 닮아가고 있었다"고 시적 화자는 묘사한다. 신발을 꺾어 신는 행위와 사막의 노을빛이 만들어내는 이미지의 카테고리는 '비로소 불어오는 바람' 혹은 '천지사방에서 부는 바람'처럼 혼곤하고 어렴풋하기만 하다. 마치 시인 서정주의 시구처럼 "길은 恒時 어데나 있고, 길은 결국 아무데도 없다"는 듯 말이다.

가만한 발에 검정 바다가 왔다
그만이라는 발바닥에 가장 검정 바위가 알을 슬었다

작은 뭉게구름은 백 톤에서 천 톤의 무게다 사십 마리에서 사

백 마리의 코끼리가 하늘에 떠 있다는 거다
　　　그러니 구름은 가벼워서 뜨는 게 아니다 구름보다 더 무거운
바람이 구름 아래를 침범했기에 뜨는 거다

　　　처음엔 다음 바다를 믿었으나 소음된 믿음이 바람을 불렀다
검정 구름이 폭음처럼 더 높이 솟구쳤다

　　　별이라도 있었으면 그렇게 금세 쏟아지지 않았을 텐데
　　　뭐든 가만 참다 보면 줄이 풀리고 발을 적시는 건 순간
　　　발이 젖었으니 넘칠밖에 쏟아질밖에
　　　발도 없이 달려오는 검정 바람에 소문의 파고가 높았다
　　　미상과 불명의 침몰일수록 오래 유출되는 법

　　　매미처럼 울었다 같은 곳에서 멈춰 같은 곳을 노래하다 같은
곳에서 길을 잃고 같은 곳으로 쏠렸다 개미처럼 사소해졌다
　　　발이 없으니 번개가 날개였고 안개가 베개였다

　　　물었던 걸 또 묻는다 되묻는 간격이 점점 짧아진다 물을 때마
다 다른 인생에 가까워진다 묻고 묻다 보면 신생아가 될 것 같다
검정 바다에 가까워질 것이다

　　　천 날의 발이 젖었으니 천 날의 발을 잃었으니
　　　오늘도 사이렌과 세이런으로 떠가는 중이다

이미지 너머의 시적 징후 149

오늘도 검정이라는 사어를 인양 중이다

— 정끝별, 「멜랑콜리커의 발」 전문[2]

  왠지 모르겠지만 발목을 주무르고 있는 사람을 보면 문득 슬프다는 생각이 든다. 그 슬픔의 연원을 애써 떠올리고 싶지 않을 정도의 서글픔이 밀려온다. 이 멜랑콜리(Melancholy)한 감정의 축은 알 수 없는 한 개인의 기질 문제일 수도 있지만, 멜랑콜리가 지닌 사전적 의미 그대로 불명확한 이유가 가장 명확한 이유처럼 여겨진다.
  이 작품에서 적극적으로 활용하고 있는 이미지 또한 '발'이다. 발의 카테고리 안에서 시적 화자는 '이유 없는 슬픔'의 의미를 돋우어낸다. '멜랑콜리커'와 '발'의 조합은 이미지의 내포를 막연하지만 끈질긴 불안으로 침잠시키기에 충분하다. 단순히 멜랑콜리의 개념이 '발'의 수사로 활용되지 않고 있음을 이야기한다. 멜랑콜리의 개념, 다시 말해 '이유 없는 슬픔'과 '발의 구체성'은 시적 화자에게 '가만한 발'로 집약된다. 가만한 발은 검정 바다의 배경을 통해 젖거나 사라지는 대상이다. 그런 이유로 발은 무거워도 공중에 뜨는 이유를 형성해낸다. 결과적으로 시적 화자에게 멜랑콜리는 슬픔의 원인을 찾을 수 없지만, "구름은 가벼워서 뜨는 게 아니다 구름보다 더 무거운 바람이 구름 아래를 침범했기에 뜨는 거다"라는 구체성을 확보해주는 중요한 수단이 된다. 그 과정에서 시적 화자의 슬픔에 대한 질문은 "물었던 걸 또 묻는" 행위와 연결되면서 슬픔의 이유를 되묻는 간격이 점점 짧아지고 있음을 고백한다.

---

2 정끝별, 「멜랑콜리커의 발」, 『문학들』, 2018년 봄호.

그 질문의 끝에서 시적 화자가 돌연 도출하는 '신생아'의 이미지는 침묵을 떠올리게 하면서, 동시에 '검정 바다'라는 이미지의 카테고리에 포함된다. 이 작품의 마지막 구절 "오늘도 검정이라는 사어를 인양 중이다"라는 시적 화자의 고백은 신생아의 침묵인 동시에 이유 없는 슬픔의 구체적인 시적 징후로 읽힌다. 작품의 이해를 좀 더 높이기 위해 굳이 멜랑콜리의 색깔을 언급해 보자면, 멜랑콜리는 기본적으로 검정으로 이해된다. 검정은 색깔이 없다는 뜻인 동시에, 더 정확히는 빛이 없음을 의미한다. 검정은 빛의 조명 아래에서만 자신을 드러내는 색깔이다. 그 색깔을 지닌 영혼은 그 자체로 어둡고 슬프고 암흑의 세계에 점철된다.

이 부분에서 시적 화자는 한발 더 나아가 '사이렌과 세이런'으로 떠갈 것을 공표한다. 익히 알다시피 '사이렌'은 그리스 신화에 등장하는 영웅 오디세우스 이야기의 차용이다. 세이런은 여성의 머리와 새의 몸을 가진 요정인데, 노래를 불러 지나가는 선원들의 이성을 빼앗고 배를 난파시킨 이미지로 그려진다. 이야기를 좀 더 구체화해 보자면 오디세우스는 선원들에게 자신의 몸을 돛대에 묶으라고 지시하면서, 그 어떤 명령에도 절대 자신을 풀어주지 말 것을 당부한다. 이로 인해 그들은 바다를 무사히 통과한다. 이후 세이런은 일상의 경고를 알리는 호적 소리 사이렌(Siren)으로 불리게 된다.

사이렌의 이미지는 카프카의 단편「사이렌의 침묵」의 한 구절도 떠올리게 한다. 카프카의 단편의 첫 구절 "미흡한, 심지어 유치하기까지 한 수단조차도 구제에 사용될 수 있다는 사실에 대한 증거"라는 표현이 그것이다. 이 문구를 통해 작품의 의미를 어느 정도 유추해 보면, 아무리 유치하고 이유 없이 슬픈 밭이라 할지라도 어떤 존재에게는 삶을 살아가게 하는 유일한 구제의 수단이 된다는 점이 강조된다. 마치 오디세우스가 밀랍으로 선원들의 귀를 틀어막고 자신의 몸을 돛대에 붙들어 매는 행위처럼 혹은 노래보다 더 무서운 무기를 지닌 사이렌의 침묵처럼 "발도 없이 달려오는 검정 바람에 소문의 파고"는 높게 이미지화 된다. 그래서 우리 삶은 늘 이유 없이 슬프고 가차 없이 서글픈지도 모르겠다.

    가까운 곳의 양배추는 크고 먼 곳의 양배추는 점점 작아져서 실감이 났다

    무려 점으로 추측되는 거리가 되었을 때 탄성이 새어나왔다

    멀어지는 명아주가 풀이 죽고 있었다 멀어지는 라벤더가 풀이 죽고 있었다 멀어지는 샐러리가 풀이 죽고 있었다

    명아주를 따라 바람이 풀이 죽어 갔다 라벤더를 따라 바람이 풀이 죽어 갔다 샐러리를 따라 바람이 풀이 죽어갔다

    내가 풀이 죽어가는 것을 네가 바라봐주면 아름다울 것이다

    무려 점으로 추측되는 거리가 되었을 때 네 탄성을 자아낼 수 있을 것이다

    비는 점을 자라게 할 수 있다고 했다

그러면

소리쳐야 할 이름이 길어져서 목이 쉬게 될 것이다

— 조말선, 「위치」 전문[3]

작품의 표제로 제시되고 있는 '위치'란 과연 무엇을 의미할까. 작품 속의 내용을 토대로 추측해 보면 위치는 일종의 '점(點)'의 이미지로 형상화된다. 일반적으로 이 세상은 점과 선(線)으로 이루어졌다고들 이야기한다. 그 선을 셋 이상 연결하면 면(面)이 된다는 게 수학적 이치이다. 시적 화자는 시인에게 위치에 따라 자신이 바라보는 풍경의 이미지가 어떻게 달라질 수 있는지를 잘 보여준다. 이 작품의 첫 행은 '가까운 곳'과 '먼 곳'의 시각차를 지시한다. 같은 사물이라 하더라도 가까운 곳의 양배추는 크고 먼 곳의 양배추는 작다. 이러한 시적 사유는 '먼 곳'이 '멀어지는' 이미지로 연결되면서 물리적 거리가 심리적 거리로 치환되고 있음을 말해준다. 물리적 거리가 아무리 가깝다 하더라도 심리적으로 멀어지는 거리는 시적 화자에게는 '죽음'의 이미지로 점철된다. 이 작품에서 특히 주목할 수 있는 부분은 "무려 점으로 추측되는 거리"라는 표현이다. 시인은 점과 점 사이의 선으로 연결되는 그 풍경조차 멀어지다 보면 결국 하나의 '점'에 불과함을 인식한다. 여기에 부사 '무려'의 반복적 사용은 그러한 시적 이미지의 풍경이 우리 삶 속에 예상하는 것보다 더 많이 존재

---

[3] 조말선, 「위치」, 『시사사』, 2018년 3~4월호.

하고 있음을 추측하게 한다. 시적 화자는 점과 점의 거리가 결국에는 더 큰 점으로 인식되는 그 위치에서 스스로 '탄성'을 자아내지만, 이는 오직 자신이 위치한 점에서만 느끼는 감각에 국한되어 있다. 시적 화자는 자신과 같은 위치에서 타자인 '너'도 함께 위치하길 희망한다. 가령 "내가 풀이 죽어가는 것을 네가 바라봐주면 아름다울 것이다"라는 시구는 물리적 거리를 심리적 거리로 치환하는 매개가 된다. 따라서 시적 화자는 물리적으로는 서로 다른 위치에 자리하지만, 심리적으로 같은 위치에 자리함으로써 점과 점 사이의 거리가 더 큰 점으로 전환되기를 간절히 고대한다. 이를 통해 시적 화자는 "소리쳐야 할 이름이 길어져서 목이 쉬게 될 것"이라는 탄성의 확장을 경험하고 그 위치에서 '점'이 지닌 욕망의 메시지를 돋우어낸다.

    우리 탱고를 출까, 사뿐사뿐 푸른 잎눈을 틔워볼까
    마침내 몸을 지나 마음이 춤출 때까지

    우리는 밀고 당기며 잎맥을 더듬네, 숨은 물관을 지나
    새순이 움트는 봄이 오네, 나무와 잎새가 출렁이듯이
    너와 나 어느 먼 곳에서 흘러온 강물일까
    바람에 흔들리는 가지와 억세게 버티는 뿌리들
    뿌리털 하얗게 나부끼는 새떼들

    지금 가지 하나 팔 벌려 나를 껴안네, 춤처럼 나를
    보듬네 우듬지 끝까지 달아올라 내 잎이 젖네
    새들이 부리를 맞대듯 서로 마음을 부비네

저 비상, 젖은 나무에서 타오르는 불티들

우리 몸에 잎이 피고 날개가 돋을 무렵
나무를 잊고 새가 날아오를 즈음

— 이경교, 「탱고를 추다」 전문[4]

  이 작품을 읽으면서 제일 먼저 떠오르는 이미지는 영화 〈여인의 향기〉 속 프랭크와 도나의 모습이다. 영화 이야기를 잠깐 하자면, 앞을 보지 못하는 프랭크는 아름다운 아가씨 도나와 탱고를 추게 된다. 탱고를 추다 실수할까 두렵다는 도나에게 프랭크는 "실수를 해서 스텝이 엉키면 그게 바로 탱고라오."라는 말을 건넨다. 프랭크의 이 대사는 막연히 한 남자가 한 여자에게 건넨 작업용 발언이 아니라, 오히려 '아르헨티나의 탱고 특성을 가장 정확하게 짚어냈다'는 전문가의 조언에 주목할 필요가 있다. 다시 말해 탱고는 즉흥적이고 감각적인 춤이면서 몸의 동작보다는 마음의 동작이 우선되어야 함을 상기시킨다.

  그런 면에서 「탱고를 추다」는 마음의 동작이 어떻게 작용할 수 있는지를 나무라는 주체를 통해 형상화된다. 시 전반은 나무가 자연의 현상을 어떻게 수용하는지를 배경으로 하고 있다. 시적 주체로 활용되고 있는 나무는 탱고의 시작을 "마침내 몸을 지나 마음이 춤출 때까지"라고 설명한다. 기본적으로 탱고는 혼자 추는 춤이 아니기에

---

[4] 이경교, 「탱고를 추다」, 『시인수첩』, 2018년 봄호.

시인은 '우리'라는 지시어를 통해 서로가 서로에게 합일되어가는 과정을 지속해서 요구한다. 그러나 '너'와 '나'로 지시되는 '우리'는 결국 나와 타자가 분리된 상태라기보다는 나무 스스로라는 점에서 이 시의 특징이 주목받는다. 결국 나무 한 그루로 표상되는 '나'는 춤처럼 나를 보듬으면서 우듬지 끝까지 달아올라 서로의 마음을 부비는 이미지로 귀결된다. 그 일련의 춤은 나무 스스로가 "나무를 잊고 새가 날아오를 즈음" 완성되지만, 시의 마지막 구절은 다시 첫 행의 "우리 탱고를 출까"라는 시행으로 연결되면서 탱고의 시작과 끝은 마음에서 비롯됨을 지시한다. 돌려 말하긴 했지만 결국 탱고는 자신을 잊고 자신과 내가 하나 될 때 가능한 춤의 영역인지도 모르겠다.

달리는 것들의 달리는 뒤에서 나는 상한 걸음으로 걷는다

부족한 말 한 마디에 우는 어느 부족도 있다는데, 당신의 수화는 늘 내 입모양을 닮았다

나는 슬픈 눈으로 동그라미 친 작은 동그라미, 트랙을 벗어나는 당신을 따라갈 수 없어

종아리에 쥐가 났으면 했다

그 순간부터 나의 페이스는 페이스가 아니고

트랙을 따라 달리는 붉은 입모양들

당신과 겹치는 동안 수없이 사라졌다가 다시 태어난 나의 얼굴, 그 위에 생긴 그늘을 만지작거리며

동그라미들이 빠져나간다

내가 만지다 휘어진 길이 당신을 밀어내고 있다

– 문정영, 「페이스메이커」 전문[5]

'페이스메이커'라는 작품의 표제가 어쩐지 익숙하게 읽힌다. 페이스메이커는 '율동적인 리듬의 속도를 결정하고 리드해 가는 요인'이라고 사전에서 정의하고 있다. 사전적인 의미와는 별개로 개인적으로 페이스메이커 하면 마라톤 경기에서 속도를 조율하는 조력자의 이미지가 먼저 떠오른다. 물론 극적 효과를 위해서는 페이스메이커가 중도탈락하거나 버려지는 패가 아니라 끝까지 경기에 완주함으로써 결승점에 통과하는 이미지가 더 잘 어울린다.

이 작품 속 페이스메이커 또한 마라톤에서 이야기하는 조력자의 이미지를 크게 벗어나지 않는다. 시적 발상의 측면에서만 보면 이 작품의 페이스메이커는 조력자의 역할을 거부한다. 시의 첫 행에서는 "달리는 것들의 달리는 뒤에서 나는 상한 걸음으로 걷는다"고 이야기하지만, 뒤이어 시적 화자는 "트랙을 벗어나는 당신을 따라갈 수 없다"고 고백한다. 페이스메이커라고 해서 무조건 다른 선수들

---

[5] 문정영, 「페이스메이커」, 『시와 표현』, 2018년 3월호.

의 속도를 조율하는 사람의 임무를 수행할 필요가 없음을 암시해준다. 이러한 시적 사유는 페이스메이커로서 다른 사람의 컨디션을 조율하는 사람이 아니라 스스로가 자신의 속도와 리듬의 주체로 변환될 수 있어야만 한다는 다짐도 포함한다. 그 다짐의 순간부터 시적 화자는 "나의 페이스는 페이스가 아니"라는 부정을 긍정으로 전환한다. 물론 그 순간은 "당신과 겹치는 동안 수없이 사라졌다가 다시 태어난 나의 얼굴, 그 위에 생긴 그늘을 만지작거리며" 시적 화자를 고민에 빠트릴 수 있지만, 결국 "내가 만지다 휘어진 길이 당신을 밀어내고 있다"는 점에서 페이스메이커의 페이스메이커는 지금껏 시적 화자가 속도를 조율했던 세상의 모든 타자인 셈이다.

    같이 가, 그림자가 말했다

    그림자의 목소리는
    사르르 녹아버려서
    계절이 지나고 나서야
    귓가에 맴돌았다

    무슨 뜻이었더라?

    나는 앞마당의 눈을 치우다가
    한 사람을 태운 버스가 언덕을 넘어가는 걸 보았다
    그리고 너와 등을 맞댄 나무 벤치로 가서
    신발 한 켤레를 주웠다

그것은 언제나 작거나 컸고
귀에 대면 따뜻한 입김을 뿜었다

버려진 모든 신발 한 짝을 붙잡고
당신인가요, 물을 수 없도록
숲은 고요했다

주변의 잎사귀는 말라 비틀어졌는데
우리가 나눈 이야기가
더 이상 번지지 않고
부서진다는 걸 의미했다

같이 가, 그림자가 말했다
사방에 눈이 내렸다

맨발로 쏘다니는 눈송이에게 다가가
백색 가루를 털어내고
신을 신겨주었다

― 민구, 「계절」 전문[6]

마라톤에서의 페이스메이커가 속도를 조율하는 이미지로 형상화

---

6 민구, 「계절」, 『현대시』, 2018년 3월호.

되었다면, 이 작품에서의 페이스메이커는 '그림자'로 묘사된다. 그러나 이 그림자는 존재하지만 존재하지 않는 형식으로 시적 화자에게 인식된다. 이 인식의 저변에는 세상의 모든 사물은 우리가 인식하기 이전의 존재들이 서로를 보조하며 살아가고 있다는 사유를 보여준다. 우선 이 작품에서 그림자는 그 대상을 잃어버린 존재로 확인된다. 시적 화자는 같이 가자는 그림자의 목소리를 듣지 못하지만, 계절이 지나고 나서야 비로소 그 메시지가 귓가에 맴돈다. 이때 시적 화자가 목격하는 것은 "한 사람을 태운 버스가 언덕을 넘어가는" 풍경이다. 효율적인 면에서 버스가 한 사람을 태우고 언덕을 넘어간다는 것은 어느 쪽에서 보더라도 경제적이지 못하다. 하지만 시적 화자에게는 이 행위 자체가 서로의 존재를 따뜻하게 해주는 인식으로 작용한다. 따라서 사방에서 눈이 내릴 때 시적 화자는 "맨발로 쏘다니는 눈송이에게 다가가/…/신을 신겨주었다"라고 고백한다. 이와 같은 일련의 행위들이 이 작품이 표제인 '계절'과 만난다는 점을 고려하여 생각해 보면, 어느 계절이든 간에 그 계절을 견딜 수 있게 해주는 제 나름의 페이스메이커는 존재하는 듯 보인다.

   우체국에 갑니다 쓸쓸해서
   새도 없이 새장을 키우면서 말이죠
   오늘의 날씨에 소인을 찍는다면
   아침에 본 깃털을 저녁에도 볼 수 있나요
   어제 사랑한 얼굴이 도무지 생각나지 않아요
   새장을 키우면 새는 한 번쯤 고백을 할까요

우리가 다시 사랑한다면
마르고 닳도록 침이 마르게
어제의 계단을 닦겠습니다

마흔 살부터 똑같은 헤어스타일
국물 없는 떡볶이를 좋아하고
문을 열자마자 브래지어를 벗어던질 때
우표를 붙이겠습니까
새도 없는 새장에서 깃털이 떨어지고
아무리 흔들어도
새장은 깨어나지 않아요

오늘의 운세는 희망을 가져도 좋습니다
나는 또 우체국에 갑니다 아무렴요
— 김효선, 「우표를 붙이겠습니까」 전문[7]

    페이스메이커가 많다는 것은 늙었다는 뜻일까. 아니 페이스메이커가 많다는 것은 한물간 자신의 인생을 포기하고 싶어도 포기할 수 없다는 의미일까. 새삼 나이 마흔이 되면 삶은 지루해진다는 생각이 고개를 든다. 물론 요즘 세상에 나이 마흔은 어디 명함도 내밀지 못하는 청춘이지만, 이 작품 속 시적 화자에게만큼은 삶 자체가 지리멸렬 고리타분 그 자체처럼 느껴진다. 어쨌든 이 작품 속에서 시

---

[7] 김효선, 「우표를 붙이겠습니까」, 『문예연구』, 2018년 봄호.

적 화자는 그런 지리멸렬하고 고리타분한 삶과 결코 타협하길 원하지 않는다. "마흔 살부터 똑같은 헤어스타일/국물 없는 떡볶이를 좋아하고/문을 열자마자 브래지어를 벗어던"지지만 여전히 시적 화자에게 자기 삶의 '우표를 붙이는 행위'는 '오늘의 운세를 희망'으로 바꾸는 유일한 수단으로 인식될 뿐이다. 따라서 시적 화자가 우체국에 가는 행위는 시의 내용처럼 정작 쓸쓸해서 때문이 아니라, 자기 삶의 존재를 끊임없이 갱신하기 위한 삶의 도정으로 읽힌다. 그 욕구의 카테고리 안에서 형성되는 우표의 이미지는 오늘도 시적 화자의 희망을 실어 나르는 유용한 시적 매개가 된다.

 시의 이미지에 집중한다는 것은 낯선 시적 사유의 가능성을 열어 밝히고, 그와 함께 새로운 의미 지평을 열어주는 능력 모두를 포함하는 행위로 귀결된다. 다소 철학적인 표현을 빌려 말하자면 시를 쓰는 행위 자체는 '길을 산출함'과 동시에 '길을 감', '길-내기'를 오직 언어와 이미지를 통해서만 표현 가능하다. 하이데거는 이를 두고 시를 짓는다는 것은 "진리를 밝히면서 기획 투사하는 방식"이라고 강조한 바 있다. 시를 쓰는 행위 자체가 언어로서의 순수 의미를 발화시키고 동시에 인간의 감정을 이미지 너머의 시적 징후로 파생될 수 있는 카테고리를 형성한다면, 우리 시단의 시적 징후는 오랫동안 시의 위상을 지켜낼 것이라는 확신이 든다.

-『문예연구』, 2018년 여름호 발표

심리적 디아스포라, 그 감정의 질곡들

　디아스포라(Diaspora)는 그리스어에서 파생한 단어로 '씨앗을 뿌림', '흩어짐', 혹은 '흩어져 사는 자', '흩어진 곳'이란 뜻을 지닌다. 일반적으로는 유대인으로서 이스라엘 밖의 이방 세계에 정착하여 사는 자들을 가리키는 의미로 활용되지만, 현재는 그 의미가 확장되어 본토를 떠나 타지에서 자신들의 규범과 관습을 유지하며 살아가는 민족 집단 또는 그 거주지를 포괄하는 용어로 폭넓게 사용된다. 디아스포라가 내포하는 이산자들은 고국을 떠나 타국에 와서 같은 민족끼리 느끼는 공통된 경험에 대한 그리움과 정서적 공감을 공유한다. 다시 말해 같은 민족의 이주자들이 민족과 모국에 대한 집합적 기억이나 그것에 대한 헌신 등의 특징을 상당히 두드러지게 보이는 경우 그러한 정서적 공감체로서의 디아스포라가 형성된다. 또한, 디아스포라는 자신의 심리적 정체성을 회복하고 싶은 욕망과도 연결된다. 이 말 속에는 '내가 누구인지', '나의 뿌리는 어디에서 연유하는지'에 대한 다소 개인적이고도 사소한 궁금증이 내포하기도 한다.

큰 틀에서는 신화적인 영토를 그리워하는 의미로도 확대해 볼 수 있지만, 작게는 나를 낳아준 부모와 가족 공동체에 대한 의미로도 재편될 수 있다. 크게는 종교적·정치적·경제적인 연유로 경계를 넘어 타국으로 떠도는 이산의 풍경과 개인의 정체성을 규정하지 못해 정서적으로 혼란을 겪는 심리적 디아스포라들의 모습을 다양하게 목도 하게 된다. 어떠한 이유에서든지 그들이 겪는 감정의 질곡은 과거 우리의 모습이거나 혹은 자신의 정체성을 찾지 못해 혼란스러워하는 개인의 시적 자화상은 아닐까 생각하며 시를 읽는다.

    떠나면서 얼굴도 두고 왔다
    더 먼 곳에 있을지도 모를 도피처를
    종일 그리워했다

    이곳의 해양성 기후는
    유리창에 붙어 있기 위해 버둥거린다
    이웃들은 언제나 조용하며 패망을 기뻐하고

    사람이 두 발로 걷게 된 유랑의 기적이 아름답다
    세상을 다 돌기도 전에
    말세가 올 테니

    죽고 싶어도 오늘은 살아 있자
    우리의 죽음이 신에게는 다소 송구한 일일 것이므로

떨어져 나간 얼굴을 들고
촛대에 초를 켜는 아내의 등이 촛농 같고
날개를 접고 둘러앉은 천사처럼
우리는 없는 손가락과 없는 입으로 밥을 떠 넣는다

그믐달이 하늘 구석에 잔뜩 몰려 있다
외통수

설 자리를 잃으면 누울 자리는 더더욱 없기에

우리는 신발도 못 벗고
서서 잠을 잤다
애굽을 떠나
첫 유월절을 맞는 히브리 노예들처럼
허리에 흰 띠를 맨 벼랑 끝의 달처럼

- 최금진, 「집, Diaspora, 제주」 전문[1]

맨 먼저 살펴볼 작품 최금진의 「집, Diaspora, 제주」는 현재 우리 사회가 당면하고 있는 사회적 문제를 담고 있다. 올해 초 제주에는 예멘 난민 500여 명이 말레이시아를 거쳐 대거 입국하는 사태가 벌어진다. 2015년 예멘에서는 정부군과 시아파 후티 반군이 격돌하였는데, 이 과정에서 200만 명의 난민이 발생한다. 이들 대부분은 중

---

[1] 최금진, 「집, Diaspora, 제주」, 『시인수첩』, 2018년 여름호.

동 국가로 피신하려고 했지만 결국 받아들여지지 않자, 국제 인권기구를 통해 결국 제주도에까지 입국하게 된다. 제주도는 2002년부터 외국인 관광객 유치를 위해 무비자 제도를 시행하고 있으며, 비자 없이도 한 달간 합법적으로 머물 수 있는 지역이다. 하지만 예멘 난민의 유입으로 국민 정서가 악화하자 현재는 무사증제도를 중지한 상태다.

  이 작품을 감상하기에 앞서 제주도 예멘 난민의 문제를 언급하는 이유는 이 이슈 자체가 바로 '디아스포라(Diaspora)'의 현상을 나타내기 때문이다. 이러한 관점에서 볼 때 시의 첫 행 "떠나면서 얼굴도 두고 왔다"는 여러모로 의미심장하다. 타지를 떠돌며 그 나라의 문화에 적응하고 사는 일이 어디 쉬운 일인가. 더군다나 이슬람 문화권에서 자란 그들이 아시아의 문화에 적응하는 일은 말처럼 쉬운 일이 아닐 것이다. 그래서 화자도 고백하고 있듯이 어쩌면 고향 땅 어디엔가 자신의 얼굴을 두고 오는 일이 오히려 마음 편한 일인지도 모르겠다. 하지만 이들의 여정은 그리 녹록하지 않아 보인다. 말 그대로 '제주'가 이들의 최종 목적지라는 보장도 없다. 이들은 '집'과 'Diaspora' 그리고 '제주'라는 시간적 흐름 위에서 다시 어떤 곳으로 흘러갈지 스스로도 장담하지 못한다. "더 먼 곳에 있을지도 모를 도피처를/종일 그리워"하는 일이 이들 생의 전부일지도 모른다.

  하지만 그들은 "사람이 두 발로 걷게 된 유랑의 기적이 아름답다"고 자신들의 감정을 축적해낸다. 이들에게서 내일의 희망을 기약한다는 것은 말 그대로 '희망 고문'일 테지만, 그들은 "세상을 다 돌기도 전에/말세가 올 테니//죽고 싶어도 오늘은 살아 있자"고 서로를 위로하고 다독인다. 예멘 난민들에게 내일을 계획하고 준비하는 일은 어쩌면 요원할 일일지도 모른다. 그러나 삶이 불안할수록 선택의 폭은 좁아져 결국 '외통수'와 만나지 않던가. 그런 외통수의 희망마저 사라진다면 이산자들의 고통은 무엇으로 위로받을 수 있을까.

> 시장의 오체투지는 해가 저물고야 끝났다
> 으슥한 골목, 고무판 아래 접어둔 다리를 꺼내 주무르며
> 통 속 수입을 헤아리는 그의 낯빛이 어둡다
> 사람들의 믿음도 이제 유효기간이 지나버렸고
> 연민을 이끌어낼 다른 방법이 필요하지만
> 바닥을 기는 것만이 이제껏 익혀온 생활의 기술,
> 가로등이 밝혀 놓은 그의 손바닥에는
> 타르초처럼 붉고 푸른 상처들만이 나부낀다
> 운명이라는 비탈을 넘어 다니기 위해
> 얼마나 많은 기도문을 손금에 묶어둔 것일까
> 향불 대신 담배를 피워 문 그의 가슴팍에
> 끌려온 길들이 겹겹 얼룩으로 쌓여 있다
> 줄장미가 가시밭길을 몸에 새기며 담을 넘어가
> 피딱지 같은 꽃잎 하나 바닥에 흘려놓는다
> 이제는 하루 치 고행을 끝낸 두 다리를 위해
> 남루한 전생을 벗어놓고 가지런히 누울 시간,
> 통 속에 구겨진 영혼을 주워 담아 일어서는
> 그의 손에는 아직도 먼 순례의 지도가 남아 있다
>
> — 길상호, 「손바닥 성지」 전문2

기왕 디아스포라에 대해 언급한 김에 그들이 지닌 감정의 질곡과 그 정체성에 대해 좀 더 깊이 들여다보자. 디아스포라는 단순히 고국이나 가족, 삶의 터전을 떠나야 했던 사람들의 처지에 국한되는 개념이 아니다. 우리나라의 경우만 하더라도 근현대를 거치면서 다양한 방식의 이산을 경험하게 된다. 여기에서 이야기하고자 하는 것은 단순히 연해주에서 중앙아시아로 강제 이주한 사람들과 재일교포들이 겪는 고통에 한정되지 않는다. 기본적으로 디아스포라의 주체들은 자신이 몸담은 국가 내에서도 소외당하며 분열의 감정을 경험한다. 이들은 사회 현실에 발을 붙이지 못한 채 겉돌고 있는 심리적 디아스포라의 전형들이다. 이들은 다른 누구와도 친밀한 관계를 맺지 못하며 끊임없이 우리 사회 주변을 겉돌게 된다.

「손바닥 성지」에서 우리가 마주하게 되는 것은 심리적 디아스포라의 전형이다. 그는 시장에서 오체투지의 모습을 하고 있다. 겉으로만 보면 화자는 시장 골목에서 고무다리를 한 채 바닥을 기어다니는 사람이다. "사람들의 믿음도 이제 유효기간이 지나버렸고" 시장에서의 그 풍경 또한 너무 익숙한 나머지 통 속의 수입도 변변치 않다. 이제 사람들에게 기대할 수 있는 것은 아무것도 없다. 시의 구절처럼 "연민을 이끌어낼 다른 방법이 필요하지만" 그에게는 바닥을 기는 것만이 지금껏 자신이 익혀온 생활의 기술 전부다. 다시 말해 그는 사회로부터 소외당하는 것보다 자기 자신에게 소외당하는 두려움이 더 크게 엄습한다. 그래서일까. 그는 타인의 시선 밖에서 자신의 정체성을 찾기 위해 시각을 바꾼다. 시장 바닥을 기는 그의 손바

---

2 길상호, 「손바닥 성지」, 『창작과 비평』 2018년 여름호.

닥은 타르초처럼 붉고 푸른 상처들이 나부끼지만, 자신의 삶을 운명으로 받아들이고 줄장미가 가시밭길을 몸에 새기며 담을 넘어가듯 시장의 오체투지를 이어간다. 그 오체투지는 오늘 하루에 끝나지 않고 '아직도 먼 순례의 지도'로 남아 그의 삶의 여정을 이끄는 동력이 된다. 비록 몸은 떠돌지만, 자신의 정체성은 회복한다는 점에서 의미가 있다.

    톱니처럼 생긴 꽃, 민들레가 맞물려서피어나고맞물려서피어난다

    꽃이 꽃을 길어 올린다 대기에 미세먼지 하나 남기지 않고 아무 곳 아무 데로 전투적으로 번 져 간 다 번 져 간 다 석유 한 방울 사용하지 않고

    인조석과 활주로를 가볍게 넘는다 총칼 없이 미사일 없이 드론 없이 국경과 바다를 건너

    방글라데시 로힝야족 난민들 가슴에 뿌리를 내리고 발아를 기다린다 시리아 홈스 주택가 주인 잃은 신발 안에도 뿌리를 내리고 상처 난 대지를 꽃으로 봉합한다

    꽃으로라도 사람을 다치게 해서는 안 된다

    저렇게 비폭력적인 이데올로기도 없다

민들레 씨앗 안에는 엎질러지기를 소망하는 초록물감이 수십억 톤

23.5˚ 기운 민들레 씨가 지구의 자전속도에 따라 지구촌 어디든 번져간다 번져간다

- 김나영, 「원정」 전문[3]

  이 작품에서 표제로 제시되어 있는 '원정'은 무엇일까. 한자 표기가 되어 있지 않은 것으로 보아 아마도 사전적 의미로 '먼 곳으로 싸우러 나감' 정도로 읽힐 것이다. 만약 원정의 의미가 사전의 뜻과 같다면 앞에서 살펴본 디아스포라의 의미와는 상당 부분 차이가 발생한다. 굳이 구분하자면 디아스포라는 다양한 역사적 사건을 통하여 자의 건 타의 건 본토를 떠나 자신들의 규범과 관습을 유지하며 살아가는 용어라 할 수 있다. 반면 원정은 어감상 어찌 보면 힘 있는 자들의 전투적 행위처럼 읽힌다. 그러나 표제로 쓰이고 있는 원정은 오히려 양면적인 의미로 해석할 때 이 작품의 의미가 더욱 입체적으로 다가온다.
  시의 소재로 활용되고 있는 민들레는 바로 원정의 주체가 된다. 시의 표현처럼 민들레는 톱니처럼 생긴 꽃이다. 민들레 씨앗은 종자 번식을 하기 위해 사람을 가리지 않고 땅을 가리지 않고 아무 데로 번져간다. 말 그대로 민들레 씨앗의 디아스포라다. 하지만 민들레는

---

[3] 김나영, 「원정」, 『문예바다』, 2018년 여름호.

마치 전쟁 중의 미사일처럼 장소를 가리지 않고 번져나간다. 화자는 이 지점에서 민들레를 보며 바로 '전투적이다'라는 의미를 상기시킨다. 이 민들레 속에서 화자는 "석유 한 방울 사용하지 않고//인조석과 활주로를 가볍게 넘는다"고 이야기한다. "총칼 없이 미사일 없이 드론 없이 국경과 바다를 건"넌다고도 말한다. 단순히 민들레 씨앗의 번식과정을 이야기하고 있는 것처럼 보이지만, 화자는 평화가 깃든 민들레 씨앗의 전투적 의미를 시적으로 부각한다.

그래서 미얀마군의 인종 청소를 피해온 방글라데시 로힝야족 난민과 바샤르 알아사드 독재 정권의 시리아 도시 홈스 주택가의 무차별 폭격에 대해 민들레꽃으로나마 봉합하려는 의지를 보인다. 그 의지 속에서 화자는 자유교육의 순교자인 페레의 말을 빌려 "꽃으로라도 사람을 다치게 해서는 안 된다"고 재차 강조한다. 더 이상의 폭력과 이데올로기적인 갈등 없이 민들레 씨앗이 지구촌 어디든 평화롭게 번져나가길 희망하는 화자의 시적 사유 속에서 디아스포라와 원정의 새로운 의미를 획득하게 된다.

> 시간이 너무 많이 흘러
> 제가 살던 왕궁에 대한 기억이 점점 희미해져 가요
>
> 그곳은 틀림없이
> 장미향이 나고 순한 바람이 불었을 곳
> 한낮의 햇살이 대리석 바닥을 적당히 달구고
> 밤에는 별빛으로 커튼을 쳤을 곳
> 올리브와 포도가 사철 열리고 우유 분수가 솟았을 곳

왕궁은 저를 한참 전에 잊어버렸고
저는 저를 증명할 길이 없으니
제 나라로 돌아갈 방법이 없어요

연못가에 피었던 다알리아야, 나를 기억해줘
종려나무 끝에 앉아 노래하던 작은 새야, 나를 불러줘

궁에서 사람들이 와 저를 데려가기만 하면 되는데

천 년 전에 본 제 얼굴을 기억하는 사람들은
아무도 없나요
여기는 제가 살 곳이 아닌데

별은 너무 멀리서 빛나 길을 알려주지 않고
장미향은 너무 옅어져 꽃핀 데를 보여주지 않아요

왕궁을 지키는 문지기야
어서 나를 찾아내 지켜줘

저는 저를 기억해내야 해요
정원에 꽃들이 다 시들기 전에

– 전영미, 「기억을 찾습니다」 전문4

이래저래 디아스포라의 이야기를 하다 보니, 엉뚱하게도 자신의 기억에서 멀어지는 것도 디아스포라는 생각이 든다. 인간은 좋든 싫든 간에 자신의 정체성에서 벗어나는 일은 두렵고 힘든 일이다. 아니 그 반대일 수도 있다. 우리가 고단하고 힘든 삶을 견딜 수 있는 것은 어쩌면 망각 때문인지도 모르겠다. 어찌 됐든 인간은 좋은 기억은 오래 간직하고 싶어 하고 나쁜 기억이라면 빨리 잊고 싶어 한다. 하지만 아무리 좋은 기억도 시간이 흐르면 자연스레 우리의 머릿속에서 소멸하게 된다. 그 과정에서 파생되는 기억의 축적과 잉여는 자연스레 자신의 정체성을 확인시킨다. 그 이미지는 다시 내가 보고 기억하는 감정의 질곡과 맞물리면서 자신이 추구해야 하는 이상향과 정체성으로 규정되기도 한다.

전영미의 「기억을 찾습니다」는 기억을 간직해야 할 주체가 화자로만 한정되지 않는다는 점에서 흥미롭다. 우선 화자는 '저는 저를 증명할 길이 없다'고 단언한다. 그런 이유에서 화자는 자신의 기억 속에 있는 사물들이 자신을 증명할 주체라고 묘사한다. 다소 애매하고 황당하게 느껴지기도 하는 화자의 시간관념은 단순히 시적 상상력의 차원을 넘어 화자의 정체성이 어디에서 파생되고 있는지에 대해 고민하게 한다. 화자가 기억하는 왕궁은 장미향이 나고 순한 바람이 불고, 한낮의 햇살이 대리석 바닥을 적당히 달구었을 것이라고 기억은 기억한다. 또한, 밤에는 별빛으로 커튼을 쳤으며, 올리브와 포도가 사철 열리고 우유 분수가 솟았을 곳으로 기억의 기억 속에 축적되어 있다.

---

4 전영미, 「기억을 찾습니다」, 『시인동네』, 2018년 6월호.

이 작품은 현실의 사실적 감각으로 이해하기란 무리가 따른다. 그래서 화자는 "천 년 전에 본 제 얼굴을 기억하는 사람들은/아무도 없나요"라고 되묻는다. 그 물음 속에는 '천 년'이라는 희미한 시간이 오히려 화자의 기억을 더욱 선명하게 물들이는 인과를 형성한다. 모두가 기억하는 물리적 시간이 아니라 그 이상의 시간을 전제해둠으로써 결국 '화자'를 증명해 줄 수 있는 것은 천 년 전의 '왕궁의 기억들'임을 각인시킨다. 그로 인해 화자는 "연못가에 피었던 다알리아야, 나를 기억해줘/종려나무 끝에 앉아 노래하던 작은 새야, 나를 불러줘", "왕궁을 지키는 문지기야/에서 나를 찾아내 지켜줘"라고 노래한다. 결국 화자가 기억하는 천 년 전 왕궁의 사물들이 화자를 기억해내지 못하면 화자 또한 영원토록 자신이 지닌 기억을 확증 받지 못하는 운명과 맞닥트리게 되는 셈이다. 그런데도 독자로서 화자의 기억을 좀 더 신뢰하고 싶은 이유는 "저는 저를 기억해내야 해요/정원에 꽃들이 다 시들기 전에"라고 말하는 자기감정의 확신이 바로 자신에게 있다는 점 때문은 아닐까 생각한다.

　　당신과 함께 연두를 편애하고 해석하고 평정하고 회유하고 연민하는 봄이다

　　물에 비친 왕버들 새순의 연둣빛과
　　가지를 드리운 새초록의 찰나

　　당신은 연두의 반란이라 하고 나는 연두의 찬란이라 했다 당신은 연두의 유혹이라 하고 나는 연두의 확장이라 했다

당신은 연두의 경제라 하고 나는 연두의 해법이라 했다

여러 봄을 통과하며 내가 천천히 쓰다듬었던 서러운 빛들은
옅어지고 깊어지고 어른어른 흩어졌는데

내가 아는 연두의 습관
연두의 경계

연두의 찬란을 목도하는 순간, 연두는 물이라는 목책을 둘렀
다

저수지는 연두의 결계지였구나 당신과 함께 초록을 논하는 이
생이 당신과 나의 전생이 아닌지도 모른다

― 조용미, 「연두의 회유」 전문[5]

    조용미의 「연두의 회유」를 읽으며 연암의 능양시집(菱洋詩集)의 서문을 자연스레 떠올리게 된다. 연암이 이 책에서 이야기했던 것처럼 단순히 까마귀가 검다는 것은 일반적인 고정관념에 불과할 것이다. 까마귀도 자세히 살피면 햇빛의 각도에 따라 그 날개 빛이 다양하게 변한다. 인간의 고정관념이 으레 까마귀를 검은색으로 가두어 버리듯 이를 경계하는 눈으로 세상을 바라보는 것이 어쩌면 시인이

---

[5] 조용미, 「연두의 회유」, 『현대시』, 2018년 5월호.

지녀야 할 마땅한 시선은 아닐까 생각한다.

어쨌든 이 작품은 '연두'라는 색을 통해 시적 사유의 확장을 이뤄 나간다. 화자는 '당신'이라는 타자와 함께 연두를 편애하고 해석하고 평정하고 회유하고 연민한다고 이야기한다. 하지만 같은 연두를 보더라도 화자인 '나'와 '당신'은 서로의 관점을 다르게 묘사한다. 이것의 시작은 물에 비친 왕버들 새순의 연둣빛과 가지를 드리운 새 초록의 찰나에서 비롯되지만, 각각의 현상을 보고도 받아들이는 시각은 여전히 서로 다르다. 이러한 현상을 두고 '당신'은 연두의 반란과 연두의 유혹, 연두의 경제로 규정하지만, 화자인 '나'는 연두의 찬란과 연두의 확장, 연두의 해법으로 규정한다. 서로가 서로를 이해하기 위해서는 연두를 편애하고 해석하고 평정하고 회유하는 과정이 절실해 보인다.

이러한 관점의 차이는 어쩌면 각자가 지닌 기억에서 비롯되는 일인지도 모르겠다. 앞서 살펴본 「기억을 찾습니다」에서처럼 각자의 기억만을 좇다 보니 발생하는 망각은 아닐까. 화자는 그 시선의 차이를 저수지의 결계지로 회복한다. 말하자면 이 작품에서의 저수지는 연두의 결계지(結界地)로 묘사되면서, 시적 전회를 이루는 것이다. 사물을 바라보는 시선에 장애가 될 만한 것을 들이지 않으면 서로의 시각차도 줄어들게 마련이다. '나'와 '당신'에게 편애와 해석과 평정과 회유와 연민이 필요한 것도 이러한 결계지가 없었기 때문이다. 이제 연두는 '나'와 '당신' 모두를 회유하는 과정에 돌입한다. 결계지에서는 이생과 전생조차 구분되지 않으니, 이 작품의 마지막 구절처럼 이승의 오늘은 '당신과 나의 전생'은 아니었을지 자못 궁금하다.

비는,
꽃 핀다.
아스팔트 위에,
뿌리 없이,
빛보다 빠르게 빛보다 선명하게,

비는,
춤춘다.
처음 그곳으로 다시
수직으로 내리꽂히는
절정의 무희,
투명은 투명으로 묻히고
액화된 슬픔은 땅으로 스미고

환호도 없이 관객도 없이
주저앉아 죽은 꽃,

그 위에, 쉼 없이 피고
쉼 없이 소멸하는
비의 꽃,
고인 곳을 찾아 끈질기게
죽는 자는 죽고
죽은 자를 밟고

산 자가 산다. 미친 듯이 산다.

어디서 온 것인지
혼자 남은 나조차 소유할 수 없는
비가 낳은 꽃, 사이사이
해마다 한 뼘씩 키가 자라던 나무 그림자가 흘러간다.
뒤돌아보지 마라.
꽃이 진다.

죽음의 시간.
물의 꽃무덤은 형체가 없고,
그냥 진다. 빛보다 빠르게, 빛보다 선명하게
아무것도 아닌 것
전부인 양
무너진다.

- 서연우, 「비」 전문[6]

 마지막으로 살펴볼 작품은 서연우의 「비」다. 단순한 제목을 달고 있는 작품일수록 시의 깊이를 담아내기 쉽지 않다. 이미 제목에서부터 어느 정도의 시적 전개가 예상되기 때문이다. 하지만 이 작품은 표제에 비해 다소 무겁고 실존적인 의미를 잘 견뎌내고 있다. 우선 이 작품은 '비'가 꽃으로 형상화된다. 애초 비에는 뿌리가 없으니

---

6 서연우, 「비」 『문예연구』, 2018년 여름호.

꽃으로 형상화되는 '비꽃' 또한 뿌리가 있을 리 만무하다. 사실 뿌리가 없다는 것은 얼마나 애처롭고 슬픈 일인가. 자신의 근원이 되는 지점을 스스럼없이 지우니 비가 피운 꽃의 생로병사는 이 세상에서 완전히 무화된다. 일반적인 상식과 논리를 벗어나 시적 전개를 펴고 있는 이 작품은 비의 시간적 흐름에 따라 인식의 폭을 달리하면서 결국 인간의 삶과 죽음의 경계까지도 넘나든다. 말 그대로 비의 디아스포라다.

전체적인 내용을 다시 짚어 보면, 비는 꽃으로 피었다가 다시 춤을 추는 무희의 이미지로 전환된다. 오직 절정의 무희를 지울 수 있는 것은 또 다른 비의 존재뿐이다. 그래서 비는 "환호도 없이 관객도 없이/주저앉아 죽은 꽃"이 된다. 꽃의 죽음은 의미 그대로의 죽음이 아니다. 소멸은 생성이다. 말하자면 누군가의 소멸이 곧 다른 존재의 탄생이 된다. 그런 이유로 비는 "쉼 없이 피고/쉼 없이 소멸"하기를 반복한다. 비는 물이 "고인 곳을 찾아 끈질기게/죽는 자는 죽고/죽은 자를 밟고/산 자가 산다. 미친 듯이" 살아갈 뿐이다. 이 구절에서 비가 우리의 역사가 지닌 아픔을 형상화 하고 있다면 무리한 해석이 될까. 아무리 무리한 해석이라고 할지라도 하는 수 없다. 화자는 이미 "어디서 온 것인지/혼자 남은 나조차 소유할 수 없는/비가 낳은 꽃, 사이사이/해마다 한 뼘씩 키가 자라던 나무 그림자가 흘러간다."고 고백하고 있기 때문이다. 만약 비로 형상화되고 있는 모습이 우리의 역사라면 "빛보다 빠르게, 빛보다 선명하게" 아무것도 아닌 것처럼 전부인 양 무너질 수 있는 게 과연 몇이나 될까. 그게 굳이 우리의 역사가 아닐지라도 말이다.

- 『문예연구』, 2018년 가을호 발표

제3부

결핍과 궁핍

혼잣말과 중얼거림의 발명
혹은 소곤거림을 향한 시의 독법

글을 읽다 보면 혼곤함이 먼저 찾아드는 경우가 있다. 행간의 숨은 의미가 읽히지 않아서가 아니라 불확실한 의미가 오히려 명징하게 읽힐 때가 그렇다. 가령, 키르케고르의 문장을 만날 때면 혼곤함은 꼬리에 꼬리를 물고 늘어진다. "결혼하라, 너는 후회할 것이다. 결혼하지 마라, 역시 너는 후회할 것이다. 결혼하든 하지 않든, 너는 후회할 것이다. 자살하라, 너는 후회할 것이다. 자살하지 마라, 역시 너는 후회할 것이다. 자살하든 하지 않든, 너는 후회할 것이다."(『이것이냐, 저것이냐』) 얼핏 말장난 같은 이 전언 속에서 세상의 진리나 원칙은 절대 고정되지 않는다. 우리가 어떤 문장을 만났을 때 주저하고 자주 머뭇거리게 되는 이유도 이와 무관하지 않다. 의미의 변증법적 길항작용 속에서 수미일관 결정할 수 없는 게 어디 문장뿐이랴. 햄릿의 그 유명한 대사를 떠올려 보라. 잘 아시다시피 햄릿은 "죽느냐 사느냐, 그것이 문제다(To be, or not to be, that is the question.)."라고 말함으로써 한 인간이 겪는 삶의 고투를 불투명한 상태로 남겨두었다. 그래서였는지 몰라도, 이 케케묵은 의미놀이가 싫증이 났던 오래전 철학자들은 이런 사유를 변증법적인 (비)논리 속에 한꺼번에 가두고 인간의 선택을 기약 없이 유보해놓기도 하였다.

  시는 인간의 사유를 의도적으로 유보하는 장르다. 우리가 시를 읽는 동안 그 의미의 배후를 쉽게 알아차리지 못하는 이유가 여기에 있다. 삶은 어떤 특정한 시선으로 규정될 수 없다. 시인은 규정할 수 없는 시선을 시의 문법을 활용하여 붙든다. 시의 문장이 언어의 의미를 고정하지 않은 채 생명력을 유지해 나가는 비법 아닌 비법이다. 물론 이러한 시의 관점조차 막상 마음먹고 들여다보면 모호 막막하기는 매한가지다. 그러나 여전히 시는, 낯선 것들에 대한 혼잣말과 중얼거림 그리고 소곤거림 사이에서 혼곤함이라는 감정을 돋우어낸다. 14세기 중세 신비주의자였던 '프랑크푸르터'의 알쏭달쏭한 격언을 빌려 변명하자면, 사실 좋은 결말을 가져다줄지도 모르는 시작은 아무런 쓸모가 없다. 이 모호하고 혼곤한 격언이야말로 자신의 삶에 완전하게 부응하지 못하고 연소하지 못한 시인들의 시적 사유를 읽어내는 데 가장 확실한 시의 독법은 아닐까하고 생각하며 시를 읽는다.

      너는 내가 네 어머니를 닮았다고 했다
      우리는 집 밖으로 잘 나가지 않았다

      마트에서 덮밥을 포장해 오거나
      길거리에서 떡꼬치를 사 먹었다
      음식은 남기면 안 되었다

쓰레기통이 없던 집
네가 학교에서 돌아오는 시간에 맞추어 신었던 스타킹
러그 밑에 둔 생리대

불 켜진 식탁에 엎드려 있거나
벽에 기대어 이를 닦았다
잠이 오지 않았다

나는 너를 앞지르고 싶었다
늦은 밤 도로 위에서 만난 화물차처럼

머리카락이 떨어지는 걸 조심하며
드라이기를 돌린 날
그 집에서 나왔다

차가 멈추어 선 횡단보도를 건널 때마다
네가 어디서든 보고 있을 거라는 생각을 했다

등을 꼿꼿이 폈다
혼자가 아닌데도 늘 혼자인 것처럼
말을 하고, 행동을 했다

— 최유리, 「원룸」 전문1

'원룸'하면 떠오르는 것은 혼자라는 이미지다. 언제부턴가 우리 사회는 '혼밥', '혼술', '나홀로족'과 같은 단어를 익숙하게 사용한다. 그만큼 현대인의 생활방식은 무엇이든 혼자 해결해야 하는 방식으로 고착되어온 듯하다. '오타쿠'나 '히키코모리'의 현상도 이와 무관해 보이지 않는다. 가끔 '덕밍아웃'이나 '덕질'을 통해 작지만 확실한 행복[小確幸]을 찾는 사람도 가끔 눈에 띈다. 의미의 차이는 있지만, 백석의 경우 음식에 관해서 만큼은 덕후라고 할 수 있다. 가령, 그의 작품「선우사 −함주시초4」를 살펴보면, 화자는 반찬을 친구 삼아 쓸쓸한 밥을 먹는다. 화자는 혼자이지만, 반찬이 친구가 되어준다는 점에서 혼자가 아니게 된다. 낡은 나조반에 흰밥과 가재미가 친구가 되고 있다는 점에서 혼밥의 낭만성 또한 유지된다.

「원룸」에서의 '원룸'은 백석의 작품에서 엿볼 수 있는 낭만성보다는 함께하기에 오히려 외로운 이미지로 가득하다. 이 작품에서의 '원룸'은 나 혼자 생활하는 공간인 동시에 나 이외의 또 다른 자아가 기거하는 불편한 공간으로 묘사된다. 대략 이야기의 살을 덧붙여보면 화자는 자신이 생활하는 원룸에서 또 다른 자아를 늘 인식하며 살아간다. 그런 이유로 원룸은 누군가의 시선을 늘 감내해야만 하는 고투의 공간이 된다. 그 시선의 주체는 '너'로 표현되면서, 사사건건 나를 감시한다. 화자는 그런 '너'를 "앞지르고 싶었다"고 표현한다. 이 작품에서 '너'의 정체는 분명하게 드러나진 않지만, '너'는 '네'가 "어머니를 닮았다"고 이야기해주는 대상이다. "네가 어디서든 보고 있을 거라는 생각을 했다"라는 화자의 독백을 통해 '너'는 나의 또 다른

---

1   최유리,「원룸」,『포지션』, 2017년 가을호.

자아 정도로 유추해볼 뿐이다.

어쨌든 '너'와 '나'는 '우리'로 묶이면서 "쓰레기통이 없던 집"에 기거한다. 그런 이유로 "마트에서 덮밥을 포장해 오거나/길거리에서 떡꼬치를 사" 먹거나 "음식은 남기면 안 되었다"라고 고백한다. 쓰레기통에 남긴 음식은 화자를 대변하는 또 다른 자아인 동시에 누구에게도 들키지 않으려는 자아의 혼곤한 정서이기도 할 것이다. 원룸이라는 한 공간에 살면서 타자의 시선에 제압당하는 화자는 그 속에서도 아무렇지도 않은 듯 "혼자가 아닌데도 늘 혼자인 것처럼/말을 하고, 행동을 했다"라고 자조한다. 그 자조 섞인 목소리를 통해 우리가 듣고자 하는 목소리는 무엇일까. 그것은 혼잣말인 동시에 혼잣말이 아닌 우리 모두의 혼잣말이었던 것일까.

혼잣말 그 다음— 이 도시는
거대한 레코드판이 되었다
어디를 가나 혼잣말이 들려왔다
아파트 단지의 쥐똥나무 울타리를 타고 흐르고
신호를 기다리는 건널목을 가로질러
말하듯 노래하기로 다가오기도 했다

어디서 불어오는 바람에 호수의 물결이
혼잣말로 들린 것도 그 다음이었다
혼잣말이 자전거를 타고 지나가기도 했고
혼잣말이 사라진 자리를 단풍나무와 사철나무가
실망으로 우거져 내리어 메운 것도 그 다음이었다

새벽의 골목에서는 혼잣말의 그림자가
사방에서 포위해 오며 들려오기도 했다
그럴 때마다 나는 내가
혼잣말의 홈을 따라 도는 바늘 같기도 했다

이 도시에 누가 혼잣말을 기록하고 다녔는지
혼잣말은 지하철로에도, 계단에도, 복도에도
유리문의 경첩에서도 투명하게 울려 나왔다
아무도 듣지 못하는 혼잣말을
홀로 듣는다는 것은 행복한 일이었지만

이 미약한 신호를 증폭시키는
내가 미친 것은
혼잣말, 그 다음이었다

— 함성호, 「혼잣말, 그 다음」 전문[2]

    앞에서 인용한 작품 속의 원룸은 아이러니하게도 누군가 함께 생활하는 혹은 생활해야만 하는 공간 속에 갇힌 우리 모두의 내면이 형상화된 공간으로 읽힌다. 원룸 속에 기거하는 대상은 단순히 1인칭이었지만, '우리'로 묶여 있다는 사실에 주목해 볼 필요가 있다. 원룸 속에 갇힌 우리는 언제든 이 거대한 도시의 원룸 속에 갇혀 또 다

---

2 함성호, 「혼잣말, 그 다음」, 『포지션』, 2017년 가을호.

른 혼잣말의 공동체를 구성하게 될지도 모른다. 「혼잣말, 그 다음」에서 우리가 주목해야 할 것은 '혼잣말'이 아니라 혼잣말 그 다음에 있다. 혼잣말의 배경이 되는 이 도시는 화자에게 '거대한 레코드판'으로 인식된다. 그 거대한 레코드판에 사는 사람들의 혼잣말은 이미 이 도시의 공통 언어가 되어 있다. 사람들은 어디를 가나 혼잣말을 함으로써 타인의 혼잣말을 지워낸다.

  우리는 보통 상대방과 함께 있을 때 혼잣말을 하지 않는다. 혼잣말을 하면 마치 미친 사람 취급을 하거나 정신에 이상이 있는 사람으로 판단하기 때문이다. 그러나 이 작품에서처럼 모두가 혼잣말하는 사회에서는 그 누구도 이상할 리 만무하다. 사실 요즘 거리를 보면 블루투스 이어폰을 끼고 음악을 듣듯 통화를 하는 사람들을 심심찮게 볼 수 있다. 누구도 혼잣말 같은 그들의 대화를 엿들으려 하지 않는다. 그러다 보니 이 작품에서처럼 이 도시는 마치 거대한 레코드판이 되어 돌아간다. 문제는 그 혼잣말의 대상이 있거나 없거나 구분이 되지 않는다는 점에 있다.

  대화의 상대는 곳곳에 널려 있지만 아무도 듣지 못하는 이 도시의 혼잣말이란 화자에게는 일종의 미치기 직전의 전조증상과도 같다. 그러나 화자는 "아무도 듣지 못하는 혼잣말을/홀로 듣는다는 것은 행복한 일이었다"고 반어적으로 말한다. 동시에 혼잣말을 통해 단절되어 버린 이 사회의 비인간적인 모습의 시적 환유를 묘사해낸다. 이 작품에서 더욱 흥미로운 것은 "혼잣말, 그 다음이었다"에 있다. 혼잣말 다음에야 비로소 사람들의 혼잣말이 사라지고 "어디서 불어오는 바람에 호수의 물결이/혼잣말로 들"리게 되고, "단풍나무와 사철나무가/실망으로 우거져 내리어 메"우기 때문이다. 그러니까 이 작품에서의 혼잣말은 결국 혼잣말이 아니었던 셈이다. 혼잣말은 자연과 사람을 잇는 혹은 미약한 신호를 증폭시키는 뇌관의 역할을 구시렁구시렁 수행하고 있었던 셈이다.

처음부터 나는
청유형 물방울로 똑똑 떨어뜨렸다
놀이기구처럼 싱싱
떨어져 다음 다음 다음 월요일에 닿았다

어느 날
녹이 슬은 수문을 누군가 두드렸다
물 좀 주세요 생각 몇 방울만 주세요

그녀 발밑에는
온몸으로 뿌리친 생각들이
떡잎도 뿌리내리지 못한 생각들이
쇳가루로 흩날리고 있었다

봄이 가장 길어질 때
호기심은 공처럼 아무 데나 굴러
내 생각 없이 골목을 데리고 떠났다

여름이 가장 길어질 때
베란다 식물처럼 한쪽으로 머리를 두는 굴성으로

내 옆구리가 닳아져버렸다

쓸모없는 것이 쓸모 있다는 것을 아는 동안
한쪽으로 기운 굴성을 펴느라
그녀는 봄여름가을겨울 생각을 모두 써버렸다

용량 부족이라는 지시어처럼 길게
청유형 생각의 공터에 비가 쏟아졌다
흥건하게

물덤벙 끼어든 화요일

소녀야 울어도 된단다
누구라도 생각은
모자랄 수 있어 고장 날 수 있어

— 김지명, 「중얼거리는 생각」 전문[3]

  어떠한 상황에서 어떤 사유를 하느냐에 따라 혼잣말의 의미가 달라지듯 중얼거림 또한 그런 것일까. 그렇다면 혼잣말과 중얼거림은 같은가 다른가. 기본적으로 혼잣말은 일상생활에서 자기 자신에게 이야기하거나 다른 사람을 상대하지 않는 말을 의미한다. 중얼거림은 남이 알아듣지 못할 정도의 작고 낮은 목소리를 이야기한다. 의

---

[3] 김지명, 「중얼거리는 생각」, 『시현실』, 2017년 가을호.

미만 놓고 보면 별 차이가 없지만, 혼잣말과 중얼거림은 그 목표가 어디냐에 따라 미묘한 차이를 드러낸다. 자의적인 해석이긴 하지만 혼잣말보다는 중얼거림은 어떤 목적의식이 더욱 선명하게 드러내는 매개가 되기도 한다. 마치 우리가 어떤 단어를 외우거나, 기분이 상해서 중얼거리는 것은 분명 혼잣말과는 다른 의미의 양상을 갖는다.

「중얼거리는 생각」을 읽으며 가장 눈에 띈 구절은 마지막 3행이다. "소녀야 울어도 된단다/누구라도 생각은/모자랄 수 있어 고장 날 수 있어"라는 이 시구는 시의 제목「중얼거리는 생각」과 대구를 이루면서 이 시가 지향하는 바를 한꺼번에 깨닫게 한다. 이 작품에서 중얼거림은 '생각이 모자라고 고장이 날 수 있다'는 사유와 직결된다. 그러나 반드시 그 중얼거리는 생각이 '모자람'과 '고장'으로만 점철되는 것은 아니다. 이 작품에서 소녀로 대변되는 그녀는 '청유형의 물방울', '녹이 슬은 수문을 누군가 두드림', '온몸으로 뿌리친 생각들', '떡잎도 뿌리내리지 못한 생각들', '호기심' 등으로 가득한 삶을 살고 있다. 질문으로 가득 찬 이 세상을 호기심 어린 눈빛으로 바라보는 소녀에게서 화자가 느끼는 감정은 말 그대로 혼곤하고 처연하지만, 질문을 잃어버린 삶은 어떤가. 오히려 소녀의 삶보다 더 막막하고 처연하지 않은가.

그래서인지 화자는 소녀의 막막함에 대해 비관적인 태도만을 취하지 않는다. 생각을 모두 소진하는 동안 그녀로 지칭되는 소녀는 '쓸모없는 것이 쓸모 있다는 것'을 아는 사람으로 거듭난다. 일찍이 장자가 『인간세편(人間世篇)』에서 언급한 바 있는 무용지용(無用之用)의 의미를 깨달음으로써 '중얼거리는 생각'의 의미를 단순히 정신적인 이상으로만 연결 짓지 않고 있다. 결국, 제목의 「중얼거리는 생각,이란 시를 쓰는 시인들의 호기심 어린 시선과도 상관관계를 맺는다. 문학은 여전히 쓸모가 없고, 쓸모없기 때문에 억압하지 않으며, 그래서 문학은 그 쓸모없음을 써먹을 수 있다는 김현의 전언에 가치를 둔다면, 제대로 고장나본 적 없는 우리의 생도 한 번쯤은 중얼거리는 생각을 가져봐야 하는 것은 아니겠냐는 생각이 문득 찾아든다.

    우리 집 꽃밭에 이빨 달린 꽃들 피었지
    검은 엄마가 틀니 씻은 물을 주었지
    꿈속 쥐가 꿈 바깥으로 달아나며
    이 배는 가라앉고 말 거야 노랠 불렀지
    장미와 트럼펫 이빨들이 꽃피는 아침을 갉아 먹었지
    머리 가슴 배로 나뉜 노래가 쏟아졌지
    햇빛 두드러기처럼 돋아났지
    가려움을 파먹으려고 가로수들 달려들었지
    꿈속으로 돌아가기엔 충분하지만 도시 바깥으로 떠나기엔 부
족한
    시간이 피아노 건반 속에 숨었지
    피아노는 노래가 잠드는 무덤
    나무를 들이받은 헬리콥터처럼 뜬금없이
    이빨들 잠잠해졌지
    늙은 쥐들이 잠잠해졌지
    장미와 트럼펫 이빨이 잠잠해졌지
    그리고 불붙은 폭탄 하나가 남았지
    꽃의 자물쇠를 물고

칙, 칙, 칙 소릴 내며 압력추가 돌고 있었지

— 조혜정, 「소곤대는 무늬」 전문[4]

　우리말을 사용하다 보면 의미를 굳이 구분하지 않고 쓰는 경우가 종종 있다. 가령, '이[齒牙]'와 '이빨'이 대표적이다. 사전적 의미로만 구분해 보자면 이빨은 '이'를 낮잡아 이르는 말이다. 마치 목을 '모가지'라고 부르거나 눈을 '눈깔', 입을 '주둥이'처럼 부르는 것과 비슷하다. 가끔 우리말에서는 '이'와 '이빨'을 사람의 신체 일부에 해당하는 말과 짐승의 신체 일부를 정의 내릴 때 쓰는 말로 구분 짓기도 한다. 의미의 쓰임이야 어쨌든 「소곤대는 무늬」에서 이빨은 시인의 상상력을 자극하는 요긴한 시적 소재로 활용된다. 첫 행의 "우리 집 꽃밭에 이빨 달린 꽃들 피었지"라는 문장은 꽃과 짐승을 동일시하는 상상력으로 치환된다. 그 다음에 바로 이어지는 행에서는 "검은 엄마가 틀니 씻은 물을 주었지"로 연결되면서 '검은 엄마의 틀니'와 '꽃들의 이빨' 사이가 동일한 관점에서 해석된다. 이러한 표현들은 '검은 엄마의 틀니'를 중심으로 다양한 자연 현상들과 연계되면서 짐승으로 대변되는 이빨의 역할이 독자의 상상력을 타고 자유롭게 증폭할 수 있는 시적 기제로 활용된다.

　하지만 시의 중간 부분에 이르러서 화자는 이빨이 이빨의 역할을 다하지 못하는 것으로 묘사한다. "시간이 피아노 건반 속에 숨었지"라는 표현을 통해 짐승의 이미지로 비유되었던 이빨의 소멸을 우회적으로 암시해준다. 그래서 "나무를 들이받은 헬리콥터처럼 뜬금없

---

[4] 조혜정, 「소곤대는 무늬」, 『시로여는세상』, 2017년 가을호.

이/이빨들이 잠잠해졌지"라거나, 무엇이든 갉아먹을 것만 같던 "늙은 쥐들이 잠잠해"지기도 했다고 화자는 다소 차분한 이미지를 덧붙인다. 이 작품에서 가장 흥미로운 점은 마지막에서 발견된다. 짐승의 이빨과도 같던 모든 것들이 잠잠해질 때 비로소 하나 남은 이빨은 "불붙은 폭탄"이 된다. 이 작품에서의 이런 재미있는 발상은 "꽃의 자물쇠를 물고/칙, 칙, 칙, 소리 내며 압력추가 돌고 있었지"라고 귀결되면서 이 시를 읽는 독자의 즐거움을 한껏 증폭시킨다. 그러면서 이 작품의 제목이기도 한 「소곤대는 무늬」와 '잠잠해진 이빨'의 이미지가 묘한 시적 의미의 대조를 이룬다.

리코더를 불 때 왜 눈을 감을까

눈도 구멍이니까

우리는 어쩐지 기다리거나 사라지고 싶어서
수없이 많은 손가락들을 꺼내놓는다

서로의 구멍을 틀어막으며
한 뼘 더 다정해지고 싶어서

모아진 눈으로
오므린 입술로

왜 키스할 때 눈을 감을까

연주되는 중이니까

몸속에 숨을 초대하여
새어나가는 음악이 되어주려고

속으로 맺혀가는
물방울들, 가지마다 매달리는
흐린 기포들

어둠과 빛 사이
눈을 감으면 시들어 떨어지는
숨방울

멀어지는 중이니까
음악으로부터, 넝쿨을 뻗는 혀들로부터

부풀어 오르다 펼쳐지는
어두운 열매들

— 이혜미, 「멀어지는 포도」 전문[5]

 이 작품의 첫 행에서 언급하고 있는 것처럼 우리는 왜 리코더를 불 때마다 눈을 감을까. 돌이켜 보면 초등학교 시절 리코더를 불던

---

[5] 이혜미, 「멀어지는 포도」, 『모:든시』 2017년 가을호.

아이들은 모두 눈을 감았던 것 같다. 마치 리코더를 불면 당연히 눈을 감아야 하는 것처럼 눈을 감고 연주했던 기억이 새록새록하다. 이 작품에서도 화자는 첫 행을 통해 "리코더를 불 때 왜 눈을 감을까"라는 질문으로 시를 전개해 나간다. 이 질문에 대한 답은 의외로 단순하고 명쾌하다. 바로 "눈도 구멍이니까"라는 대답이다. 다소 엉뚱하고도 순진하게 느껴지는 이 말은 이 작품의 상상력을 확장해나가는 시적 연결고리로서 작용한다. 하기야 시의 논리가 다소 엉뚱할 때 더 재미있는 법임을 고려하면, 이 작품에서의 리코더와 작품의 제목이기도 한 '멀어지는 포도'는 질문과 대답처럼 묘한 일체감을 이룬다.

어쨌든 작품 속의 화자는 "서로의 구멍을 틀어막으며/한 뼘 더 다정해지고 싶어서" 수없이 많은 손가락을 꺼내놓는다고도 말한다. 그러니까 구멍이 있는 것들은 모두 화자에게는 리코더와 같은 악기로 인식되면서, 이 작품 중간 부분의 "왜 키스할 때 눈을 감을까/연주되는 중이니까"라는 구절과 대구를 이룬다. 악기로 전이된 몸은 몸속에 숨을 초대하기도 하고 눈을 감으면 시들어 떨어지는 숨방울이 되기도 한다. 모두 키스에 관한 묘사이지만, 이 시의 묘미는 뒤로 갈수록 선명해진다. 바로 음악으로부터 멀어지게 만드는 것이 음악이라는 사유를 통해서이기 때문이다. 그래서 화자는 "음악으로부터, 넝쿨을 뻗는 혀들로부터" 자신이 멀어져 왔음을 고백한다. 또한, "부풀어 오르다 펼쳐지는/어두운 열매들"에게서 음악과 사랑은 결코 완성될 수 없음을 암시해준다. 리코더를 불거나, 연인과 키스를 하거나 화자에게는 모두 '멀어지는 중'에 귀속된다.

마음속에 최후의 비명을 준비할 땐
생에 하나뿐인
긴 리본이 있는 멋진 모자를 고르는 기분으로

메아리가 돌아오지 않는
이곳과 다른 죽음을 위해 멀리 날아가는
아 에 이 오 우 –
공중에 흩어지는 입김의 형태

여기 그리고 저기서 우리는
이상하게 잊히지 않는 그날의 배치 속에서
이전과 이후의 친근한 교환 속에서
불규칙한 잡음들의 단단한 벽에
이마를 대고

열두 번째 기차가 얼굴 위로 지나갔다
손톱을 물어뜯기 좋도록
복도가 길어지고 있었다

아직 조금 더 지나야 그 부근
아무것도 확신할 수 없었지만

순간순간 요들송

예측할 수 없는 높이로 멀리 날아가는

나의 아름다운 목소리가 보였다

— 김미령, 「탄식의 발명」 전문[6]

　가끔 인간의 탄식이 언제쯤 처음 시작되었는지를 더듬거려 본다. 물론 종교적인 관점에서야 단순 명쾌한 결론을 내겠지만, 의외로 그 의미의 실마리를 찾기가 쉽지 않다. 그래서일까. 이 작품의 제목은 탄식에 대해 '발견'보다는 '발명'이라는 단어를 고집한다. 일반적으로 발명은 이전에 없던 새로운 것을 생각해 내거나 만들어 내는 것을 의미한다. 반면에 발견은 남이 미처 찾아내지 못하였거나, 세상에 알려지지 않은 것을 맨 먼저 찾아내는 것을 말한다. 이를 토대로 생각해 보면 이 작품에서 탄식은 새롭게 만들어지는 '창조'에 가깝다.

　탄식이 창조의 성격을 가지려면 어떠해야 할까. 화자는 "아무것도 확신할 수 없"지만, 그것은 "순간순간 요들송"과 같아야 한다고 믿는다. 일반적으로 요들은 스위스 산악 지역의 목부들이 악령을 쫓기 위하여 부른 주문의 일종이다. 요들은 유럽 지역으로 전파되면서 종교적인 색채를 띠기도 하지만 기본적으로는 자연 속에 정체된 순수한 예술로 퍼지게 된다. 이 작품에서의 요들은 일반적으로 의미하는 요들의 성격보다는 "최후의 비명", "공주에 흩어지는 입김의 형태", "불규칙한 잡음"으로 그 특징과 분위기를 함께한다. 먼저 화자는 1연에서 "마음속에 최후의 비명을 준비할 땐/생에 하나뿐인/긴 리본이 있는 멋진 모자를 고르는 기분으로" 임해야 한다는 것을 강조한다.

6　김미령, 「탄식의 발명」, 『시인수첩』, 2017년 가을호.

그것은 탄식이기도 하지만 그 탄식은 전에 없던 감정들로 구성된다. 그 다음 2연에서는 비명을 "메아리가 돌아오지 않는/이곳과 다른 죽음을 위해 멀리 날아가는" 입김의 형태로 인식한다. 이 과정에서 화자는 "이전과 이후의 친근한 교환 속에서/불규칙한 잡음들의 단단한 벽에/이마를 대고" 그 비명을 떠올린다. 우리는 이 부분에서 비명과 탄식의 지점을 결국 구분할 수 없음을 깨닫게 된다. 그래서 화자는 "아직 조금 더 지나야 그 부근/아무것도 확신할 수 없었"다고 이야기한다. 화자가 판단하기에 비명은 매 순간순간이 요들송처럼 규정되지 않는 인간의 외침으로 전달되고 있다.

  하지만 이러한 인식은 마지막 연에 이르러 시적 전회로 연결된다. 화자는 그 비명에 대해 "예측할 수 없는 높이로 멀리 날아가는/나의 아름다운 목소리"로 귀결시킨다. 다시 말해 화자에게 탄식이란 '예측할 수 없는 아름다운 목소리'였던 셈이다. 우리가 일반적으로 인식하고 있는 탄식의 개념을 넘어서 요들송과 같은 아름다운 목소리와 비명의 양가적 특성은 말 그대로 탄식이 '발견'이 아니라 '발명'이라는 점을 다시금 상기시켜준다.

    꽃이 지고 나면 그뿐인 시절이 있었다
    꽃이 시들면 바로 쓰레기통에 버리던 시절
    나는 그렇게 무례했다

    모란이 지고 나서 꽃 진 자리를 보다가 알았다
    꽃잎이 떨어진 자리에 다섯 개의 씨앗이 솟아오르더니 왕관모양이 되었다

화중왕(花中王)이란 말은 꽃잎을 두고 한 말이 아니었던 것이다
모란꽃은 그렇게 지고 난 다음까지가 꽃이었다

백합이 지고 나서 보았다
나팔 모양의 꽃잎이 지고 수술도 말라 떨어지고 나서
암술 하나가 길게 뻗어 달려있다
꽃가루가 씨방에 도달할 때까지 암술 혼자서 긴긴 날을 매달려 꽃의 생을 살고 있었다

꽃은 그러니까 진 다음까지가 꽃이다
꽃은 모양과 빛깔과 향기만으로 규정되지 않는다
사람과 사람 사이 그러하지 않다면
어찌 사람과 사랑을 꽃이라 하랴

생도 사랑도 지고 난 다음까지가 꽃이다

— 복효근, 「꽃을 보는 법」 전문[7]

시를 읽는 사람이나 쓰는 사람이나 자기만의 심미안을 갖는다는 일은 매우 중요하다. 그것이 어떤 대상에 대한 의미의 발견이든 발명이든 간에 상관없이 말이다. 「꽃을 보는 법」은 우리가 흔히 알고 있는 목단(牧丹), 다시 말해 모란에 대한 기존 의미를 확대하려는 시

---

[7] 복효근, 「꽃을 보는 법」, 『문예연구』, 2017년 가을호.

도에서 시적 발상이 전개된다. 일반적으로 모란은 '꽃 중의 꽃'으로 불리면서, 우리에게는 '화중왕(花中王)'으로 널리 알려져 있다. 굳이 조선 시대 사설시조 중 하나인 「모란은 화중왕이요」를 떠올리지 않아도 모란은 왠지 그 생김새만으로 꽃 중의 꽃으로 불릴만하다.

  모란과 관련하여 한 가지 더 생각나는 것은 신라 진평왕 때의 덕만 공주의 이야기다. 우리에게 선덕여왕으로 더 잘 알려진 덕만 공주는 당 태종이 붉은색, 자주색, 흰색의 세 빛깔의 모란을 그린 그림과 그 씨 석 되를 보내오자, "이 그림에는 벌과 나비가 없으니 꽃에 향기가 없는 듯합니다."라고 말해 주위를 놀라게 한다. 덕만 공주의 혜안처럼 「꽃을 보는 법」에서는 기존의 의미 구조를 넘어, 단순히 모란을 꽃 가운데 왕으로만 인식하지 않는 사유로 이어진다. 화자는 화중왕의 의미에 대해 다시금 새롭고 진지한 성찰을 보여준다. 이 작품의 표현을 그대로 빌려 말하면, "화중왕(花中王)이란 말은 꽃잎을 두고 한 말이 아니었던 것이다" 더군다나 화중왕이란 말은 화자에게 모란에만 한정하는 것도 아니다. 화자는 모란이든 백합이든 모두가 지고 난 다음까지가 꽃이라고 인식한다. 꽃잎이 다 떨어진 후에도 "암술 혼자서 긴긴 날을 매달려 꽃의 생을 살고 있었다"는 표현에서 우리가 무릎 치며 깨달을 수 있는 것은 언제나 진짜는 '규정되지 않는다는 삶'을 산다는 점이다.

  이 작품이 비교적 쉬운 시적 전개와 의미 구조를 가졌음에도 독자의 시선을 오래 붙드는 이유가 여기에 있다. 화자에게 '화중왕'은 비단 꽃에만 적용되는 말이 아니다. 누구에게나 "꽃이 지고 나면 그뿐인 시절", "꽃이 시들면 바로 쓰레기통에 버리던 시절"이 있듯, 우리는 "그렇게 무례"하게 생을 이어왔다. 하지만 그 무례함이 없었다면 어디 사람 노릇이나 하며 살았겠는가. 오늘부터라도 기억 쿵쿵거리며 지금껏 살아온 일에 대해 혼잣말을 해 보거나 혹은 더듬거리면서 규정되지 않아 향기로웠던 시절에 대해 다시금 중얼거려 볼 일이다.

-『문예연구』, 2017년 겨울호 발표

소진 시대,
깊은 심심함(In-depth boredom)의 위로

젊은 시인들의 상상력도 몸살을 앓는 걸까. 환절기마다 찾아오는 몸살을 안고, 시를 조망하다 보면 언젠가 머릿속에 남겨두었던 책의 한 문장이 한기처럼 찾아든다. 한병철이 『피로사회』에서 언급한 "시대마다 그 시대에 고유한 주요 질병이 있다."는 문장… 이 문장에 대한 어렴풋한 내 기억이 맞는다면, 인간은 좋은 삶을 살기 위해 끊임없이 노력하지만, 오히려 자기착취로 인해 정신을 소진하는 피로사회로 치닫게 된다. 스스로에게 성과를 강요하고 자신을 착취하면서 자신도 어쩔 수 없는 불안과 피로에 휩싸이게 되는 것이다. 건강한 정신의 소진으로 인해 모두가 지쳐버린 이 사회에서 시인들은 과연 행복할까. 시시각각 변하는 현대 사회를 관통해오면서 수없이 많은 진단과 처방이 있었겠지만, 여전히 '그 시대에 고유한 질병이 있다'는 문장의 처방에는 발터 벤야민이 언급한 '깊은 심심함(In-depth boredom)'이 적절한 처방이지 싶다. 『피로사회』에서 벤야민은 깊은 심심함을 이 시대에 고유한 질병인 피로와 불안을 해결할 수 있는 하나의 방편으로 이해한다. 벤야민은 그 깊은 심심함에 대해 "경험의 알을 품고 있는 꿈의 새"라고 묘사하면서, 꿈의 새는 아무것도 하지 않을 자유가 있음을 강조한다. 단조로운 삶과 수동적인 삶에서 벗어나 스스로 깊은 사색에 빠질 수 있는 자기 사유의 위대함을 갖는 것, 머뭇거리는 능력과 쓸모없는 것의 쓸모를 스스로 찾아가는 것은 여전히 시를 읽고 써야 하는 또 하나의 이유이기도 하다.

그윽한 눈빛을 흘리며
너는 내게로 와서 삶이 무엇이냐고
물었다 해 뜨고 바람 부는 달빛

곡식을 익게 하고
그대를 저물게 한다

그 저녁 나뭇잎들은
내 뼈마디에 속삭인다

이런 서늘함 속에서 문장을 캐내는 일이
그리 쉬운 줄 아는가, 가령 예를 들자면
달빛을 챙겨서 구름 위에 얹는 일
햇빛 눈부신 날, 비의 현수막을 걸어놓거나
사랑의 높이를 열 단으로 쌓아서
구름다리를 놓는 일
등잔불 밑의 그리움들을 치우고

그대를 오래 잠들게 하는 일

그 저녁 늦도록 그대가 일어나지 않으면
나는 그대의 잠 속으로 걸어 들어가
물에 젖은 창문을 닫는다

— 이동엽, 「전업의 시간」 전문[1]

나는 과연 잘살고 있느냐는 질문은 "나는 누구이며, 어떻게 살아야 하는가?"의 질문으로 치환될 수 있다. 누구나 먹고 살기 위해 직장을 가져야 하고, 그로 인해 찾아드는 피로감은 행복한 삶을 누리는 데 장애가 되기도 한다. 이 작품의 제목이 「전업의 시간」인 것도 그런 맥락에서 이해하면 어떨까. 누구나 살면서 한 번쯤 직업을 가져 보지만, '저녁'이라는 직업을 갖는다는 것은 그 자체로도 근사한 일이다. 그런 점에서 '저녁'이란 단어를 입안에서 가만 궁글리다 보면, '저녁'이라는 단어는 어느새 '전업'으로 몸을 바꾼다. 저녁과 전업 사이의 의미 간극은 멀지만, 이 작품에서의 간극은 그리 멀어 보이지 않는다. 일반적으로 전업(專業)이란 한 가지 일이나 작업에 전념하여 일하는 행위다. 일종의 직업 개념이다. 이 작품 속의 전업인 저녁의 시간은 어떨까. 저녁은 말 그대로 해가 질 무렵부터 밤이 되기까지의 시간이다. 생각해 보면 저녁이 전념하는 행위는 시의 표현처럼 "달빛을 챙겨서 구름 위에 얹"을 수도 있으며, "사랑의 높이를 열 단으로 쌓아서/구름다리를 놓"을 수도 있는 상상력의 시간이다. 그

---

[1] 이동엽, 「전업의 시간」, 『문예연구』, 2019년 여름호.

렇다면 저녁이라는 시간을 통해 시인이 유지하고 싶은 깊은 심심함은 무엇일까. 시의 첫 문장에서도 알 수 있듯이 저녁은 시인에게 묻는다. "너는 내게로 와서 삶이 무엇이냐"고. 이 물음에 저녁이 전업인 시인은 대답한다. "이런 서늘함 속에서 문장을 캐내는 일이/그리 쉬운 줄 아는가,"라고. 여기에서 '문장을 캐는 일'은 독자의 상황에 따라 다양하게 해석되고 이해될 수 있을 것이다. 하지만 화자는 "그 저녁 늦도록 그대가 일어나지 않으면/나는 그대의 잠 속으로 걸어 들어가/물에 젖은 창문을 닫는다"라고 이야기한다. 이 저녁에 찾아든 시인의 전업이 오히려 저녁(그대)을 깨우는 일로 전환된다. 결국 화자가 저녁을 깨우는 일은 시인에게 '문장을 캐내는 일'의 고단함이며, '삶이 무엇이냐'라는 물음에 대한 시인의 깊은 심심함이기도 하다.

    이 빵으로 말할 것 같으면
    유구한 역사와 전통을 자랑하는 빵입니다

    비법이 뭐냐구요?
    매일 반죽을 조금씩 떼어두었다가
    다음날의 반죽에 섞는 것,
    발효는 그렇게 은밀히 계승되어 왔습니다

    오늘도 빵 속으로 걸어 들어가는 사람들을 보십시오

    빵 속의 터널에서 만났다 헤어지는 사람들은

같은 빵을 먹고 있다는 이유만으로
서로를 식구라 부릅니다

밀가루로 된 벽과 지붕이 얼마나 버틸 수 있을지,
그러나 이 거대한 빵은
오병이어의 기적처럼 계속될 것입니다

지금도 빵을 먹어 들어오는 저 왕성한 소리가 들리십니까?

이미 한쪽에선 곰팡이가 피기 시작한, 그래도
아직 먹을 만한 이 빵은
유구한 반죽 덕분에 발효와 부패 사이를 오가고 있습니다

더 이상 보장된 미래는 없다고,
더 많은 빵을 만들어내야 한다고, 말들 하지만
오늘의 반죽이 어떤지는 알 수 없지요

빵의 분배 역시 마찬가지,
파이를 나누는 일에 정해진 규칙이란 없습니다
나이프 쥔 사람 마음대로지요
그가 눈을 감은 채 칼을 휘두르지 않기만 바랄 수밖에요

빵에 갇힌 자로서
빵의 미래를 어찌 알겠습니까

> 눈앞의 빵조각에 몰입할 뿐
>
> 빵처럼 부드러운 제 살을 황홀하게 먹어 들어갈 뿐
>
> — 나희덕, 「거대한 빵」 전문[2]

  간장이나 된장을 만드는 일을 전업으로 삼는 집은 어디나 '씨'가 되는 간장이나 된장을 가지고 있기 마련이다. 언젠가 트럼프 미국 대통령이 방한했을 당시 청와대 영빈관에서는 360년 된 씨 간장으로 구운 '한우갈비'와 '독도새우'를 대접해 세간의 이목을 끈 바 있다. 청와대 만찬의 화룡점정이었던 그 씨 간장의 상상력은 이 작품에서 "유구한 역사와 전통을 자랑하는 빵"으로 전이된다. 역사와 전통을 계승하는 '발효'는 보장된 미래도 없이 '분배'의 미덕을 끊임없이 실천해 나간다. 그 과정에서 시인이 목격하는 것은 거대한 빵으로 비유되는 오병이어와 같은 확장된 피로일까. 빵이 부풀어갈수록 점점 더 소진되어가는 현대인의 정서는 빵 하나를 사이에 두고 방황한다. 그 방황의 과정에서 화자는 발효의 미덕과 긍정적인 효과가 누룩곰팡이에 있음을 발견한다. 하지만 그것도 잠시, 시인은 우회적으로 "아직 먹을 만한 이 빵은/유구한 반죽 덕분에 발효와 부패 사이를 오가고 있습니다"라고 현재를 진단한다. 발표와 부패는 모두 미생물에 의해 분해되는 과정에서 일어나는 현상이지만, 그 과정에 따라 인간에게 유용한 물질이 되기도 하고 그렇지 않은 물질이 되기도 한다. 화자가 목격한 이 사회는 무감각하게 빵만을 반복적으로 생산하면

---

[2] 나희덕, 「거대한 빵」, 『창작과 비평』 2019년 여름호.

서, 어떤 규칙도 없이 서로 빵을 파먹기에 온 정신을 쏟는다. 피로하고 고단한 이 사회에서 화자가 결국 취할 수 있는 행동은 무기력으로 무장한 수동적인 생각뿐이다. "나이프 쥔 사람"이 "눈을 감은 채 칼을 휘두르지 않기"만 바랄 뿐이다. 화자조차 "빵에 갇힌 자로서/빵의 미래"를 예단할 수 없고, 오히려 "눈앞의 빵조각에 몰입할 뿐/빵처럼 부드러운 제 살을 황홀하게 먹어 들어갈 뿐" 그 이상도 그 이하의 행동도 취할 수 없는 것이다. 발효가 부패로 전환된 이 암울한 현실 속에서 빵 하나로 '식구'가 되어버렸다는 시인의 인식이 오랜 피로감을 불러온다.

저건 가기만 한다
오는 것은 알 수 없고
가는 것만 보이는 건
그건 분명 이상한 일이지만
숙명인 양 가는 뒷모습만 전부다

도무지 얼굴을 볼 수가 없다
우리는 열차의 맨 뒤 칸에서 뒤를 보고 있다
마치 기계노동의 습관처럼
도무지 누가 앞에서 운전을 하는지 알지 못한 채
얼굴이 있는지도 모른 채 우린
모든 걸 배웅하기에 바쁘다

가는 것은 어디서 오는 것이 아니라

우리 몸의 부피에 가득 찬 실타래가
빠져나가는 것이라는 생각에 미칠 뿐이다
그건 마치 그림자를 어둠이라고 생각하는 것
태양을 가리기만 하면 밤이 된다고 생각하는 것이다
그래서 저 시계는 뒷모습만 비추는 거울이다

우리는 맞이하지 않고 보내기만 한다
사냥을 떠나지도 않고 주문을 외우지도 않고
몸에 피를 바르지도 흙을 밟지도 않는다
메시아를 기다리지도
내세를 기다리지도 않는다
존재를 헌신하지도 않는다

순환의 절반을 버림으로써 얻은
이 엄청난 질주와 쾌락
우리는 어떤 재생에도 참여하지 않는다
숙명을 발견하지 않고 발명했을 뿐이다
숙명이라는 쏟아지는 별들의 시간을

— 백무산, 「시계」 전문[3]

    우리가 일상에서 느끼는 피로감은 어쩌면 일정 부분 자가 발전적이기도 하다. 앞에서 살펴본 「거대한 빵」에서처럼 자신도 모르는 사

---

[3] 백무산, 「시계」, 『창작과 비평』 2019년 여름호.

이 발효와 부패를 오가기도 하고, 자기가 자신의 삶을 컨트롤하지 못한 채 타인에 의해 이끌리기도 한다. 그 수동적 삶의 원인은 어쩌면 맹목적으로 매달려 사는 시간에서 파생될지도 모른다. 만약 우리가 시간이라는 관념을 생활 속에 도입하지 않았다면, 어쩌면 인간에게 피로와 고단함은 말 그대로 문학적 상상력의 영역에 지나지 않을 것이다. 이 작품에서 화자는 시간의 관념에 대해 현대를 살아가는 인간이 어쩔 수 없이 분과 초를 다투는 모습으로 인지한다. 인간의 생활을 지배하는 시간의 체계 속에서 화자 스스로가 자발적으로 시간의 희생양이 되어가고 있다는 느낌도 든다. 이러한 화자의 인식은 피로사회에 대한 담담한 고백이자 시적 반성이기도 하다. 자꾸만 맹목적이고 기계적이며 획일적으로 인식되는 시간 속에서 화자는 시계라는 사물을 통해 모두 얼굴을 잃어버린 현대인의 초상을 발견해낸다. 그 과정에서 화자는 "저 시계는 뒷모습만을 비추는 거울"이라는 사유를 이끈다. 무조건 앞으로만 달려가는 시계의 속성을 통해 인간의 정신 소진과 감정의 불안을 하나의 숙명으로 인식하고 있다. 이제 시계에 갇힌 우리의 시간은 "사냥을 떠나지도 않고 주문을 외우지도 않고/몸에 피를 바르지도 흙을 밟지도 않는다" 시간은 모두 인간성이 소멸한 상태의 속성만을 지닐 뿐이다. 이러한 과정에서 발생한 인간성의 상실은 "메시아를 기다리지도/내세를 기다리지도 않는다/존재를 헌신하지도 않는" 모습으로 나타난다. 이는 단순히 인간성에 대한 상실을 넘어 기계화된 인간의 내면이 얼마나 암울한지를 말해준다. 질주와 쾌락으로 점철된 생은 이제 어떤 재생에도 참여하지 않는다. 오히려 그러한 생의 고단함을 날 때부터 타고난 숙명으로 받아들일 뿐이다. 다행인 것은 화자는 그 숙명을 '발견'이 아니라 '발명'으로 인식하고 있다는 점이다. 존재하지 않던 것을 새롭게 만들어낸 숙명의 발명은 어쩌면 화자가 다시 되돌리고 싶은 깊은 심심함의 시간, 다시 말해 별들의 시간은 아닐까.

    우리의 손은 잘못 빚어졌다
    너의 손에서 슬픈 것이 자꾸 땀처럼 배어나온다
    금간 손금 따라 산산이 깨지기 쉬운 손
    손금에서 자꾸 물이 샌다

    누구나 양손은, 훔쳐온 것이다
    그리고 어디서 누군가에게 훔쳐온 것인지 까맣게 잊는다
    손금 따라 깨지기 쉬운 손을 하얀 털장갑에 감싸거나,
    급한 대로 주머니 속에 감추고 종종걸음으로 길을 걷는다
    내가 훔쳐온 손은 누구의 손일까
    아무리 입김을 불어넣어도 차가워지는 두 손을 비비며 생각한다
    그리고 나는 잃어버린 내 손을 찾기 위해,
    내가 훔쳐온 손으로 누군가의 손을 많이도 붙잡았다, 놓쳤다, 꼭 붙잡았다 놓아왔다
    제사상에 놓을, 작은 흠도 없는 과일을 고르듯
    그중에 내가 가장 오랫동안 망설이며, 붙잡았던 그리고 결국 놓아버린 손을 잊지 못한다
    기억한다,
    아무런 근거와 증거는 없으나 아무래도 내가 태어나기 전에

> 잃어버린 내 손인 그 손을
>
> 　기적적으로 거의 찾을 뻔한 내 손을
>
> 　따뜻한 장갑 같던 내 손을 또다시 잃어버리고 말았다
>
> 　그 손은 내가 잃어버린 내 손이 맞지만,
>
> 　내가 가진 손은, 내 손을 훔친 그 사람이 잃어버린 손이 아니었다
>
> 　처음부터 나는 그 사람의 손을 미처 훔치지 못했다
>
> 　내 손은, 그 사람에게는 얼마나 낯설고 슬픈 손일까
>
> 　차갑고 축축하고 손에 맞지 않는 장갑같이
>
> 　끼고 있을수록 손이 시렸을 내 손.
>
> 　　　　　　　　　　　　　　　- 김중일, 「슬픈 손」 전문[4]

　한국 사회에서의 정신적 피로는 결국 정신에 대한 소진과 결과로 이어진다. 피로사회에서 반복적으로 발생하는 정신적인 압박은 관계에 대한 깊은 시적 성찰을 남긴다. 이 작품에서 가장 눈에 띄는 것은 "우리의 손은 잘못 빚어졌다"로 시작하는 상상력이다. 손의 기능을 생각해 볼 때 손은 다른 것을 만들어내는 가장 주요한 도구 중 하나다. 하지만 시인은 그 손이 도리어 잘못 빚어졌다고 인식한다. 그 인식의 배경에는 처음부터 내 몸에 있는 그 손이 내 것이 아니라는 상상에서 비롯된다. 정말 시인의 말마따나 화자의 양손은 누군가에게서 훔쳐 온 것일까. 내 몸에 붙어 신체 활동의 일부를 담당하고 있으니, 이것은 내 손이라고 당당하게 말해도 되는 것은 아닐까. 하지

---

[4] 김중일, 「슬픈 손」, 『시와 사상』, 2019년 여름호.

만 화자는 자신에게 있는 그 손이 자신의 소유물이 될 수 없음을 자각한다. 화자의 사유는 다시 맨 첫 행 "우리의 손은 잘못 빚어졌다"는 인식과 다시 조우하면서 손이 가지고 있는 인간의 권위를 한순간에 전복시켜버린다. 무언가를 발명하고 장악하는 손에서 누군가에 의해 장악당하는 수동적인 손으로 사유를 전환해버린 것이다. 이쯤 되면 작품의 제목이 「슬픈 손」인 것도 금세 이해가 된다. 화자는 자신에게 찾아든 그 슬픔의 근원을 누군가에게 손을 훔쳐 왔다는 인식에서 찾는다. "손금에서 자꾸 물이" 새는 이유도 결국 손은 내 것이 아니기 때문이다. 그래서 인간은 "손금을 따라 깨지기 쉬운 손을 하얀 털장갑에 감싸거나,/급한 대로 주머니 속에 감추고 종종걸음으로 길을 걷"기도 한다. 심지어 내 손을 찾기 위해 타인의 손을 잡았다 놓기도 하면서 결국 놓아버린 손을 잊지 못해 주저하기도 한다. 하지만 정말 화자의 손이 슬픈 이유는 다른 데서 찾을 수 있다. 화자의 손이 슬픈 이유는 상대방에게서 손을 훔쳐서 발생하는 것이 아니라, 내 손을 훔쳐간 상대방은 그 손이 얼마나 낯설고 슬플 거라는 인식에 맞물려 있기 때문이다. 화자가 느끼는 손에 대한 슬픔은 결국 관계의 문제이면서 스스로의 문제이기도 하다.

  오늘은 무엇을 할까
  아무것도 정하지 말자
  그러면 실망할 일도 없을 거야

  걷다가 나타난 동물과 아이가 입장 불가능한 카페
  이 카페에 동물과 아이가 들어올 수 없게 된 일화를 듣는다 주

인이 말을 하며 고개를 끄덕인다 그러면 저절로 고개가 끄덕여진
다

우리는 길을 따라간다
그러면 누구 탓도 아니다

관리되지 않은 식물원이다
식물이 햇빛에 말라 죽어간다 식물원 옆에 압화 전시관이 있
다 압화 전시관에서 더위를 식히며 작품 설명을 대충 읽는다

우리는 배가 고파져서 살아 있는 식물보다 죽은 식물이 더 많
은 식물원을 빠져나와 조금 가고 싶었던 음식점에 간다 음식점의
문이 닫혀 있다

아무 데나 들어가서 김밥을 먹는다
네가 너무 좋다며 손뼉을 친다

우리는 여행지에서 행복하다

― 성다영, 「여행지」 전문[5]

피로사회에서 우리가 여전히 슬픈 것은 어떤 상황에 대한 막연한 기대에서 시작된다. 다소 모호한 말이지만, 사실 불행은 막연한 기

---

[5] 성다영, 「여행지」, 『모:든시』, 2019년 여름호.

대에서 파생된다. 기대는 기대만큼의 실망을 불러온다. 그 실망은 다시 인간을 습관적으로 부지런하게 만들고, 몸을 분주하게 움직이게 하고, 주말이면 가늠할 수 없는 우울감과 무기력으로 우리 인간을 내몰기도 한다. 이 작품은 그러한 피로사회에서 깊은 심심함이 여행지라는 공간을 통해 어떻게 위로될 수 있는지를 보여준다. 기본적으로 여행은 어떤 자극에 즉시 반응하지 않고 속도를 늦추고 중단하는 효능을 지닌다. 여행은 지속적인 머뭇거림을 통해 반복적으로 불확실한 상황을 만들고, 그 안에서 발생하는 불확실함은 쓸모 있는 것들을 반복적으로 무효화시킨다. 이 작품의 제목이 「여행지」인 것처럼, 화자는 그런 여행지에서 "오늘은 무엇을 할까/아무것도 정하지 말자"고 다짐한다. 이러한 다짐은 타자를 향한 다짐이 아니라는 점에서 스스로에 대한 방어기제이면서, 깊은 심심함의 길을 터주는 매개 역할을 한다. 일상생활에서 마주하게 되는, 가령 "걷다가 나타난 동물과 아이가 입장 불가능한 카페"에서 오는 스트레스조차도 화자는 주인의 말을 통해 수긍하는 자세와 여유를 선사해준다. 그런 상황에서 화자가 인식하는 걱정과 불안은 '그 누구 탓도 아닌 것'이 된다. 관리되지 않은 식물원에서도, 가고 싶었던 음식점에서도 자신이 원하는 상황이 도출되지 않지만, 화자는 그 상황을 행복한 상황으로 스스로 전환해버린다. 그래서 "아무 데나 들어가서 김밥을 먹"어도 화자는 "너무 좋다며 손뼉을 친다" 물론 이러한 화자의 인식이 다소 반어적인 성격을 띠고 있지만, 화자의 "아무 데나 들어가서 김밥을 먹는" 그 힘으로 자신의 여행지를 행복하게 만든다.

 한국인의 행복지수는 다른 나라에 비해 유난히 낮다고 한다. 사람들의 걱정은 더욱 늘어 행복지수는 더 낮아진다는 소리도 심심찮게 들린다. 이 모든 것들의 피로와 불안감이 "시대마다 그 시대의 고유한 질병이 있다"는 구절로 진단되는 것도 우리 모두 건강한 정신이 소진되어 있기 때문일 것이다. 여전히 '깊은 심심함(In-depth boredom)'을 떠올리는 것도 백해무익하겠지만, 이 피로한 세상에 시인들이 전하는 이만한 처방도 없다는 생각이 몸을 일으킨다.

-『문예연구』, 2019년 가을호 발표

결핍과 궁핍을 향한 삶의 문제

　북미 원주민들은 '노고모크' 정신을 중요하게 여긴다. 노고모크는 '우리는 모두 연결되어 있다.'라는 의미를 지닌다. 인디언 시애틀 추장의 말을 빌리면, 인간은 대지의 일부분이며 대지 또한 인간의 일부분이라는 인식이 인디언의 소중한 지혜로 추출된다. 세상의 모든 것은 하나로 연결되어 있으며, 인간의 삶은 한 가닥 거미줄처럼 서로가 서로에게 얽히고설켜 영혼의 공동체를 구성한다. 시애틀 추장의 전언이 지금 이 시대에 전혀 다른 방식의 의미로 회자할 수 있는 것은 이 시대의 노고모크인 '네트워크'의 등장 때문이다. 네트워크의 등장은 인간의 삶을 다양한 방식으로 변화시킨다. 우리 또한 그 변화를 아무 거리낌 없이 시시각각 받아들이며 산다. SNS 서비스망을 통해 다양한 '연결'을 시도하고, 또 그 안에서 형성되는 '공동체' 속에 자신의 삶을 편입시키기도 한다. 몇 편의 시편들 속에서 인간관계의 네트워크를 읽어내는 일은 그리 어렵지 않다. 그 관계의 네트워크는 오프라인과 온라인을 오가면서 시인의 시적 감성을 자극한다. 이 지점에서 잠깐 낭시의 말을 빌려 보자면, 우리는 인간관계의 네트워크 속에서 '모두' '각자' '자기 자신'으로 태어나서 단수의 개성적인 삶을 영위하기도 한다. 하지만 같은 조건에 있다는 점에서 우리는 다양한 복수의 공동체적 삶을 동시에 경험한다. 다시 말해 우리 인간은 '각자'의 단수로서 존재하지만, 각자로 분리되어 있는 '우리'는 하나의 거대한 네트워크의 집합으로서 '복수의 실존'을 상호의존적으로 드러내고 있다.

영국은
외로움을 관리할
전담 장관을 뽑았다고 한다

파란빛이 도는
블루투스 문양을 따라 그린다
이런 무늬는 누가 만들었을까

바쁘시죠,
내가 먼저 묻는 건
기꺼이 외로움을 선택하고 싶어서

혼자 밥을 잘 먹고
일기장을 버릴 수 있고
책에서 가붓하다라는 단어를 발견했을 땐
메모장에 적어두었지만

오늘은 듣고 싶었다

이름을 모르는 사람이
담담하게 엄마가 돌아가신 얘기를 하며
이사해야 하는 사정을 말하는데
달빛이 드리우는 방에 산다는
그 사람의 이야기를 끝까지 듣고 싶었다

두 시간씩 전철을 타고 와
후회를 털어놓고
요즘 듣는 노래를 물어보는 밤

켠 적 없는 블루투스가 연결되었다

- 김은지, 「블루투스 기기 1개가 연결되었습니다」 전문[1]

    뉴스를 살펴보니, 실제 영국은 2018년 1월 세계 최초로 '외로움부 장관(Minister for Loneliness)'을 탄생시켰다고 한다. 그들은 인간이 느끼는 감정 중 하나인 '외로움'을 개인의 문제가 아닌 공동체의 질병으로 인식한다. 영국의 고독 위원회는 "외로움은 하루에 15개비 담배를 피우는 것만큼이나 건강해 해롭고, 죽음에 이르게 할 수도 있다."고 지적하면서 해마다 늘어나는 고독사와 외로움으로 인

---

[1] 김은지, 「블루투스 기기 1개가 연결되었습니다」, 『리토피아』, 2019년 가을호.

한 자살의 심각성에 대해 경고하고 나선다. 영국에서 탄생시킨 외로움을 관리할 전담 장관이 어쩌면 시를 쓰는 시인에게는 "켠 적 없는 블루투스"의 존재로 인식되는지도 모른다. 마치 개인의 외로움을 국가가 관리해주듯 접촉되는 블루투스의 삶을 화자는 개인 삶에 나타난 네트워크의 관계로 이해한다. 하지만 복수의 네트워크 관계 속에서 파생되는 화자의 감정은 오히려 인간의 외로움을 더 가중하는 듯 보인다. 그렇다고 화자가 외로움을 막연히 부정적인 것으로만 인식하지 않는다는 데 있다. 따라서 화자에게 안부는 "바쁘시죠,/내가 먼저 묻는 건/기꺼이 외로움을 선택하고 싶어서" 묻는 자문자답으로 읽히기도 한다. 물론 이 외로움은 나와 타자와의 긴장 속에서 형성되는 것이긴 하지만, 화자는 그 긴장조차 '가붓한 감정'으로 전환해 놓는 여유를 드러낸다. 화자는 기꺼이 외로움을 스스로 선택할 줄 아는 존재이므로 "혼자 밥을 잘 먹"는다라거나 "일기장을 버릴 수 있"는 자발적 힘마저 발휘한다. 켠 적 없는 블루투스로 맺어진 네트워크의 인간관계 속에서 어떤 깊이를 알아차릴 순 없지만, 상대의 이야기를 가볍게 들어줄 수 있는 가붓한 여유는 필요 이상의 외로움으로 다가온다.

> 현실의 식탁과 보여지는 식탁과 보여지고 싶은 식탁 사이
> 품위 있게 드러내기의 기술 등급에 관하여
> 관음과 노출 사이 수많은 가면을 가진 신체에 관하여
> 곁에 있는 것 같지만 등을 내줄 수 없는 곁에 관하여
> 비교가 천형인 네트에서 우울에 빠지지 않기 위해 지불해야
> 하는 노력에 관하여

외로워서 SNS가 필요한 것인지
그로 인해 개인이 더욱 외로워지는 것인지
네, 간단치 않은 문제로군요 좀 더 생각해 봅니다

음모의 발명과 음지의 발굴, 심판의 욕망에 관해서도
손쉽게 전시되고 빠르게 철거되는 고통의 회전율에 관해서도
공유하고 분노한 뒤 달아오른 속도만큼 간단히 잊히는 비참의
소비 방식에 관해서도
늘 새로운 이슈가 필요한 삶의 소란스러움과 궁핍에 관해서도
점점 더 가벼워지는 눈물의 무게, 녹슨 피의 온도에 관해서도

네, 정말 간단치 않네요
몸 없이 몸을 이해하는 일처럼
아니 그보다 몸 없이 몸을 그리워하는 일처럼

― 김선우, 「SNS」 전문[2]

    블루투스가 인간의 정보와 정보를 하나의 관계로 연결하는 사이 SNS는 우리의 일상을 완전히 점령한다. 버스에서도, 지하철에서도 어른과 아이 할 것 없이 우리는 한순간도 빠짐없이 스마트폰에 매달려 산다. 말 그대로 SNS는 현재의 삶을 그대로 반영하는 삶의 플랫폼 역할을 수행한다. 문제는 SNS의 발달이 각자의 삶을 강제적으로

---

2 김선우, 「SNS」, 『시와 반시』, 2019년 가을호.

네트워크화 한다는 점에 있다. SNS에서 끊임없이 서로가 접촉을 시도하면서 자신의 삶과 남의 삶을 무의식중에 비교하게 되고, 남들보다 더 나은 사진이나 자랑할 거리를 찾아 강박적으로 정보를 공유하려 애를 쓴다. 그 과정에서 드러나는 자기 편집의 강박은 새로운 정보 공유를 넘어 가짜를 진짜로 믿게 만드는 역효과를 불러들이기도 한다. 이 작품을 통해 화자가 인식하고 있는 "현실의 식탁과 보여지는 식탁과 보여지고 싶은 식탁 사이"에서도 우리는 현실의 비루함을 적나라하게 확인하게 된다. "비교가 천형인 네트에서 우울에 빠지지 않기 위해 지불해야 하는 노력"은 우리의 상상 그 이상이다. 그래서 화자는 SNS를 통해 외로움을 극복하는 것이 아니라, 그로 인해 개인의 삶이 더욱더 외로워지는 경험을 심심찮게 목격한다. 인간이 지닌 고유한 감정들 또한 "손쉽게 전시되고 빠르게 철거되는 고통의 회전율" 속에서 "늘 새로운 이슈"와 "점점 더 가벼워지는 눈물의 무게"를 무감각하게 경험하게 된다. 그만큼 SNS의 기능은 자기 정보를 경쟁하듯 편집하고 타자의 인정을 통해서만 자신의 존재가치를 인정받는 모습으로 수렴되고 있다. 따라서 화자는 SNS를 "몸 없이 몸을 이해하는 일"로 판단하거나, 아니면 "몸 없이 몸을 그리워하는 일"처럼 다층적이며 공허한 인식을 표출한다. 이러한 공허함은 내가 나로서의 존재가치를 인정받기 어려운 결핍과 궁핍으로 자리하게 되는데, 그 인식은 다음 작품을 통해 더 잘 드러나게 된다.

  우리는 사라지지 않으려고
  그것을 번갈아 들었다

속으로 하는 마음의 말을
하나부터 열까지 세느라
내가 온 줄 모르나 보다

거울에는 저울이 없지만 누군가
지옥까지 가져가라고 한 말의 무게를
그것은 정확하게 재고 정확하게 발설한다

당신이 손거울을 하나 주웠다면
떨어지는 비를 조심하자
부서질까 봐 불안한 건
언제나 내가 아닌가

위에서 본 거울은 유리의 강
만 개의 얼굴이 떠다니고
물속에 손을 집어넣으면
자유롭게 흐르는 감정과 기복을
동시에 느낄 수 있다

거울을 들고 있다
사라지지 않으려고
먼저 들키지 않으려고

이사를 하다가 그만

거울을 떨어뜨렸다
유리 파편을 치우며
내가 나를 밟은 것처럼 서러웠다

거울을 놓친 건 너인가 나인가

떠나려는 마음을 들킨 게
누구인지 아시는 분?

네가 기다렸으면 한다

— 민구, 「거울」 전문[3]

    SNS가 온라인상의 없는 것을 그리워하는 공간이라면, 거울은 오프라인상의 존재하지 않는 나를 그리워하는 대상쯤 될 것이다. 이 작품에서도 화자인 '나'는 '타자'와 상호의존적인 관계 속에 놓인다. '나'라는 존재가 다른 '타자'에 의해 정의된다면, 내가 가진 주체성은 다른 이의 타자성과 필연적으로 연결된다. 그 관계를 구성하는 '나'는 타자와의 상호의존적인 존재의 일부로서 오히려 불안하고 위태로운 존재로 자신의 모습을 각인시킨다. 그 관계의 긴장 속에서 개인은 서로 "사라지지 않으려고" 거울을 번갈아 들게 된다. 그 매개는 단순히 하나의 사물인 '거울'로 묘사되지만, "만 개의 얼굴이 떠다니고/물속에 손을 집어넣으면/자유롭게 흐르는 감정과 기복"을 동시

---

[3] 민구, 「거울」, 『포지션』, 2019년 가을호.

에 느낄 수 있다는 점에서 SNS의 특징과 별반 다르지 않다. 거울은 SNS처럼 '나'를 '나'로 구분하지 않고, '나'를 '타자'로만 구분해주는 소재로 활용될 뿐이다. 다만 화자는 '나'와 거울 속의 '타자'가 지닌 결핍을 "부서질까 봐 불안한 건/언제나 내가 아닌가"라는 자조 어린 자책으로 드러낸다. 그러나 결핍의 감정은 오히려 나와 타자 사이의 내밀함을 더욱 부각하기도 한다. 그 과정에서 화자는 "사라지지 않으려고/먼저 들키지 않으려" 서로의 결핍을 견디지만, 결국 둘 사이의 관계를 유지 시켜주던 거울, 다시 말해 네트워크는 깨지고 만다. 여기에서 화자는 새로운 시적 인식을 드러내는데, 그것은 "내가 나를 밟은 것처럼 서러"운 감정으로 표면화된다. 나와 타자가 각각의 개인이 아니라 본래부터 하나의 개체였음을 말해주는 것이다. 이는 "거울을 놓친 건" 너도 아니고 나도 아니라, 서로에 대한 관계의 결여와 결핍일 뿐임을 말해준다.

어서오세요 오랜만에 오셨어요
혼자 어느 음식점에 갔다가 난데없는 인사를 받는다
나는 이 가게에 처음 온다
그냥 그러려니 넘어가는데
여행은 잘 다녀왔느냐고 묻는다
그러니까… 아, 그냥 우연이겠지
인사와 안부 모두가 내가 속하는 공집합의 순간들이겠지

한번만 앞뒤가 맞아버리면
나는 여기를 뛰쳐나갈 것이다 라고 생각하는데

늘 드시는 걸로 드릴게요, 라고 한다
나는 수긋하게 그러라고 말한다
판이 어떻게 돌아가는지 집중해야 한다
그러나 나온 음식을 맛있게 먹는 바람에
모든 상황을 그대로 받아들이기로 한다

배우로 사는 것도 좋겠어
내가 나에게 좋은 배역을 주거나
삶의 통역사로 사는 것도 나쁘지 않겠지
나의 나를 나에게 잘 설명해 주거나

나는 자주 여기에 자주 올 것이다
그리고 나를 마주치기 위해
아주 다르게 하고 오기로 한다

— 이병률, 「닮은 사람 하나가 어디 산다는 말이 있다」 전문[4]

    SNS에서 편집되는 우리의 삶은 생활의 보편성을 가중할 뿐 아니라 디지털 세계와 현실 세계를 구분할 수 있는 실제 경험을 약화하기도 한다. 실제로 SNS에 중독된 사람들은 디지털 세계에서 경험하는 일들이 현실 세계에서도 그대로 경험되어지거나, 일상생활 속의 사고 과정에 그대로 편입되어 나타나는 것을 자주 목격하기도 한

---

[4] 이병률, 「닮은 사람 하나가 어디 산다는 말이 있다」, 『시로 여는 세상』, 2019년 가을호.

다. 화자는 처음 간 가게에서 가게 주인집 사장의 인사를 받는다. 그 인사는 '처음'이라는 의미를 '오랜만'이라는 안부로 무화시킨다. 여기에서 '오랜만'은 일반적으로 어떤 일이 있을 때로부터 긴 시간이 지난 뒤를 의미한다. '어떤 일'의 발생은 분명 '나'와 '타자'의 복수 관계에서만 발생할 수 있다. 가게 주인의 인사와 안부 속에 담겨 있는 황당함은 오히려 화자에게 새로운 경험을 선사하게 된다. 가게 주인은 아무렇지도 않게 화자에게 "늘 드시는 걸로 드릴게요"라는 확신을 확인시킨다. 여기에서 화자가 취한 행동은 적극적으로 가게 주인의 행동을 거부하는 방식이 아니라 오히려 '수긋하게' 받아들인다. 그 상황 속에서 접한 음식은 예상과 달리 "음식을 맛있게 먹는" 결과로 이어진다. 그러면서 화자는 자신을 자기 삶의 배우로 인식하는 시적 사유를 보여준다. 앞에서 언급한 SNS 속의 삶처럼 "내가 나에게 좋은 배역"을 주거나 "삶의 통역사로 사는 것"도 그리 나쁘지 않으리라 생각한다. 그러면서 오히려 '나'를 마주치기 위해 "아주 다르게 하고 오기로" 다짐한다. 화자가 경험하는 자기 삶의 이타적인 현상은 비록 비극적 속성을 내포하고 있지만, 오히려 결핍된 실존의 모습을 통해 자신에게 더 다가가는 모습으로 비치기도 한다. 이는 블량쇼가 말한, "자신에게 이의를 제기하고 때로 자신을 부인하기도 하면서 타자를 향해 나아가는 결핍된 실존"의 모습으로 그려지기도 한다. 그 결핍의 실존 치유는 과연 가능한 것일까. 만약 가능하다면 그것은 불안은 불안의 형태로 그 불안을 완성하는 일일 것이다.

    너는 산처럼 모로 누워 내가 잠깐 동안 빌려간
    당신의 어깨가 결린다고 했다

그래서 나는 심장과 가까운 왼쪽을 바닥에 대고
그 겨울 찬 강물이 폐에 차오르는 걸 생각했다
당신은 오른쪽 어깨를 바닥에 대고
한번은 너무 아래까지 내려온 별의 모서리가 찌른다고도 했다

쏟아진 별과 비스듬히 흘려보낸 말들로부터
균형을 잡느라 비집고 들어온 마음자리가 떨리기도 했는데 그럴 때마다 빽빽하게 우거진 나무 그늘의 깊이를 헤아려보는 것이었다

감정은 손가락 끝에 매달린 물방울처럼 털어내기를 좋아해서
당신의 오른발로 나의 왼발을 지탱하는 습관이 버릇처럼 생겼다
이렇게 말하면 당신은 꼭 옛날사람 같지만
꽃은 절대 지지 않을 것처럼 피고
당신은 절대 가지 않을 것처럼 온다

아주 오래전 방울 소리를 내며 문밖을 서성이며
당신의 절반을 다 내어줄 것처럼
끝내 돌아눕지 않을 사람처럼

— 하기정, 「모로 누운 사람」 전문[5]

---

[5] 하기정, 「모로 누운 사람」, 『문예연구』, 2019년 가을호.

나와 타자 사이에서 파생되는 관계의 결여와 결핍은 어떤 방식으로든 '사이'와 '틈'이 있기에 만들어진다. 그 사이와 틈을 비집고 각자만의 감정을 오롯이 자신의 것으로 만드는 일은 얼마나 소중한가. 화자는 인간이 지닌 결핍의 감정을 온전한 결핍의 형식으로 완성하는 방법을 두 사람의 '모로 누운 자세'에서 찾는다. 모로 눕는다는 것은 일반적으로 비뚤거나 비딱한 혹은 불안한 심리상태를 대변한다. 작품 속의 '나'와 '당신'은 각자의 방식대로 모로 누워 있다. "나는 심장과 가까운 왼쪽을 바닥"에 대고 누워, "겨울 찬 강물이 폐에 차오르는 걸 생각"한다. 반면 "당신은 오른쪽 어깨를 바닥"에 대고, "한번은 너무 아래까지 내려온 별의 모서리가 찌른다고" 이야기한다. 각자의 등을 맞대고 누운 두 사람의 관계 속에서 '나'와 '당신'은 "쏟아진 별과 비스듬히 흘려보낸 말들"로부터 삶의 균형을 잡기도 하고, 빽빽하게 우거진 '나무 그늘의 깊이'를 헤아려 보기도 한다. 서로에 대한 결핍과 결여의 구도 안에서 둘은 "당신의 오른발로 나의 왼발을 지탱하는 습관"을 버릇처럼 터득한다. 화자는 이러한 인식이 얼핏 상투적으로 보일 수도 있지만, "꽃은 절대 지지 않을 것처럼 피고/당신은 절대 가지 않을 것처럼 온다"라는 구절을 통해 서로의 불안한 감정을 오히려 불안함으로 완성한다. 그렇다면 세상의 절반은 결국 하나를 완성하기 위한 가장 완벽한 불안일지도 모를 일이다.

> 아무도 귀 기울이지 않는 얘기에 귀를 기울이던 당신
> 당신에 대한 기억은 귀로 시작되더군
> 당신은 서술어를 잠시 머뭇거리는 버릇이 있고

당신은 부정인지 긍정인지 모를 표정을 자주 짓고
그럴 때 세상은 비스듬히 깊어지는 것이어서
나는 내 속내를 털어놓는 줄도 모르고 다 털어놓아야 했지
누군가를 그리워하기 시작했다는 것은
인생의 가장 먼 길을 가기로 작정했다는 것이지요
이쯤해서는 내 입술이 당신의 귀에 살짝 닿기도 했을라나
인생은 미완성이라고 누가 한 말은 탄식일까요 비명일까요
완성이었다면 더 살고 싶은 마음이 도대체 생겼겠어요?
유행가 가사에 인생을 실어 나르기 시작하면서
이윽고 줄줄 나를 흘리는 나를 발견하는 순간의 부끄러움을
스스로 못 이겨 조금씩 말이 늘어지고 서술어를 잠시
머뭇거린 것인데, 아 이건 당신의 버릇인데
당신의 버릇조차 닮아 가는 나를 들켜 얼굴이 벌게질 때
당신은 부정인지 긍정인지 모를 그 표정은 어딘가 참 익숙하다며
누군가와 많이 닮았다며 쫑긋 귀 기울여
아무도 귀 기울이지 않는 얘기에 더 바싹 다가앉은 것인데
말하자면 내가 기어이 가장 먼 길을 가기로 작정하게 만든 것인데
참 오래고 오래된 얘기인데 당신의 귀는
참 오래고 오래된 얘기인데 당신의 문체는

— 강연호, 「당신의 문체」 전문[6]

---

[6] 강연호, 「당신의 문체」, 『시인수첩』, 2019년 가을호.

인간은 무엇이든 선택적으로 기억한다. 이는 모든 것을 기억할 수 없기 때문에 선택적 기억을 통해 기억해야 하는 것을 가장 완벽한 형태로 기억하는 것이다. 가장 불안한 방식이 가장 완전한 기억의 형태를 보인다는 점에서 선택적 기억은 개인의 정체성을 형성하는 데 매우 중요한 수단이 된다. 화자는 그 선택적 기억을 "아무도 귀 기울이지 않는 얘기에 귀를 기울"이는 모습에서 출발시킨다. 더욱 흥미로운 것은 기억이 '귀'로부터 시작된다는 발상도 재미있지만, 화자가 인식하는 "서술어를 머뭇거리는 버릇"과 "부정인지 긍정인지 모를 표정"의 재미를 타자에서 읽고 있다는 점이다. 사실 그 재미는 자신에 대한 이해에서 비롯된다. 우리는 상대방의 서술어를 듣기 전에는 감정의 의미를 정확히 이해하기 힘들다. 상대가 전하는 말이 부정인지 긍정인지 모른다는 말과도 같다. 어쨌든 상대에 대한 선택적 기억은 화자가 모든 속마음을 고백하게 만드는 힘으로 인식한다. 화자는 그 힘을 문체라고 말한다. 화자가 인식하고 있는 서로에 대한 문체는 완벽하거나 완성된 모습이 아니다. 다소 불안하고 불완전한 상태로 서로에게 투영된다. 화자는 그 인식을 "비스듬히 깊어지는 것"의 감정으로 귀결시킨다. 비스듬히 깊어지는 감정을 통해 인생은 여전히 미완성을 지향하지만, 오히려 그 미완성이야말로 인간의 삶을 유지해주는 힘으로 우리에게 기억된다.

　세상을 살다 보면 '모두가 거기서 거기다'라는 말을 입버릇처럼 자주하게 된다. 아무리 SNS가 발달하고 네트워크가 활성화되어도 인간이 인지할 수 있는 인간관계의 규모는 150명 정도로 한정(던바의 수)되어 있다고 한다. 그 속에서 인간은 복잡하고 미묘한 관계를 형성한다. 무엇보다 내가 원하지 않는 관계, 즉 블루투스와도 같은 네트워크의 연결은 불안한 인간 존재를 더욱 결핍과 궁핍으로 내몰게 된다. 다행인 것은 '부정인지 긍정인지 모를 표정'들을 앞세워 자신만의 가장 불안한 방식으로 자기 삶의 문체를 완성하고 있다는 점은 시를 읽는 우리에게 위로 아닌 위로를 전해준다.

-『문예연구』, 2019년 겨울호 발표

가족의 변주 혹은 가정의 악다구니

　가족은 국가를 이루는 가장 기본적인 단위이다. 집단의 명칭은 가정이지만 구성원을 말할 때는 가솔(家率) 또는 식솔(食率)로 구분되기도 한다. 가족의 유형은 가족을 구성하는 식구의 수나 혈연관계, 거주 형태, 부부의 결합 형태에 따라 분류되지만, 요즘에는 비정형적 가족 형태에 따라 정형적 핵가족, 비동거 가족, 무자녀 가족, 한부모 가족, 비혼 등 다양한 형태로 분류되기도 한다. 이러한 현상은 가족의 규모뿐만 아니라 가정의 정체성 혹은 가족의 구성원에 대한 사회적 인식까지도 다양하게 굴절해낸다.
　시적 소재로서도 가족의 개념은 단순한 사전적 개념을 넘어 시인의 개성적인 창작 소재뿐 아니라 자기 정체성을 확인하는 매개가 되기도 한다. 기본적으로 가족의 구성원은 나이면서 내가 아니며, 상황에 따라서는 나를 수없이 많은 위험과 가변성에 몰아넣기도 한다. 그런 이유로 시인은 가족 혹은 가정이라는 보편적 소재를 다양한 사회 이슈와 연결하기도 하며 인간 개인의 자의식과 그 배경이 가족이라는 구조 안에서 어떤 위치와 정념을 갖게 되는지를 확인시켜주기도 한다.

물론 시를 쓰는 데 있어 보편적인 소재를 시인 혼자서 단순히 낯설게 표현하고 새롭게 인식한다고 해서 좋은 시가 되지는 않는다. 당연한 말이겠지만 시의 깊이는 객관적인 근거나 어떤 논리로 설명되기 이전에 시를 읽는 독자의 심연과 시 작품에 닿는 행간의 의미가 긴밀하게 연결될 때 그 가치는 배가 된다. 이는 아무리 단순한 주제나 시적 소재라 할지라도 시인과 독자가 그것들을 어떤 방식으로 접근하고 이해하느냐에 따라 소재가 갖는 의미의 증폭이 언제든 달라질 수 있음을 의미한다. 근래 발표되는 몇 편의 시를 통해 가족이라는 보편적 공동체와 그 구성원의 관계가 시인들의 시적 상상력 속에서 어떻게 변주되고 굴절되는지 이래저래 헤아려 보기로 한다.

> 타인의 시선은 즐거운 만찬이어서
> 온종일 굶어도 좋았다
> 아빠는 오늘도 아웃도어
> 엄마는 새 원피스에 입꼬리가 조금 길어졌다
> 동생의 캠핑 모자는 앞뒤가 바뀌었지만 말하지 않았다
> 클래식 음악처럼 잔잔한 무관심이
> 집 안 가득 흐르고 김칫국물 냄새나는
> 대화가 없어 좋았다
> 동생이 그만 계단을 굴러
> 팔 하나가 빠졌을 때도 모두들 침착한 얼굴
> 바람에도 흔들리지 않는 눈빛이 좋았다

며칠째 빈 의자가 낯설었지만

서로에게 궁금한 표정을 짓지 않아 좋았다

어느 날 아빠가 새 동생을 데리고 왔다

화끈하게 얼굴이 없어 좋았다

마치 좋았다, 라는 표정으로 태어난 석고상처럼

모든 것이 좋았다

우린 사람들에게 고백할 다른 언어를 배우지 않았다

표정은 세상을 향한 우아한 비행

표정을 일탈한 표정 하나가 껍질이 발가벗겨진 채

포토라인에 섰다는 소식도 들려왔다

우리는 우리가 지켜야 할 거룩한 얼굴로 태어났다

늘 품격의 거리를 유지한 채

서로에게 눈길 한번 주지 않아도 좋았다

흰 눈이 내리듯, 심장이

푸석푸석 가루로 떨어져도 좋았다

눈부시게 맑은 날

유리창 속 우리 가족의 모습은 좋았다

살아 있는 선명한 화질로,

거리의 백성들이 보시기에 더욱 좋았다

— 이명윤, 「아름다운 가족」 전문[1]

기본적으로 인간의 자의식은 자신이 아닌 타자를 통해 생성된다.

---

[1] 이명윤, 「아름다운 가족」, 『문예바다』, 2018년 겨울호.

물론 '나는 나'로 존재할 수 있는 신적인 상태도 가능하겠지만, 인간의 의식은 기본적으로 타자의 의식과 만나 주체의 한계를 경험하면서 자의식을 회복한다. 시인 또한 자기 획일성에 벗어나 타자와의 만남을 통해 자기 인식을 하게 된다. 그동안 바깥을 모르던 자의식은 가족이라는 울타리를 벗어나 다양한 타자를 만나면서 자신을 객관화시키고, 자기와 세계를 새롭게 정립하게 된다.

　이 작품에서 화자는 자신이 경험하고 있는 정체성을 확보하기 위해 나의 의식과는 다른 타자의 의식을 경유한다. 타자의 시선은 나와 나 자신 사이의 불가결한 매개자의 임무를 수행하면서 반어적인 상황을 구체적으로 형상해낸다. 그 반어적 상황은 제목에서 언급하는 것처럼 그리 아름다운 가족만을 지시하지 않는다. 시의 첫 행에서 "타인의 시선"과 시의 마지막 행에서 "거리의 백성"은 구조상 타자의 시선을 통한 수미상관의 형태를 지니지만, 전반적인 맥락과 전언은 우리가 알고 있는 보편적인 가족의 형태를 벗어나 어떤 체념의 상태로 자의식을 몰고 간다.

　화자의 체념적 자의식은 시행의 '좋았다'라는 서술 어미의 반복으로 나타나게 되는데, 이러한 부정적인 언술은 타자가 내 것이 아닌 다른 의식으로 나타나게 됨으로써 겪게 되는 자의식의 혼란이라고도 볼 수 있다. 다시 말해 시를 읽는 독자가 인식하는 '좋음'과 화자가 말하고자 하는 '좋음'은 서로 대립하면서 그 의미의 길항을 서로 다른 지점으로 인도한다. '좋음'은 사전적 의미나 보편적 의미에서의 '좋음'이 아니라 시인 자신의 자의식에서 건져 올린 반어적 '좋음'이 되는 것이다.

　따라서 작품 속의 반복적으로 나타나는 '좋음'은 아름다운 가족에 대한 균열과 슬픔의 주요 요인으로 보인다. 그래서일까. 화자는 "동생의 캠핑 모자는 앞뒤가 바뀌었지만 말하지 않"는 것에서부터 시작해 "심장이/푸석푸석 가루로 떨어져도 좋았다"고 아무렇지도 않게 고백한다. 어쩌면 반어적 의미에서의 좋음, 다시 말해 서로에 대한 무관심과 대화의 단절이 오히려 이 가족을 끈끈하게 묶고 있는 연결고리 역할을 하고 있다는 생각도 들게 한다. 따지고 보면 가족이란 역설적이게도 서로 관심을 가지고 깊게 따지려 들수록 그 관계를 지속하기 어려운 부분도 존재한다. 아름다운 가족일수록 서로에 대한 적당한 무관심과 거리 두기는 어느 정도 필요할지도 모를 일이다.

나는 오늘 착한 아이가 될지도 모르겠다

깊은 겨울밤
버스터미널 길목에 자리한 그 식당을
그 시절 엄마보다 무척 나이 든 내가 찾아들면
바깥엔 낯선 은하 같은 어둠이 사뿐 착륙해 있고

엄마와 나는
불기운 겨우 남은 연탄난로 앞에
어제도 사이좋았던 모녀처럼 마주 앉아
엄마는 아이의 나는 엄마의 마음이 되어
차고 달콤한 아이스크림을 떠먹을 테니

누구도 성내지 않은 하루

어째서 하나같이 유순해졌을까
갈 길 재촉하던 손님 함박눈처럼 느긋해지고
뜨내기들이나 찾는 이웃 방석집을 태연히 드나들던
아빠도 그날만은 취하지도 부수지도 않고
식당에 딸린 좁은 방에서 얌전히 잠든 밤

엄마는 달콤한 걸 좋아하는 사람
산더미처럼 쌓인 빨랫감 앞에서 자정마다
털썩 주저앉아 하염없이 울고 싶지 않은 사람
늘어지도록 늦잠을 자고 싶은 사람

아홉 살 나처럼 아니 그 누구보다
의자와 설탕과 다정한 포옹이 필요한 사람

— 이진희, 「아이스크림 일기」 전문[2]

가정을 이루는 구성원 중 약자로 대변되는 사람은 보통 여성이다. 여성은 레비나스의 표현대로 인간 활동을 가능하게 하는 조건이자 시작이 된다. 여성이 주로 거주하는 가정은 여성의 자기 거점의 공간이자 자신의 자의식을 확립하고 안정화할 수 있는 회복의 공간으로 자리하기도 한다. 따라서 가정에서 여성이 거주한다는 것은 자기 자신으로의 회복인 동시에 자신에게로의 돌아옴이며, 피난처와 같은 자신 속으로의 은둔이다. 하지만 지금까지 가정이라는 공간에서

---

2 이진희, 「아이스크림 일기」, 『시인수첩』, 2018년 겨울호.

의 여성은 대부분 말 없는 이해, 환대와 영접, 부드러움, 연약함, 집을 지키는 자, 거주를 돌보는 자, 수용적인 존재의 개념망 속에 자리한 것이 사실이다. 그래서 여성은 남성이 주체가 될 수 있도록 조력하는 타자의 입장에서 얼굴도 없이 목소리도 없이 존재하기도 한다.

「아이스크림 일기」 작품 속 여성들의 모습은 어떨까. 작품의 제목과 직접적인 관계를 생각해 볼 때 '엄마'와 '나'는 동일한 자의식을 형성한다. 엄마와 나는 불기운이 겨우 남은 연탄난로 앞에서 "어제도 사이좋았던 모녀처럼 마주 앉아" 있다. "엄마는 아이의 나는 엄마의 마음이 되어" 서로의 심연을 공유한다. 작품의 맥락상 아이스크림을 좋아하는 것은 '나'가 아니라 "의자와 설탕과 다정한 포옹"이 필요한 '엄마'이다. 엄마의 딸인 '나'는 엄마가 지닌 자의식을 받아들이지만 그리 녹록하지 않다. 아홉 살의 '나'로 대변되는 화자 또한 엄마처럼 '다정한 포옹'이 필요한 사람이다.

다소 엉뚱하지만, 이 작품을 읽으면서 "기억은 잠들지 않는다"라는 구절이 자꾸 머릿속을 맴돈다. 그게 어떤 책이었는지 노래였는지 잘 기억은 나지 않지만, 딸은 엄마에 대한 기억을 잠재울 수 없다는 생각이 든다. 작품 속 화자인 '나'는 엄마의 나이보다 더 나이가 들어 과거의 기억을 회상하고 있지만, 그 기억이 줄줄이 불러오는 상황은 엄마가 지닌 어떤 상황과도 맞닿을 것이다. 작품에서도 언급하고 있듯이 기억 속의 그날은 이상하게도 "누구도 성내지 않은 하루"였다고 화자는 말한다. 심지어 "하나같이 유순해졌다"라고 고백한다. 이웃 방석집이나 드나들던 아빠도 그날만큼은 집에서 소란을 피우지 않는다는 상황은 늘 가정의 조력자였던 아내가 어떤 상황으로 인해 억지로 자기 정체성을 회복하게 되는 깊은 겨울밤이었는지도 모르겠다.

한결같이 여성스럽다

여자스럽다

다소곳 오래된 연분홍

먼 하늘에 자욱하던 오동꽃

치자 빛은 참 귀하게 만난다

지난봄에 산 팬티는 자잘한 들꽃 무늬였다

꽃 핀 들판 하나를 온통 꿰입고 풀꽃처럼 잠시 순진무구했다

남자를 아주 모르는 여자처럼

아직도 내가 면 팬티를 고집하는 이유는

삶아 빨 수 있기 때문인데

폭폭 삶아

내가 껴입었던 여자의 흔적을 왜, 굳이, 지우려 하는지

황제를 호리기 위한 후궁처럼 팬티 속에 예쁜 여우 한 마리

숨긴 것도 아닌데

평생 흰 팬티만 입으시던 어머니도 오래오래

죄 없는 흰색을 삶고 또 삶았다

독한 양잿물까지 넣어 지워야 했던 어머니의 여자, 여자들

흰색은 삶아도 흰색이었다
수만 번 삶아도 어머니는 아직도 내 어머니이듯

나는 딸이 없으니 이 대물림도 머지않아 끝날 것이다

그날이 오면
연분홍도 오동꽃도 자잘한 풀꽃들도 훌훌 팬티를 벗어 던지고
내미치마로 거리를 활보할까

시방(十方)에 여자의 달근한 생 향기 가득하겠다
— 이화은, 「팬티를 삶으며 창밖을 오래 바라보았다」 전문[3]

앞선 작품에서도 언급했다시피 가정은 여성의 대표적인 거주 공간으로 표상될 수 있다. 그 공간에서 여성이 어떤 심경의 변화를 갖는다는 것은 사실 매우 일상적인 에피소드에 지나지 않을 것이다. 하지만 그 심경의 변화가 자의식의 회복을 가져다주는 동시에 여성의 정체성을 회복하는 과정이라면 시를 읽는 독자에게 어느 정도의 낯선 경험을 보장하게 된다. 이 작품에서 화자는 첫 행에 '한결같음'에 대해 이야기한다. 일반적으로 한결같다는 것은 처음부터 끝까지 변함없이 똑같음을 의미한다. 하지만 이 세상에 한결같은 것이 있을까. 변하지 않는 것들이 존재하기는 하는 걸까. 일찍이 그리스 철학자 헤라클레이토스는 "우주에 변하지 않는 유일한 것은 '변한다'는

---

[3] 이화은, 「팬티를 삶으며 창밖을 오래 바라보았다」, 『포지션』, 2018년 겨울호.

사실 뿐(宇宙中唯一不變的是變化)"임을 간파한 적이 있다. 그 불변의 진리 앞에서 인간은 같은 강물에 두 번 발을 담글 수 없다는 잠언을 간혹 되새겨 보기도 하였다.

이 작품 속에서도 화자는 한결같음에 관해 이야기한다. 그것도 '여성'과 '여자'가 지니는 한결같음이다. 생물학적인 관점에서만 보아도 여성 혹은 여자는 변화가 가장 빠른 존재이다. 여성적인 측면에서 보면 호르몬 변화로 인한 성적인 변화가 감지될 수 있으며, 여자라는 측면에서 보면 남성의 대척점에서 수없이 많은 변화를 경험하게 된다. 이 작품에서 화자는 그 변화를 견디는 유일한 방식을 '면 팬티'를 고집하는 것으로부터 시작한다. 화자가 면 팬티를 고집하는 이유는 이미 시에서도 언급하고 있듯이 "삶아 빨 수 있기 때문"이다. 화자가 면 팬티를 고집하는 이유는 자신과도 같은 여성이었던 어머니로부터 대물림된다. 그래서 이 작품에서 화자는 어머니를 두고 '한결같이' 변하지 않는 대상으로 인식한다. 그 한결같음은 여성스러움과 여자스러움의 성질을 이어가는 가장 중요한 촉매재가 된다.

결론적으로 이 작품에서 어머니의 흰 팬티와 화자의 면 팬티는 '한결같음'이라는 연결고리를 통해 화자와 어머니가 변하지 않고 그 성질을 유지하고 있음을 말해준다. 문제는 나도 어머니처럼 이 한결같음을 딸에게 대물림해줘야 하지만 그렇지 못하다는 사실에 있다. 화자에게는 아직 딸이 없기 때문이다. 딸이 없으니 그동안 변하지 않고 한결같이 지켜오던 것들을 이제 지킬 수 없게 된 것이다. 그래서 화자는 이 대물림이 끝나면 "훌훌 팬티를 벗어 던지고/내미치마로 거리를 활보할까"라고 너스레를 떨기도 한다.

화자의 이 선언은 어쩌면 여성은 가족이라는 공동체 속에서 변하든 변하지 않는 한결같이 여자이거나 여성일 수밖에 없는 동시에 여성의 굴레는 오로지 여성(딸)으로서 끊어낼 수 있다는 의미이기도 하다. 그런 후에야 "시방(十方)에 여자의 달큰한 생 향기 가득"할 것이라는 화자의 생각은 마치 '그날'로 연계되면서 여성으로 대변되는 "연분홍도 오동꽃도 자잘한 풀꽃들도 훌훌 팬티를 벗어 던지고/내미 치마로 거리를 활보"할 수 있으리라는 기대를 표출한다.

아무리 꽉 잠그더라도 밤새 물이 새는
부엌 개수대의 수도꼭지 소리가
아이의 허전한 맥박을 닮아
이 집의 심장을 뛰게 한다.
그녀가 잠들지 못하는 이유다.

스스로의 주기를 가지며
한계점까지 부풀어 올랐다 퇴화하고
재생을 반복하는 투명한 비밀로서
떨어지는 순간 가만히 바라보면
온 세계가 담기기도 하는 씨앗

턱을 따라 침이 흐르는 아이의 입가를
그녀는 깨끗이 닦아준다.
아이는 스무 살이 지나도록 말을 배우지 못했지만
햇살 속에서 맑은 물처럼 웃을 때 증발할 듯
찡그린 눈매로 그녀가 참아야 하는 동그랗고 눈부신 발아

> 새로 고이는 침 줄기를 훔쳐주는 일
> 그것은 물방울만큼 가볍고 연약한
> 그녀의 심장이 매번 주저앉고
> 낙하하는 동안에도 이 악문 미소로
> 그녀를 살아 있게 하는 의지다.
>
> — 채길우, 「미혼모」 전문[4]

　사실 여성이 여성으로서의 가치를 인정받는 일은 가족이라는 공동체에 구속당하지 않는 일인지도 모르겠다. 하지만 아이러니하게도 아이를 낳은 여성이 가족이라는 공동체에 구성원이 되지 못하면 사회적 시선과 편견은 대체로 부정적인 기류로 흐른다. 이 작품의 표제에서도 직접 언급하고 있는 '미혼모'는 결혼을 하지 않은 몸으로 아이를 낳은 여자를 뜻한다. 예전에는 미혼모의 자식을 '후레자식'이라고 불렀다는 점은 미혼모나 한 부모 가정에 대한 우리의 인식을 그대로 드러낸다.

　익히 알다시피 후레자식은 예로부터 아버지나 어머니가 없는 편부모가정의 자식이면 모두 해당하는 말이었다. 심지어는 그 단어 자체가 욕설로 사용되기도 하였다. 현재에도 우리 사회에는 미혼모에 대한 편견이 그리 긍정적이지만은 않다. 일반적으로 이러한 시선과 어린 나이에 책임지기 힘든 행위를 저질렀다는 곱지 않은 시선과 연결되기 십상이다. 하지만 이 작품에서는 미혼모로 대변되는 화자가

---

[4]　채길우, 「미혼모」, 『문학동네』, 2018년 겨울호.

우리의 통념과 편견과는 다른 인식을 보여준다. 화자는 자신에게 주어진 아이로 인해 오히려 삶의 의지를 재확인한다. 집의 수도꼭지는 "아이의 허전한 맥박을 닮아/이 집의 심장을 뛰게" 하기도 하고 "재생을 반복하는 투명한 비밀로서/…/온 세계가 담기기도 하는 씨앗"이 되기도 한다. 더욱 주목할 것은 이 아이의 나이가 스무 살이 넘었다는 데 있다. 다시 말해 미혼모로 살아온 지 스무 해가 넘었다는 사실을 의미한다. 더군다나 그 아이는 "스무 살이 지나도록 말을 배우지도 못"한 존재로 묘사된다. 그런데도 화자인 미혼모에게 아이는 "햇살 속에서 맑은 물처럼 웃을 때 증발할 듯/찡그린 눈매로 그녀가 참아야 하는 동그랗고 눈부신 발아"로 묘사되고 있다. 얼핏 이 사회에서 낯선 이방인으로 취급받을 수 있는 미혼모가 자의식을 자신의 불행을 통해 회복함으로써 자기 자유를 회복하는 것은 눈여겨볼 만한 대목이다.

버렸던 귀를 찾을 수 있을까

유물처럼, 혹은 화석처럼
귀가 발견되는 곳곳마다
엄마 말씀이 듬뿍 들어 있네

잘못했던 선택들과
그럼에도 그리운 그 날들의 오보(誤報)같이
내밀었던 수많은 손들
그때 엄마는 내 귀에

얼토당토 않은 말을 넣으며
훗날을 예언하실 때

손가락 두 개에 박혀 있는
"네 눈깔"이
흐릿하게 발견되네

눈깔은 삐끗 삐기도 하고
스스로 찌르는 곳이기도 하지만
엄마는 늘 악다구니 치는 마녀였네
언제나 내 앞길에 연막을 치는
성실한 공무원이었네

생판 모르는 놈과 뒤도 돌아보지 않고
내달리던 그 날
엄마는 무서운 악담을 했지

딱, 너 같은 딸 낳으라고

버렸던 귀를 찾을 수 있다면
달라질 수 있을까

한 뭉치의 봉인됐던 기억들이 들어 있는
나의 귀들은 이교도가 되었네

— 조미희, 「버렸던 귀 찾아오기」 전문5

하지만 모든 여성이 자의식을 회복하고 그 가치를 인정받는 것은 아니다. 오히려 여성은 남성이나 여타 다른 존재보다 자신과 같은 존재에 의해 가치를 무시당하기도 한다. 문득 언젠가 유튜브 영상을 본 기억이 난다. 영상 속에서는 85세 노모가 한 여성에게 뺨을 맞고 있었고, 그 영상은 고스란히 인터넷을 타고 전 세계로 전달된다. 영상 속의 노모는 자신의 얼굴을 부여잡고 통곡한다. 추후 신문 기사를 통해 알게 된 사실이지만, 영상 속 노모는 10년 전 남편이 사망한 이후 딸과 함께 살아온 그녀의 엄마였다. 딸은 인도 델리에 사는 60세 여성이며, 자신의 엄마를 무차별적으로 학대한 것으로 알려져 많은 사람에게 충격을 안긴다. 이 영상과 기사를 본 대부분 사람은 그 딸에게 '꼭 너 같은 딸 낳아라'는 댓글을 남긴다. 곰곰 생각해 보면 여성에게, 구체적으로는 딸에게 할 수 있는 가장 큰 저주는 바로 이 말이다. 사실 '너 같은 딸 낳아라'는 말은 사실 엄마가 자신의 딸에게 직접 할 때 공포가 배가 된다. 이 말을 엄마가 딸에게 하는 순간 그 저주 속에 엄마의 인생도 함께 포섭되기 때문이다.

이러한 영상의 내용을 전제로 이 작품을 읽었을 때 첫 행의 "버렸던 귀를 찾을 수 있을까"라는 화자의 자문은 사뭇 의미심장하다. 작품 속에 묘사된 자신이 버린 귀는 화석처럼 엄마의 말씀이 듬뿍 들어 있는 화석과 같은 대상이다. 화자가 귀를 버리게 된 이유는 간단하다. 그건 엄마가 "내 귀에/얼토당토않은 말을 넣으며/훗날을 예언"했기 때문이다. 귀를 버린다는 표현은 장자의 명실우화(名實寓

---

5 조미희, 「버렸던 귀 찾아오기」, 『열린시학』, 2018년 겨울호.

話)를 떠오르게 한다. 중국 요임금 시대 '허유'와 '소부' 이야기와도 맞닿는다. 잠깐 그 이야기를 언급하자면 허유는 양성이라는 곳에 살고 있었다. 평소 허유의 현명함을 들은 요임금은 그를 찾아가 천하를 물려주고 싶다는 뜻을 전한다. 그러나 허유는 요임금의 제의를 거절하고 기산이란 곳의 영수가에 도망가 살게 된다. 다시 요임금이 구주의 장을 맡아 달라고 하자 허유는 영수가로 달려가 자기의 귀가 더럽다고 씻게 된다. 때마침 허유의 친구인 소부가 소에게 물을 먹이러 그곳에 오다 귀를 씻는 이유를 묻자 벼슬을 맡아 달라고 해 귀가 더럽혀지지 않았나 해서 귀를 씻는다고 허유는 답한다. 그러자 소부는 숨어 산다며 처신을 잘못해 명예를 좇아 이 꼴로 귀를 씻게 된 더러운 물을 소에게 먹일 수 없다며 상류로 거슬러 올라가버린다.

다시 시작품으로 돌아와 생각해 보면 화자는 마치 허유가 영수가에서 귀를 씻듯 자신의 귀를 버린다. 그러나 문제는 귀를 버린 이후 발생한다. 엄마는 귀를 자른 딸에게 "딱, 너 같은 딸 낳으라"는 악담을 퍼붓는다. 그동안 들어왔던 악다구니는 오히려 아무것도 아닌 셈이 된다. 화자에게 그 상처를 치유할 수 있는 유일한 귀는 이제 덜 더러워진 귀를 찾는 일이 될 것이다. 그렇게라도 버렸던 귀를 다시 찾을 수만 있다면 화자는 정말 달라질 수 있을까 생각해 본다.

    우리는
    너를 단편적으로 기록할 것이다. 사실과
    진실 사이 불가역(不可逆)에 대해
    처방 전과

처방 후의 증상을 관찰하듯이

관여자와 보호자 사이, 그 뛰어넘을 수 없는 관계에 대해

우리는

나를 단편적으로 기록할 것이다. 왼손과

오른손의 과실과

너의 상처를 어루만지던 감촉과

수선화를 죽인 수선화의 아름다움과

요오드 용액과

과산화수소의 냉정함에 대해

태어나기 전부터

일생을

다 살아버린

사람처럼

우리는

빠르게 잊힐 것이다. 가지 않은 소풍을 여러 번 가본 아이처럼, 꽃을 보기 전에 꽃을 뽑아버린 사람처럼

    우리는 오해되고

    상투적으로

    기록될 것이다

― 고영, 「상투적」 전문6

돌이켜 보면 가족이나 가정만큼 상투적인 집단은 없다. 여성이나 남성이나 모두 가족이라는 공동체 안에서 상투성을 벗기란 사실 힘든 일이다. 나아가 행복한 가정일수록 상투적일 가능성이 크다. 톨스토이의 소설 『안나 카레니나』의 첫 구절처럼 "행복한 가정은 모두 고만고만하지만 무릇 불행한 가정은 제 나름으로 불행"하기 때문이다. 하지만 반대로 불행한 가정일수록 가족이라는 테두리 안에서 그 상투성과는 거리가 있을 것이다.

이 작품에서 말하고 있는 상투적이라는 말 또한 우리가 자주 반복하고 인식함으로써 고착된 단어이다. 진실도 반복적으로 왜곡하다 보면 사실이 되고 그 사실은 불가역성을 띠게 되며, 결국 상투적으로 된다. 어쩌면 모든 인생이 그렇듯 우리는 거의 비슷한 삶을 가족이라는 공동체 안에서 살다 가게 되고 또 비슷한 삶을 상투적으로 살기 위해 악착같이 노력하기도 한다.

결론적으로 작품에서 명명하고 있는 '상투적'이라는 말도 이와는 크게 다르지 않다. 화자가 언급하고 있듯이 "태어나기 전부터/일생을/다 살아버린/사람처럼" 우리는 똑같이 과거를 답습하고 학습하게 된다. 그런 상투성은 결국 우리 자신을 잊게 만드는 가장 큰 요인으로 작용한다. "가지 않은 소풍을 여러 번 가본 아이처럼, 꽃을 보기 전에 꽃을 뽑아버린 사람처럼" 우리의 생은 오해되고 화자가 염려하는 것처럼 상투적으로 기록될 가능성이 크다.

한 연구 자료에 따르면 2000년대 이후 가족의 구성은 더 단순해

---

6   고영, 「상투적」, 『포지션』, 2018년 겨울호.

지지만, 그 개념은 더욱 복잡해질 것으로 전망하고 있다. 지금까지 등장한 알파 맘이나 돼지 엄마, 펭귄 부부, 카페 맘, 타이거 맘, 사커 맘, 하키 맘, 기러기 가족, 참새 아빠, 딩크족, 딩펫족, 싱글 맘, 네오 싱글족 등 언급할 수 없을 만큼의 많은 가족의 형태가 우리 사회에 자리할 것이다. 가족의 구조도 인구학적으로나 가족 가치관적으로 혹은 사회적 요인 등으로 많은 변화가 일 것으로 예상된다. 특히 100세 시대를 맞아 노인 인구의 증가는 가족이라는 개념과 해체에 있어 어떠한 방향성을 지닐지 그 추이를 지켜볼 필요가 있다. 평균 수명이 연장됨에 따라 혼인의 가치와 자녀에 대한 가치 그리고 가족 부양에 대한 가치, 부부관계의 가치는 지금까지의 가족과 가정에 대한 구조를 표면적으로 바꿀 가능성 또한 크다. 아울러 여성의 사회 참여와 젠더 감성의 향상으로 인해 전통적으로 여성이 가족 내에서 담당하던 가정의 기능은 다시 재편되고 새로운 가족의 탄생과 생활양식은 불가피한 현상으로 나타난다. 이러한 다양한 가족의 형태에 따라 시인들이 갖게 되는 가족에 대한 시적 상상력은 앞으로 어떻게 전개될지 그 추이를 지켜보는 것도 시를 읽는 또 다른 재미라 생각된다.

-『문예연구』, 2019년 봄호 발표

제4부
삶과 죽음

삶과 죽음을 유랑하는 매듭의 감각들

1. 삶의 기둥에 묶인 죽음의 매듭

프리기아에는 왕이 없던 시절이 있었다. 사람들의 행동은 제멋대로였다. 그나마 다행인 것은 올림피아산 정상에는 그들을 위한 신들이 존재했다. 신의 생각을 읽을 줄 알았던 신탁도 건재했다. 신들은 프리기아인들에게 만약 소달구지를 끌고 제일 먼저 성문을 통과하는 사람이 있다면 그에게 왕관을 씌울 것을 신탁으로 남겼다. 마침 고르디우스라는 농부가 소들이 끄는 수레를 타고 맨 처음 성문을 통과했다. 그는 프리기아 시내로 들어오자마자 영문도 모른 채 마가목 껍질로 꼬아 만든 동아줄로 고르디움 신전의 한 기둥에 수레를 묶었다. 그 모습을 지켜보던 프리기아 사람들은 환호하며 그에게 몰려들었고, 평범했던 농부 고르디우스는 엉겁결에 프리기아의 왕이 되었다.

우리가 익히 알고 있는 고르디우스의 매듭[1]에 관한 이야기다. 이 이야기의 후일담은 프리기아 사람들이 고르디우스가 몰고 온 수레를 옮기기 위해 매듭을 풀려고 했으나, 죽어도 풀리지 않는다는 난제로 연결된다. 기억할 만한 부분은 프리기아의 왕이 된 고르디우스조차도 자신이 맨 매듭을 끝내 풀지 못했다는 점이다. 결국 고르디우스의 아들인 미다스는 매듭과 함께 묶인 소를 신들의 제물로 바치기로 결정한다. 이후 그 매듭을 푸는 자가 아시아의 왕이 될 것이라는 신탁이 내려진다. 고르디우스의 매듭에 관한 소문은 이내 마케도니아의 왕 알렉산드로스의 귀에 닿는다. 알렉산드로스는 고르디움 신전에 묶인 그 매듭을 직접 마주한 뒤 검을 빼 들어 두 동강 낸다. 알렉산드로스는 곧바로 인더스강까지 진격하고 아시아를 제패한다.

그리스 신화에서 우리가 호기심을 가질 만한 대목은 크게 두 가지이다. 하나는 실마리를 찾지 못하자 검을 꺼내어 매듭을 잘라버린 알렉산드로스의 용기이다. 또 하나는 자신도 모르게 고르디움 신전에 매듭을 묶었던 고르디우스의 알 수 없는 선험적 지평이다. 여기에서 우리는 한 가지 더 큰 호기심을 유발한다. 고르디우스는 과연 성문을 통과하고 시내로 들어오는 동안 자신이 프리기아의 왕이 될 것이라고 짐작이나 했을까. 그는 왜 곧장 집으로 가지 않고 고르디움 신전 기둥에 자신조차 풀 수 없는 매듭을 묶게 된 것일까. 다소 공허하고 불편한 이 의문의 과정에서 우리는 마치 죽음이 삶(고르디움 신전)의 기둥에 묶인 매듭이라는 비유를 떠올리게 된다.

---

[1] 고르디우스의 매듭에 관한 이야기는 (시오노 나나미, 『그리스인 이야기3』, 이경덕 옮김, 살림, 2018, 278쪽.)의 내용을 참조함.

범박하게 다시 정의하자면 고르디우스가 마가목 껍질로 묶은 매듭은 삶의 기둥에 묶인 인간의 죽음 그 자체이다. 그 죽음은 태초 매듭을 묶었던 고르디우스조차 풀지 못하는 미지의 세계이자 불확정적인 영역이다. 물론 알렉산드로스의 재기발랄하고도 결단력 있는 용기가 죽음의 매듭을 끊어버렸다고 해도 죽음에 대한 근본적인 문제는 해결되지 않는다. 그런 이유로 일찍이 하이데거는 인간에 대해 "죽음에 이르는 존재(Sein zum Tode)"[2]라고 규정한 바 있다. 인간은 이미 이 세상에 태어나면서 죽음 앞에 매듭지어진 유한한 존재라고 판단한 것이다. 이제 삶의 기둥에 묶인 죽음의 매듭은, 가장 독자적이고 몰교섭적이며 확실하고 무규정적이면서, 인간은 절대 뛰어넘을 수 없는 가능성으로 우리 앞에 시시각각 현존한다.

2. 죽음과 삶, 서로를 포옹하는 주체들

인간은 매 순간 직·간접적으로 다양한 죽음을 경험한다. 일반적으로 죽음은 삶의 기둥에 묶인 매듭을 통해 현존하는 자아의 소멸을 상기시킨다. 하지만 그 소멸의 두려움은 시인의 상상력과 감정을 통과하면서 영원히 사는 존재의 모습으로 전환되거나 낯설고 위험한 모험으로 천착한다. 이 과정에서 시인은 단순히 시적 의미나 이미지의 구현을 넘어서서 시를 쓰게 되는 근본적인 물음에 닻을 내린다. 이러한 현상을 승인이라도 하듯 블랑쇼는 작가(시인)는 죽을 수 있

---

2 소광희, 『하이데거「존재와 시간」강의』, 문예출판사, 2004, 153쪽.

기 위하여 글쓰기(시)에 전념한다는 강력한 메시지를 우리에게 전한 바 있다.[3] 물론 논자에 따라 죽음에 관한 방향성과 합리성은 시대를 불문하고 다양한 견해로 차이를 드러낼 테지만, 시를 쓰는 시인의 관점에서만 고집해 본다면 죽음이라는 매듭은 늘 풀림과 동시에 엉키고 엉킴과 동시에 다시 풀리는 시적 자아의 감각적 초상으로 귀결된다. 그만큼 삶이라는 기둥에 묶인 죽음의 매듭은 시인에게 뚜렷한 개성을 담보해 주거나 시적 욕망을 실현해 줄 가장 강력한 무기이자 확실한 수단으로 자리매김한다.

그렇다면 2000년 이후 쓰여지고 있는 젊은 시인들의 시편에서 죽음은 어떤 사유와 층위를 드러낼까. 또한, 삶의 기둥에 묶인 죽음의 매듭 앞에서 젊은 시인들의 감각적 머뭇거림과 낯섦을 향한 상상력의 칼날[劍]은 어떻게 작용하고 있을까. 강조하지만 시인은 말하지 않은 것을, 다시 말해 낯선 것을 말하는 존재이다. "친숙한 것의 모습에서 낯선 것의 통찰을 포함하는 것으로서 상-상(Ein-bildung)하는 자"[4]가 바로 시인이다. 죽음의 매듭을 풀기 위해 시인은 일상 속에서 자신의 사유 곁으로 죽음을 불러 모은다. 이 과정을 통해 죽음의 매듭은 끊임없는 실마리를 시인에게 제공함으로써 우리 곁에 보이지 않는 죽음을 포섭하고 현현한다.

    오랜 벗의 부친상 사십구재
    어른이 돌아가시던 날

---

[3] Blanchot·M, 『문학의 공간』, 박혜영 역, 책세상, 1998, 125쪽.
[4] 김동규, 『하이데거의 사이-예술론』, 그린비, 2009, 196쪽.

시계 5미터 안팎을 가로막던

거대한 눈보라처럼

깊어가는 저녁의 어둠 속

중유(中有)에 머물 듯 창에 매달린 눈들

창 이쪽엔 눈물이 어린다

나는 아직 한 번도

죽은 사람의 얼굴을 본 적이 없다

벗은 그저 슬쩍 웃을 뿐인데

젊은 아들의 웃음 위에 겹쳐지는

익숙한 표정은 누구의 것인가

— 이현승, 「춘설(春雪)」 전문[5]

    인간에게 죽음은 매우 일상적인 사태이면서, 그 일상성으로 인해 죽음은 오히려 삶 속에 가장 무감각하게 포착되는 현상이기도 하다. 하지만 시인은 끝없는 자기에의 물음과 낯섦에 대한 통찰을 통해 일상적 삶에 내재한 죽음의 감각을 매번 새롭게 받아들이고 인식한다. 이러한 자기에의 물음은 시인에게 죽음에 대한 자기의식으로 박제된다. 여기에서 자기의식이란 '가름'의 의미를 지닌다. 자기의식은 '나'와 '나 아닌 다른 것'이 불연속적으로 존재한다고 믿을 때 발생한다. 일찍이 헤겔이 타자성(otherness)없이는 주체성도 확보할 수 없다고 분석했듯이, 내가 '나'를 긍정하는 것은 반드시 내가 아닌 타

---

[5] 이현승, 「춘설(春雪)」, 『아이스크림과 늑대』, 랜덤하우스코리아, 2007.

자를 나로부터 구분할 때 가능하다. 더 나아가 나로부터 구분된 타자는 무수히 많은 나로 확장한 '우리'가 된다.

이현승에게 있어서 죽음은 삶 속에 실재하는 하나의 보편적 현상이다. 그에게 있어 죽은 사람의 얼굴은 마치 고르디우스가 묶어놓은 매듭처럼 실마리를 쉽게 허락하지 않는다. 하지만 이현승은 사람의 얼굴을 통해 죽음이라는 매듭의 실마리를 찾는다. 다시 말하자면 살아 있는 사람의 모습 속에서 죽은 타자의 모습이 현현하고 있음을 직접 목격한 것이다. 이는 마치 김훈의 단편소설 「화장」[6]에서 딸과 죽은 아내를 번갈아 가며 바라보다, 딸의 얼굴에서 죽은 아내를 발견하게 되는 모습과 흡사하다. 소설에서도 죽은 아내는 딸의 얼굴과 몸짓을 통해 되살아난다. 소설 속 주인공은 딸의 삶 속에서 아내의 죽음이 현현되는 것에 무척 난감해하지만, 그 감정이야말로 삶이 죽음에 늘 포섭되어 있음을 확인시킨다.

이현승의 시 「춘설」에서는 "지금껏 살면서 죽은 사람을 보지 못했다는 고백"으로 시적 화자는 나와 타자를 구분 짓는다. 그러나 그 고백은 김훈의 소설 「화장」과 마찬가지로 이내 역설적인 상황을 통해 곧바로 '우리'라는 집합체가 되어 서로를 끌어당긴다. 그 집합체의 역할을 하는 것은 다름 아닌 인간의 얼굴이다. 레비나스의 주장에 따르면 얼굴은 보면서 보이는 겹 시선의 장소이다. 얼굴은 타자에 의해서만 확인된다는 점에서 죽음의 특질과 닮아 있다. 다시 말해, 얼굴은 일종의 영혼이며, 타자와 나를 잇는 장소로서의 집합체이다. 이로 인해 "얼굴은 '내재적 인간'의 얼굴이고 죽음 후에도 사는

---

[6] 김훈, 「화장」, 『강산무진』, 문학동네, 2006.

얼굴"[7]이 되기도 한다. 「춘설」이라는 표제가 이목을 끄는 것도 이 때문이다. '춘설'은 말 그대로 봄에 내리는 눈을 의미한다. 시적 화자가 지금껏 죽은 사람의 얼굴을 보지 못했다는 고백은 일차적으로는 '나'와 '타자'를 구분 짓는 의식이지만, 봄에 눈이 땅에 쌓이지 않고 스미듯, 죽은 자의 얼굴은 산 자의 얼굴에 스며들어 서로를 포옹한다.

> 그녀와 나는 사이좋게 지내지만 그녀가 말하길, 너는 십 년 만에 비춰보는 내 거울이야. 난 그때 네가 꼭 죽을 줄만 알았는데, 그래서 유감없이 탈출했는데, 같이 죽기에는 피차 지겨웠으니깐, 이해해? 이해할 수 있겠는가? 어떤 기억이 이런 식으로 복구된다니! 그녀에게 철썩, 붙어서 도망친 파도들이 막 밀려올 때, 괜찮다고 괜찮다고 나는 누구를 향해서 웅얼대는 것일까?
>
> — 김행숙, 「귀신이야기1」 부분[8]

김행숙이 말하는 '그녀'는 귀신이다. 그녀는 "하루에 두 번, 五臟六腑를 운행하는 협궤 열차가 있다고 말해 준 상고머리의 여자 귀신"(「귀신이야기1」)이다. 즉, 처음부터 '나'와 '타자(귀신)'는 구분되어 있지 않다. 마치 서로가 하나의 개체로 인식하면서 '우리'라는 집합체를 형성한다. 그 집합체를 가능하게 하는 것은 시적 화자의 '기억'이다. 김행숙은 일상 속에서 기억의 복구를 통해 내 안에 있는 '그녀(귀신)'를 얼마든지 외부로 가시화한다. 그녀에게 죽음이라는 현

---

7 자크 오몽, 『영화 속의 얼굴』, 김호영 옮김, 『마음산책』, 24~25쪽 참조.
8 김행숙, 「귀신이야기1」, 『사춘기』, 문학과지성사, 2003.

상은 마치 풀리지 않는 매듭처럼 자웅동체의 모습으로 포착된다.

　여기에서 기억할 것은 김행숙이 포착한 죽음은 이현승이 주시한 죽음과는 다르게 우리 눈에 보이지 않는다는 점이다. 이현승에게 죽음은 서로의 '닮음'을 통해 현현하지만, 김행숙에게 죽음은 자신에게만 인지되는 망각의 형태로 형상화된다. 「귀신이야기1」에서의 시적 화자 또한 자신은 늘 죽음(귀신)과 함께 있지만, 또 다른 사람에게는 보이거나 인지되지 않는 모습으로 나타난다. 이에 시적 화자는 "나는 누구를 향해서 웅얼대는 것일까?"라고 자문한다. 시적 화자에게 귀신은 기억으로 인지되지만, 사실 그러한 현상은 다른 사람에게는 인지되지 않는 개인의 사소한 내면과 연결된다.

　이러한 현상은 김행숙에게 '나'와 '타자'가 각각의 경계 지점에서 서로를 포섭함과 동시에 각자의 존재 가치를 증명하는 독특한 방식으로 구현된다. 나와 나 아닌 것들은 서로를 억압하지 않음으로써 몸의 정체를 이루고, 궁극적으로는 죽음으로 하나가 되는 근거를 마련한다. 따라서 내 몸의 죽음은 늘 삶의 변화에 구애받지 않고 시시각각 일상적 삶의 죽음에 포섭된다. 물론 이와 같은 죽음에 대한 인식은 내가 아닌 타자에게도 동일한 시적 논리로 작용한다. 가령 "너는 변하는 것에 중독됐는가. 변하지 않는 것에 중독됐는가. 너의 죽음은 언제부터 네 주변을 어슬렁거렸는가."(김행숙, 「차이와 동일성」)[9]를 통해 알 수 있듯 죽음은 언제는 '나'와 '타자' 곁을 맴돌게 되는 것이다.

　살아 있는 자의 몸속에서 기억으로만 떠돌던 죽음은 이제 하나의 집합체로서 죽음에 대한 인식의 변화에 접근한다. 다시 말해 삶 속

---

[9] 김행숙, 「차이와 동일성」, 『에코의 초상』, 문학과지성사, 2014.

에의 '나'는 죽음의 영역에 있는 다양한 타자들과 마주침을 통해서 '변양(變樣)'과 '감응(感應)'의 감정적 변화를 경험한다. 특히 변양과 감응의 차이 생성은 시인의 인식적 측면과 감정의 측면 모두를 통해 타자의 마주침을 허락한다. 그 마주침은 시인에게 "목은 죽음의 화환을 걸기에 적합한 형상, 목구멍은 늘 죽음의 근처를 떠돌"(김행숙, 「소리의 악마」)[10]게 한다든지 "오늘에야 비로소 나는 죽음처럼 항상 껴입고 있는 유리의 존재를 느"(김행숙, 「유리의 존재」)[11]끼게 되는 요인이 된다. 이처럼 김행숙이 삶에서 포착한 죽음은 얼핏 죽음으로 삶을 지워내려는 몸짓으로 읽힌다. 그러나 시 속에서의 죽음은 삶과 유리될수록 더욱더 삶과 밀착된다. 이는 앞서 살펴본 이현승의 작품에서도 동일하게 나타난다. 김행숙은 이러한 인식에서 한발 더 나아가 죽음은 삶보다도 더 강하게 포옹하고 있음을 강조한다. 그래서 "삶이 우리를 서서히 갈라놓았다면 죽음은 우리를 와락 끌어안을 것이다. 삶이 죽음을 모르는 만큼 죽음도 삶을 모르는 것이다."(김행숙, 「주어 없는 꿈」)[12]라는 인식에 초점을 맞춘다.

인간 중심주의적 사유에서 보면 인간만이 자신이 죽는다는 것을 알고 있다. 사실 죽음 자체가 무엇인지 정확히 알지 못한 채 죽음을 맞이하기도 한다. 그 죽음은 대부분 타자를 통해 간접적으로 경험한 결과여서, 실제 자신이 왜 죽게 되는지 알지 못한다. 그러나 김행숙의 관점에서 보면 인간은 "태어나야 죽을 수 있는 존재"(김행숙, 「덜

---

10 김행숙, 「소리의 악마」, 같은 시집.
11 김행숙, 「유리의 존재」, 『2016년 제16회 미당문학상 수상작품집』, 문예중앙, 2016.
12 김행숙, 「주어 없는 꿈」, 『2016년 제16회 미당문학상 수상작품집』, 위의 책.

빚어진 항아리」)[13]이다. 만약 이 세상에 태어나지 않았다면 죽을 일도 없다. 이러한 인식은 "어떻게 하면, 단단한 씨앗 속으로 다시 들어가 다시 태어날 수 있을까?"(김행숙, 「주어 없는 꿈」)라는 의식과 일치한다. 하지만 내면적으로는 삶과 죽음이 서로를 포옹함으로써 절대 풀리지 않는 매듭을 만들고 있다는 점에서 고르디우스의 매듭과 큰 차이를 보이지 않는다.

3. 미끄러지는 '우정' 혹은 그 역설의 극한

타인의 죽음에 대한 경험은 나의 죽음으로 연결되면서 공동체적이거나 집합체적 양상을 보인다. 그 경험은 '나'와 타자와의 내밀한 관계로 인도하는 중요한 매개이다. 그 안에서 우리는 '나'뿐만 아니라 '타자'의 자아까지도 해체하며, "타자를 관통하고 있는 바깥으로 나 또한 열리게"[14]하는 동시에 그 안에서 '나'와 '타자'는 동일한 내밀성을 공유한다. '나'와 '타자'는 바깥의 공동 장소로 미끄러져 들어가면서 바깥의 '존재' 이외에 아무도 공유할 수 없는 내밀성을 확보하게 된 것이다.

이러한 관점에서 만약 삶과 죽음의 미끄러짐을 '우정(상보성)'이라는 단어로 표현할 수 있다면, '나'의 죽음에 주어지는 무한히 지연되는 현재, 다시 말해 무한히 미끄러져 가는 현재는 나 자신과의 관

---

13 김행숙, 「덜 빚어진 항아리」, 『시인동네』, 2018년 9월호.
14 박준상, 『바깥에서─모리스 블랑쇼의 문학과 철학』, 인간사랑, 2006, 66쪽.

계에서 막힌 시간(막다른 골목)이거나 타자의 시간으로 인식될 수 있다. 결과적으로 '나'는 "미래를 주관하고 있는 타인의 시간"[15]으로 귀속된다. 이제 내가 죽는다는 사실은 나의 존재가 타인의 손에 맡겨진다는 것을 의미한다. 물론 그 반대의 상황도 가능하다. '나'는 죽어가면서 어떠한 힘도 어떠한 역할도 수행할 수 없을 때, 미래로 미끄러져 가는 타인이 된다. 죽음의 막다른 골목에서 무한히 증식된 현재는 타인의 시간을 통해서만 열린다. 타인을 향해서만 내가 존재할 수 있다는 미래 가능성이 발견되는 순간이다.

> 빛나는 것들은
> 모두 땅속에 있지
>
> 세상에서 가장 완벽한 애인은
> 죽은 애인이라고
>
> 춤추는 일들은
> 모두 지문이 없지
> (중략)
> 세상에서 가장 자유로운 걸음으로
> 가요
> 당신을 만나요
>
> — 이용임, 「맨발」 부분[16]

---

[15] 박준상, 위의 책, 59~60쪽.

위와 아래를 모르고

메아리처럼 비밀을 모르고

새처럼 현기증을 모르는 너를 사랑해

나는 너를 강물에 던졌다

나는 너를 공중에 뿌렸다

앞에는 비, 곧 눈으로 바뀔 거야

뒤에는 눈, 곧 비로 바뀔 거야

앞과 뒤를 모르고

햇빛과 달빛을 모르고

내게로 오는 길을 모르는,

아무 데서나 오고 있는 너를 사랑해

— 김행숙, 「초혼(招魂)」 전문[17]

    이용임에게 "세상에서 가장 자유로운 걸음"(「맨발」)은 미래의 시간에 있는 당신에게로 미끄러져 들어가는 행위로 모아진다. 그 미끄러짐은 비로소 '당신(타자)'을 만나게 해주는 매개가 된다. 이때 '당신'은 시적 화자에게 "세상에서 가장 완벽한 애인"(「맨발」)이면서, 타

---

16 이용임, 「맨발」, 『포지션』, 2017년 봄호.
17 김행숙, 「초혼(招魂)」, 『1914』, 현대문학, 2018.

자와 나의 관계를 매우 내밀한 관계로 묶는다. 결과론적인 이야기지만, 세상의 모든 죽음을 통과한 삶은 얼마나 완벽하고 아름다운가. 이 세상에서는 춤 한번 제대로 출 일 없는 삶들이 '지문을 지우고(죽음)'서야 맘껏 춤을 출 수 있는 것은 모두 죽음을 통한 자유로움이 있기 때문이다. 그 어떤 삶의 인과성도 무시한 채 죽음과 비견할 만한 가장 아름다운 죽음의 방식으로 시적 화자는 미래를 주관하는 타자의 시간 속에 결국 귀속된다.

　이러한 이유로 보통의 인간은 삶을 영위하는 동안 죽은 자를 무척 그리워하는지도 모른다. 이에 대해 김행숙은 미래의 죽음 속에 미끄러져 들어가지 못한 '나'를 망자의 혼을 소리쳐 부르는 모습으로 포착한다. 시적 화자인 '나'는 아직 '네'가 속한 그 바깥의 공동 장소에 속해 있지 않음을 인지하지만, '네'(죽음)가 은거하는 죽음의 장소는 파악하지 못한다. 하지만 오히려 그 바깥의 공동 장소를 파악할 수 없기에 '시적 화자'인 '나'는 그 어디를 향해서도 목 놓아 '너'를 부를 수 있다. 그래서 내가 사랑하는 '너'는 강에도 있고, 하늘에도 있고 어디에라도 있게 된다. 내가 사랑하는 사람은 순서와 상관없이 낮과 밤을 구분할 필요 없이 "아무 데서나 오"(「초혼」)게 되며 결국 '나'와 '타자'는 삶과 죽음을 넘어서서 바깥의 공동 장소로 미끄러져 들어간다.

　하지만 인간의 대부분은 이용임이나 김행숙과 같이 미래의 시간에 있는 바깥의 공동 장소에 대해 그리움의 감정이나 자유로움을 선취해내기보다는 자신의 삶으로부터 죽음을 유리시키거나 터부시하려는 경향으로 나타난다. 좀 더 냉정하게 접근해 보자면 근대라는 사회에서의 죽음은 어쩌면 사회적 타살의 의미까지도 내포하고 있어 죽음에 대한 인식을 더욱더 배제한다. 이러한 의식과 행동은 죽음이 속한 바깥의 공동 장소로 전도하기보다는 단순히 죽음에 대한 불안감으로부터 벗어나려고 하는 행위로 이어진다. 나아가 '나'의 삶 속에서 아예 죽음을 지워버리려는 의식으로 점철된다. 프로이트는 이 성향의 근원을 인간이 간직하고 있는 삶에 대한 애착 내지는 불멸에 대한 믿음으로 설명하고 있지만, 종국적으로는 "모든 삶의 목표는 죽음"이라는 점을 강조한다.

그런 이유로 근대 사회에서 '애도의 작업(Trauerarbeit)'으로 일컬어지는 일련의 행위들은 "사람들은 살기 위해서 여기로 몰려드는데, 나는 오히려 사람들이 여기서 죽은 것 같다는 생각이 든다."라던 릴케의 강력한 언술과 만난다. 이는 우리에게 삶과 죽음의 관계를 역설적인 방식으로 설명한다. 시인에게 오늘날의 죽음은 각각의 추모 과정을 통한 애도의 일부에 지나지 않으며, '나'의 죽음에 대한 불안감으로부터 해방되기 위한 역설의 극한으로 이해된다.

> 마을에서 가장 큰 건물은 농협장례식장
> 밭 갈다 죽은 사람, 감자 심다 죽은 사람
> 모두 녹슨 호미 같은 손 내려놓고 다급히 이곳으로 온다
> 마을에서 제일 깨끗하고 제일 따뜻하고 시원한 곳
> 작은 소로를 따라가다 보면 아무 데서나 바다를 만나듯
> 농약 치고 풀 뽑고 거름 주고 또 남은 일 찾아
> 밤늦게까지 마당에 불 켜고 채소를 다듬다 보면
> 불쑥 자신을 내려다보고 있는 농협장례식장과 만난다
> 죽음이 사람들을 심어 놓고 사람들을 추수하는 곳

경운기나 트랙터로 실어 나르는 한 무더기 모판의 벼들처럼

이른 아침부터 영안실에 날라다 놓는

참 부지런한 죽음들이 장례식장 칸칸의 방에 묵는다

영안실도 일종의 숙박업이다

사흘 장례를 치르고 중산간 어디에 있다는 경치 좋은

화장터로 관광 가듯 떠나는 시체들이 관 속에서 즐거워 달그락거린다

첫 소풍을 가는 아이처럼 가족들 배웅을 받으며

파종 시기며 전지해야 할 과일나무 따위엔 관심도 없다

농협장례식장에서 제공하는 육개장 조식도 맛있고

직원들과 상조사들의 서비스는 친절하다

— 최금진, 「농협장례식장」 부분[18]

누구에게나 죽음은 그 자체로 무서운 경험이다. 그런데도 죽음은 삶과의 타협을 절대 허락하지 않는다. 배제와 은폐의 논리가 작동하는 오늘날의 사회일수록 이러한 논리는 더욱 강화된다. 사람들은 하루빨리 자신의 일상에서 죽음을 지워내려 애도의 기간을 정해 장례식을 치르고 공동묘지에 시신을 안치하며, 최대한 빨리 일상적 세계로 귀환하려는 모습을 보인다. 이와 같은 인식은 앞에서 살펴본 이용임이나 김행숙의 인식과 달리 개개인의 무의식 속에서 죽음보다는 자신의 불멸에 대해 더 확신하고 싶은 욕망으로 이어진다.

최금진은 말한다. 마을에서 가장 큰 건물은 농협장례식장이라고.

---

[18] 최금진, 「농협장례식장」, 『리토피아』, 2018년 겨울호.

그 공간에는 "밭 갈다 죽은 사람, 감자 심다 죽은 사람/모두 녹슨 호미 같은 손 내려놓고 다급히 이곳으로" 모이게 된다. 농협장례식장은 "세상에서 가장 자유로운 걸음"(이용임, 「맨발」)으로 가는 죽음의 공간도 아니고, "아무 데서나 오고 있는 너를 사랑"(김행숙, 「초혼」)하는 공간도 아니다. 단지 "마을에서 제일 깨끗하고 제일 따뜻하고 시원한 곳"(「농협장례식장」)일 뿐이다. 눈여겨볼 부분은 '애도의 공간'이 대도시나 근대적 이미지가 구축된 공간에서만 이뤄지는 것이 아니란 점이다. 최금진이 바라본 농협장례식장은 "죽음이 사람을 심어 놓고 사람들을 추수하는 곳"(「농협장례식장」)이다. 더군다나 농협장례식장의 영안실은 일종의 숙박업으로 묘사된다. 이 애도의 공간 속에서 사람들은 "파종 시기며 전지해야 할 과일나무 따위엔 관심도 없다"(「농협장례식장」) 단지 그곳에서 제공하는 육개장이 맛있고, 직원들과 상조사의 서비스가 친절하면 그뿐이다.

최금진의 시 「농협장례식장」에서 확인할 수 있는 것은 인간의 삶이 그만큼 유한하다는 점이다. 이를 망각하려 사람들은 추모의 공간에서 산 사람의 편의를 가장 먼저 고려한다. 죽는다는 개념과 죽어가는 주체인 '나'는 죽음을 일종의 비밀스러운 것으로만 인식하기보다는 매일 마주하는 친근한 공간으로 탈바꿈하려 하는 것이다. 이는 죽음과 삶의 배타성을 최대한 줄이려는 시인의 역설적 극한으로까지 연결된다.

> 우린 다 죽었지
> 그런데 우리가 죽었다는 걸 아무도 모른다
> 우린 이미 죽었어요

말해도 모른다

매일 갑판을 쓸고 물청소를 하고

죽은 쥐들과 생선, 서로의 시체를 바다로 던져버리고

태양을 본다

태양은 매일 뜨지

태양은 죽지 않아

밤이면 우리가 죽었다는 것을

죽음 이후에도 먹고 자고 울 수 있으며

울어도 바뀌는 건 없으며

삶은 계속된다는 사실을 깨닫는다

검은 쌀과 검은 물과 검은 밤의 폭풍을 오래오래

이가 녹아 사라질 때까지 씹는다

침수와 참수와 잠수의 밤

— 강성은, 「유령선」 부분[19]

k는 죽은 후에도 가끔 산책을 한다

p는 죽은 후에도 가끔 시를 쓰고 담배를 핀다

r은 술을 마시고 꿈도 꾼다

어제는 오래전 죽은 친구를 만나 강에서 수영을 했는데

죽었다는 사실을 잊었다

b는 살아 있는 사람인 척 온종일 카페에 앉아 있었다

(중략)

---

[19] 강성은, 「유령선」, 『Lo-fi』, 문학과 지성사, 2018.

> 도시에는 사람들이 너무 많아서
>
> 누가 죽은 사람인지 산 사람인지 구별하기 어려웠다
>
> m은 아이를 낳고 나서 자신이 죽었다는 사실은 잊기로 했다
>
> 생각해 봐야 좋을 것이 없었다
>
> h는 죽은 애인과, y는 산 애인과
>
> 결혼식을 올렸다 모두의 축복을 받으며
>
> 죽음이 그들을 갈라놓을 때까지 함께하기로 맹세했다
>
> g는 죽었다가 일 년에 한 번씩 깨어나
>
> 자신의 개가 잘 지내는지 확인하고 다시 죽었다
>
> z는 매일 해산물 요리를 먹으며
>
> 죽어서도 이걸 먹을 수 있다면 죽음 따윈 문제될 게 없다고 확신했다
>
> w는 죽음을 앞두고 있었다
>
> 오직 완전한 죽음을 바랐다
>
> (중략)
>
> 삶과 죽음이 다르지 않다면
>
> 죽음이 무슨 소용인가요
>
> — 강성은, 「계면(界面)」 부분[20]

애도의 공간 속에서 매일 죽음을 마주하고 살다 보면 인간은 자신의 죽음조차 인지하지 못할까. 강성은은 죽음 이후에도 먹고 자고 울 수 있다는 점을 「유령선」이라는 작품을 통해 잘 구현한다. 이 작품

---

20 강성은, 「계면(界面)」 같은 시집.

에서 시인은 "우린 다 죽었지/그런데 우리가 죽었다는 걸 아무도 모른다"(「유령선」)고 고백한다. 시인이 인식하고 있는 것처럼 만약 이 사회가 거대한 유령선이라면 누군가 아무리 이미 죽었다고 말해도 모른다. "죽은 쥐들과 생선, 서로의 시체를 바다로 던져버리"(「유령선」)면서도 인지하지 못하는 모습은 모순적이다. 내면에는 인간 또한 생명의 유한함 속에서 탈피하고자 하는 욕망의 표현인 동시에 절대로 그렇게 될 수 없음의 현실의 딜레마가 작동한다. 그래서일까. 강성은 "태양은 죽지 않는다"는 연장선상에서 "죽음 이후에도 먹고 자고 울 수 있으며/울어도 바뀌는 건 없으며/삶은 계속된다는 사실을 깨닫는다"(「유령선」). 강성은의 이러한 인식은 삶과 죽음이 하나를 이룬다는 공통점을 찾을 수 있으나, 존재의 진정성까지 회복하기에는 아직 멀어 보인다.

　사람이 죽었는데도 삶과 죽음의 경계가 구분되지 않는다면, 그것은 죽음과 삶 그 어느 쪽에도 자리할 수 없다. 「계면(界面)」은 그 역설적 상황을 잘 드러내주는 작품이다. 우선 '계면'은 두 세계의 경계를 나타내는 말이다. 삶과 죽음, 정신과 육체 같은 두 세계 사이가 바로 계면이다. 계면에 속한 사람은 그 어느 쪽으로도 편입되지 못하고 죽음의 전면에 등장한다. 특이한 부분은 시적 화자가 마주하는 사람의 삶은 종결되지 않은 채, 죽음의 형태로만 지속된다는 점이다. 그래서 'K'를 비롯한 많은 사람은 죽은 후에도 산책을 하고 시를 쓰고 담배를 피우고 술을 마시고 꿈을 꾼다. 이 모든 것에 대해 강성은은 '죽었다는 사실을 잊었기 때문'으로 파악한다. 또 다른 이유로는 "도시에는 사람들이 너무 많아서/누가 죽은 사람인지 산 사람인지 구별하기 어"렵다고 묘사한다. 자신이 죽었다는 사실을 인지하지 못하고, 도시에 사람이 너무 많아서 삶과 죽음이 구별되지 않는다면 그것은 마치 삶의 탈을 쓴 '광대'와 크게 다르지 않다. 그들은 살아 있지만 죽어 있고, 죽었지만 죽은지 모르는 존재이다. 류희석은 강성은의 「계면(界面)」에서 확인되는 역설을 "내겐 매일 허들을 넘다 실패하는 광대들이 살아요/(중략)/내가 죽으면 광대들은 허들을 넘을까요/궁금해서 죽지도 못합니다"(류희석, 「랜덤박스」)[21]라고 동일한 선상에서 강조한다. 자신이 죽었다는 사실조차 알 리 없는 이 세상의 모든 유령은 삶과 죽음의 끊임없는 경계를 넘지 못하고 '계면'의 공간에서 하나의 존재가치로 취합된다. 결국 "삶과 죽음이 다르지 않다면/죽음이 무슨 소용인가요"(「계면(界面)」)라는 시적 화자의 삶과 죽음에 대한 인식은 미래의 시간에 있는 바깥의 공동 장소로 이동하지 못하고 또 하나의 삶과 죽음에 대한 역설적 극한을 드러낸다.

4. 무산(無算)되는 죽음과 삶의 메멘토 모리

그렇다면 시인에게 삶과 죽음의 경계 방식을 가장 확실하게 구획하는 방식은 무엇일까? 비유하자면 그것은 고르디우스가 자신이 묶은 매듭 앞에서의 영문 모를 머뭇거림이 아니라 알렉산드로스의 결단처럼 풀리지 않는 매듭을 시적 상상력으로 두 동강 내는 일일 것이다. 삶과 죽음의 매듭을 두 동강 내는 일은 어쩌면 인간 스스로 죽음을 불러들이는 일이기도 하다. 이를 통해 '죽음을 기억하라는 의

---

21 류희석, 「랜덤박스」, 『2019 신춘문예 당선시집』, 문학세계사, 2019.

미'의 메멘토 모리(Memento mori)는 다시 젊은 시인들의 시의 전면에 나서게 된다.

말 위의 사람도 떨어뜨린다는 팥죽 한 사발을 앞에 두고
숟가락이 무겁다 속을 훑어 내린다
입술이 점점 붉어지고
한 숟갈 한 숟갈 당신에게 더해진다
한 걸음 한 걸음 가까워지는 죽음

팥죽 한 그릇을 해치우는 데 철학이 필요한 것은 아니지
지나가는 길이었고
모르는 사람이었고
낡은 식당이었는데
남의 뒤통수를 바라보며 뜨거워졌다 가라앉았다

허기도 발걸음도 뒷모습도 나는 잘 모르고
반쯤 떠 있는 새알심을 건져 올릴 때
죽은 사람이 죽은 냄새가 죽은 목소리가 떠올랐는데
그것은 왜 뜨겁고 달콤한가

낡은 의자가 툭 꺼지는 소리가 났다
누군가 내 뒤통수를 노려보고 있는 것일까
뻘건 죽 한 그릇에 돌아가지 못하고
기어이 땅에 떨어지고 만 사람들

귀신이 아니라 귀신 같은 얼굴로 뜨거운 팥죽을 먹었다
반쯤 열어둔 창문으로 찬바람이 밀려들어왔다

― 이근화, 「뜨거운 팥죽을 먹으며」 전문[22]

죽은 사람 냄새는 슬프다
슬픈 게 뭔지 어떻게 알아? 그건 아직 배우지 않았잖아
철근 위로 어둠이 콘크리트처럼 단단하게 일어서자
우리는 냄새 쪽으로 자갈을 집어 던졌다
저기엔 아무도 없어, 여기서 자고 갈래?
무서워 너희들 등 뒤로 냄새가 따라오는 게 보여
겁쟁이, 우리는 안 죽어

냄새로부터 누구도 도망칠 수 없다는 걸 너희는 몰라
어둠이 냄새를 환하게 밝히는데
너희는 죽음의 냄새 같은 건 없다는 듯
벽돌로 도미노 놀이를 하며 웃고 있었어

― 이병철, 「도미노 놀이」 부분[23]

이근화의 「뜨거운 팥죽을 먹으며」는 젊은 시인의 상상력 속에서 어떻게 메멘토 모리가 형상화되는지를 보여주는 단적인 사례이다. 이 작품 속에서 시적 화자는 팥죽 한 사발을 앞에 두고 죽음의 순간

---

[22] 이근화, 「뜨거운 팥죽을 먹으며」, 『현대시』, 2018년 3월호.
[23] 이병철, 「도미노 놀이」, 『오늘의 냄새』, 문학수첩, 2017.

을 목격한다. 그 죽음은 마치 주검을 발견한 시선처럼 매우 감각적이고 구체적인 메멘토 모리이다. 시적 화자는 "반쯤 떠 있는 새알심을 건져 올릴 때"마다 "죽은 사람이 죽은 냄새가 죽은 목소리가 떠올랐"("뜨거운 팥죽을 먹으며』)다고 고백한다. 그 고백의 심연에는 단순히 팥죽을 먹으며 죽음을 발견하는 시적 화자의 초상만이 있는 것이 아니다. 오히려 죽은 사람이나 귀신에게 삶을 들키는 역설적인 형태의 메멘토 모리로 작용한다. 이런 행위가 반복될수록 일상생활 속에 포섭되어 있던 메멘토 모리는 "이미 여러 차례 죽음을 경험한 것처럼 차분하게"(유병록, 「두부」)[24] 시적 화자의 감각 속에 있다. 마치 "죽은 식물과 동물의 냄새가/내 얼굴에 배어"(진은영, 「인공호수」)[25] 있듯이 "조금만 햇빛을 쬐어도/슬픔이 녹색 플랑크톤처럼"(진은영, 「인공호수」) 나를 덮게 되는 것이다. 그 강도가 더해갈수록 죽음은 일상 속의 삶을 서서히 잠식해 나간다.

인간의 삶을 죽음으로 각인시키는 메멘토 모리는 배움을 통해 전달되는 것이 아니다. 이근화의 시적 사유에서도 확인할 수 있듯이 그것은 "팥죽 한 그릇을 해치우는 데 철학"("뜨거운 팥죽을 먹으며』)이 필요하지 않은 것처럼 메멘토 모리 또한 배움의 반복이 아니라 감각의 직관을 통해 학습될 뿐이다. 이병철 또한 그 순간을 '냄새'로 포착한다. 그 냄새는 곧이어 '슬픔'으로 전환되지만 배움의 차원으로 승화되지 않는다. 그것은 작품의 표제처럼 일종의 '도미노 놀이'와 같다. 말하자면 죽음은 반복되지만, 죽음의 대상은 같은 대상이 아

---

24 유병록, 「두부」, 『시로 여는 세상』, 2011년 겨울호.
25 진은영, 「인공호수」, 『우리는 매일매일』, 문학과지성사, 2008.

니라 늘 다른 대상이다. 하지만 각기 다른 대상으로 인식되는 죽음은 마치 한 장의 벽돌처럼 같은 형태 동일한 냄새를 지닌다. 같은 냄새를 소유한 자들끼리는 서로의 냄새를 분간하지 못하고 맡지 못하듯 그들 모두는 서로의 죽음을 기억하지 못한다. 그래서 "우리는 안 죽어"(「도미노 놀이」)라는 기표는 '우리 모두는 죽어'라는 기의와 통합된다. 따라서 "어둠이 냄새를 환하게 밝히는데/너희는 죽음의 냄새 같은 건 없다는 듯/벽돌로 도미노 놀이를 하며 웃고 있"(「도미노 놀이」)는 존재는 자신이 가진 벽돌을 통해 서로의 메멘토 모리를 형성한다.

삶과 죽음이 서로의 실체를 확인하며 메멘토 모리를 형성할 때 시인의 상상력 속에서 죽음은 끝없이 재생산되고 복제된다. 마치 "하나의 목숨으론 모자라/죽음은 탄생보다 부드러운 과정"(유계영, 「에그」)[26]으로 이어지면서 제 손으로 제 삶을 넘어트리는 죽음으로 치환된다. 이 과정은 단순히 죽음을 확인하는 메멘토 모리의 과정을 인간의 감각에 한정하지 않고 아예 반복적으로 복제하는 양상으로 극대화된다. "결국 죽음의 내부에서 배경이 될 골똘한 증상들"(최지하, 「골목의 발생」)[27]은 죽음과 삶에 대한 인식을 중단시키는 현상을 넘어 무한한 생산을 통한 상상으로 호명된다.

    삶은 길고 지루한데 축하는 너무도 짧아서 누군가 꽃다발을
    발명했다고 전해집니다

---

26 유계영, 「에그」, 『온갖 것들의 낮』, 민음사, 2015.
27 최지하, 「골목의 발생」, 『시산맥』, 2017년 봄호.

죽음을 예감하는 순간이 컴컴하지 않도록

고약한 일이죠
옛날 사람의 발상으로 오늘이 환해지는 게
지루했던 여행이 더 많은 그리움을 남기듯이 죽음에 앞서 우리는 삶에 대한 몇 가지 유머를 발명하게 될 것입니다

— 유계영, 「인그로운」 부분[28]

닫힌 구조를 생각하면 아름답다 완전히 폐쇄적인 구조 속에서 냉매를 뿜는 죽음 기계를 생각한다
　죽음 기계는 영원을 잊도록 영원히 연주되는 최초의 재생 장치이고 때문에 그것은 세기말의 골동품으로서의 가치를 지닌다, 따위

나는 생각하고 때문에
죽어간다

— 송승언, 「죽음 기계」 부분[29]

　인간은 죽음을 예감하는 순간 앞이 캄캄해진다. 그러나 그 죽음이 무한히 증식되다 보면 삶은 마모되고 죽음에 저항할 수 있는 힘은 상대적으로 약해진다. 이럴 때 시인은 메멘토 모리의 매듭을 또 다

28　유계영, 「인그로운」, 『현대시학』, 2016년 6월호.
29　송승언, 「죽음 기계」, 『문학동네』, 2016년 가을호.

른 메멘토 모리의 매듭으로 묶어 대항한다. 보드리야르는 이 사회가 진정한 죽음을 배제하고 있다면, 이에 대항하는 죽음을 상상적으로 다시 호명해야 한다고 지적한다. 지금까지 젊은 시인들의 작품 속에서 죽음의 메멘토 모리가 발명되거나 반복되는 것은 바로 이 때문이다. 유계영 또한 이러한 메멘토 모리 현상을 '인그로운(ingrown)'으로 인식한다. 인그로운은 일종의 매몰모(埋沒毛)의 개념으로, 털이 살 안에서 자라거나 빠지지 못하는 현상이다. 유계영에게 메멘토 모리는 인그로운처럼 삶 속에 투영되지 못하고 또 하나의 숨은 매듭으로 증식된다. 그 매듭을 찾아 풀기 위해서는 누군가 "삶은 길고 지루한데 축하는 너무도 짧아서 누군가 꽃다발을 발명"(「인그로운」)하는 삶의 힘이 필요하다. "지루했던 여행이 더 많은 그리움을 남기듯이 죽음에 앞서 우리는 삶에 대한 몇 가지 유머를 발명"(「인그로운」)하는 것도 결국은 메멘토 모리 안에서 무한히 반복되고 축적되는 삶의 행위로 이해된다.

  유계영의 시적 인식이 반복되고 무한히 증식되는 죽음 속에서 풀리지 않는 메멘토 모리를 사유했다면, 송승언은 처음부터 죽음을 질서와 반복을 담보로 하는 메멘토 모리로 인식한다. 그는 "닫힌 구조를 생각하면 아름답다"(「죽음 기계」)고 말한다. 그 아름다움은 "폐쇄적인 구조 속에서 냉매를 뿜는 죽음 기계"를 통해 구체화되고 현실화된다. 죽음 기계 속에 포섭된 죽음은 냉매로 인해 죽었지만 절대로 썩거나 부패하지 않은 채 "세기말의 골동품으로서의 가치를 지닌다."(「죽음 기계」) 하지만 그곳에서 시인이 목격하는 메멘토 모리는 오히려 그렇게 생각하기 때문에 죽음의 의미가 더 부각된다. 그 속에서 반복되는 죽음은 유계영의 시적 인식이나 송승언의 시적 인식처럼 우리의 일상생활 속의 지루한 죽음 감각으로 귀착한다. 이를 통해 메멘토 모리로 범속화되는 죽음은 마치 "죽음만을 광고하는"(이영광, 「죽도록」)[30] 풀리지 않는 일상의 매듭으로 우리 곁을 지속적으로 맴돈다.

  결과적으로 죽음의 관점에서 보면 삶은 모든 죽음의 메멘토 모리다. "물에 잠겨 부레가 되어가는 심장에 산소를 채우느라 빵과 키스를 거부하며 죽음으로 삶을 부르는 호흡법"(이병철, 「블루홀」)[31]처럼 매듭의 양 실마리를 각자의 관점에서 잡아당긴다. "다른 세상을 살기 위해 이 세상에서 버려야 할 것들이 너무 많다"(이병철, 「블루홀」)면 그것은 오히려 삶을 버리는 것이 아니라 죽음으로 삶을 획득하는 일이 된다. 이제 삶의 기둥에 묶인 죽음은 "죽음을 기다릴 시간이 없다/왜 죽는지 모르고 죽을 때까지//무산되는 죽음 속에서/일생을 다 죽음으로 탕진"(김성대, 「무산」)[32]한다. 이는 아직도 젊은 시인이 풀어야 할 죽음의 매듭이 우리 곁에 유랑하고 있다는 감각의 또 다른 현상이다.

- 『시인동네』, 2019년 문학평론 부문 신인상 당선 작품

---

30 이영광, 「죽도록」, 『죽도록』, 창작과비평사, 2010.
31 이병철, 「블루홀」, 『리토피아』, 2018년 여름호.
32 김성대, 「무산」, 『현대시학』, 2016년 11월호.

삶을 성찰하는 사유의 방식들 혹은 그 체온

 가끔 삶을 성찰한다는 것은 무엇일까 곰곰 생각한다. 삶의 견해와 원칙을 세우고 자신만의 기원(起源)을 찾아 나서는 것. 그 기원 속에서 '나다움'의 의미를 돌이켜 보는 것. 그렇다면 나다움이란 또 무엇일까. 다시 자기 삶의 뿌리를 이루는 것에 대해 진지하게 성찰하는 것. 결국, 쳇바퀴 돌 듯 의문은 또 다른 의문에 꼬리를 내어주며 고개를 갸웃거리게 한다. 기본적으로 자신의 삶을 성찰하지 않는 사람은 그 가치에 대해 논할 수 없다. 견해와 원칙이 없는 삶은 타인이 정한 우연과 운명에 내던져질 수밖에 없기 때문이다. 따라서 삶의 주체인 인간은 자신과는 무관한 삶을 살게 되며, 자신이 정한 삶의 목표에 정면으로 도전할 수도 없게 된다.
 그렇다면 성찰하는 삶이란 자신만의 견해와 원칙을 겸비할 때만 가능한 것인가. 이 말은 반은 맞고 반은 틀렸다. 우선 성찰하는 삶이란 자신의 주변에 놓인 것들을 사유함으로써 가능해질 수 있기 때문이다. 이때 필요한 것은 자신만의 견해와 원칙을 갖는 일인 동시에 자기 삶의 기원을 들추는 일일 것이다. 성찰이란 단어의 사전적 의미만을 살펴보더라도 자신이 한 일을 깊이 되돌아보기 위해서는 일정 부분 자신만의 삶의 합리적 규준과 신념이 필요하다. 그렇지만 반대의 관점에서 생각해 보면 삶을 성찰하는 데 있어 반드시 어떤 합리적 규준이나 이론적 토대가 꼭 필요한 것만도 아니다. 표면적으로 우리의 삶은 지금껏 어떤 원칙이나 견해에 따라 영위되어 온 것처럼 보인다. 하지만 실은 날마다 새롭게 경험하는 어떤 체험과 현상 위에 바탕을 두고 삶의 원칙과 견해를 변화시켜왔을 가능성이 크다. 이 점에서 우리는 삶을 성찰하는 데 있어 반드시 자신만의 견해와 원칙이 필요한 것은 아니라는 것을 어렴풋하게나마 알게 된다. 물론 상황에 따라 그때그때 형성되는 자신만의 견해와 원칙조차도 삶의 성찰에 속해 있다고 누군가 불쑥 나타나 조곤조곤 따지고 든다면 사실 할 말은 없다. 단지 삶을 성찰한다는 것은 자신의 견해와 원칙을 갖는다는 말이 반은 맞고 반은 틀리다는 지극히 개인적인 심증만이 있을 뿐.

　어쨌거나 개인적으로 삶을 성찰한다는 것은 사물에 대한 아주 작은 사유만으로도 충분하다는 점에 마음이 기운다. 삶의 성찰은 어떤 멋진 이론이나 거대한 원칙과 규준이 필요하지 않다. 특히 시인에게 있어 시를 통해 삶의 문제를 사유하고 성찰한다는 것은 사물에 대한 사소한 천착만으로도 가능한 일이다. 자신만의 견해와 원칙을 세우기 이전에 자신이 마주한 혹은 마주하게 될 대상들의 기원에 대해 성찰하고 그것에 대한 최소한의 체온을 느껴보는 것, 그것이 바로 시인이 자신에게 주어진 삶을 성찰하는 가장 시적인 방식은 아닐까 요량해 본다.

죽은 동생이 말했다

나 엄마 배 속에 있어

너에게 무슨 말을 할까

눈을 뜨면 눈썹에 낚이는 물고기들

나는 심장을 뛰게 할

단 하나의 이름을 고민한다

우리가 태어나 사라지는 것이

당신의 뜻이 아니라면

강물을 휘젓는 음산한 바람이

신의 헛기침이 아니라면

아무것도 빼앗지 않고 아무런 기대에 응하지 않고

네가 아니면 나여도 좋을 이름을 다오

기도하던 두 손을 펴고 손바닥에 적힌 이름을 떠내려 보낸다

그것은 삽시간에 번지거나

까맣게 익어서 떠오른다

오늘 아침, 빛의 지느러미는

바다에서 강으로 오고

다시 강에서 바다로 흘러간다

작은 파도를 따라가는 커다란 파도

나는 잠에서 깨지 않은 어둠을 발로 툭툭 차며
침수식물이 가득한 늪에서
힘겹게 걸어 나오는 소년을 본다

— 민구, 「우나기」 전문[1]

    먼저 살펴볼 작품은 민구의 「우나기」다. 우나기(うなぎ)는 흔히 뱀장어과에 속하는 민물고기를 지칭하는 일본식 표현이다. 장어류 가운데 유일하게 바다에서 태어나 강으로 올라가 생활하는 회류성 어류이기도 하다. 우나기는 다양한 서식 환경과 염분 농도에 적응하는 능력이 뛰어나기 때문에 때로는 일생을 강이나 바다 한쪽에서만 보내는 경우도 허다하다고도 한다. 어떠한 서식 환경에도 잘 적응한다는 면에서 우나기는 시뿐만 아니라 다양한 장르의 문학적 소재로 사용되었다. 대표적으로 '우나기'는 요시무라 아키라의 소설 『어둠 속의 빛』의 문학적 소재로 활용된 바 있다. 이 소설을 원작으로 한 이마무라 쇼헤이 감독의 영화 〈우나기〉(1997)는 우리에게 이미 잘 알려져 있다.
    영화에 대한 이야기를 시작한 김에 〈우나기〉에 대한 스토리를 잠시 들여다보자. 영화 속 평범한 회사원인 야마시타는 아내가 바람

---

[1] 민구, 「우나기」, 『창작과비평』, 2017년 여름호.

을 피운다는 익명의 편지를 받고 현장을 확인한 뒤 아내를 칼로 찔러 죽이게 된다. 이후 사람을 믿지 못하게 된 야마시타는 애완동물인 장어에게만 마음을 터놓게 된다는 이야기의 전개 구조를 지닌다. 이 영화에서 우나기를 통해 말하고자 한 것은 무엇일까. 단순히 말해 바다에서 태어나 강으로 회류하는 존재의 '삶의 적응'이라고 하면 무리가 있을까. 어쨌든 민구의 작품「우나기」에서도 화자인 '나'는 자신의 삶에 적응하려고 노력하는 모습을 그대로 보여준다. 특이한 것은 작품 속 화자인 '나'는 '죽은 동생'과의 교감을 이루려고 끊임없이 노력한다는 점이다. 그러나 죽은 동생이 "엄마 배 속"에 있다고 고백하는 것은 그 엄마조차도 죽어 있음을 의미한다.

이미 태어난 '나'와 '죽은 동생' 사이의 심리적 거리는 "단 하나의 이름"을 통해 해결될 수 있음을 우리는 알게 된다. 그 이름은 바로 "아무것도 빼앗지 않고 아무런 기대에 응하지 않고/네가 아니면 나여도 좋을 이름"이다. 이 부분에서 우리는 '나'와 '죽은 동생'이 서로 구분되지 않고 서로의 삶에 이미 적응하고 있음을 깨닫는다. 말 그대로 바다에서 태어나서 강으로 회류하는 뱀장어의 속성처럼 화자는 삶으로 대변할 수 있는 강의 환경에 구애받지 않고 엄마 배 속에서 죽어 있는 동생의 삶조차 자신의 삶에 일치시켜 나가고 있는 것이다. 물론 이러한 상상력은 강과 바다가 서로 뒤바뀐다고 해도 큰 문제가 되지 않는다. 화자가 생각하기에 우리네 삶이란 어떤 환경에 놓이더라도 적응해버리는 알 수 없는 습성을 지니고 있기 때문이다. 결국 화자인 '나'는 "침수식물이 가득한 늪에서/힘겹게 걸어 나오는 소년"이 되어 '죽은 동생'이면서 '나'이기도 한 존재로 성장하게 된다. 이 작품의 제목이 왜 뱀장어가 아니고 우나기인지를 우리는 굳이 영화 〈우나기〉의 메시지를 떠올리지 않고도 절로 깨닫게 된다.

너와 함께 뱀이 되려 했어
오후의 따뜻한 바위를 타고 넘으며
새들의 노래를 들으려 했어
바람 좋은 풀밭에 머물며
장대 끝에 피는 꽃을 흔들려 했어

떡갈나무 뿌리도 알지 못하는
흙냄새와 너만 있는 곳으로 가
너에게 나를 꽁꽁 묶어두고
언제까지나 머리맡에 네 박동을 켜두려 했어
너는 뱀이 되지 않았지만 누가 너처럼
우아하게 나를 빠져나갈 수 있겠니?

낡은 비늘을 벗고 고통 속에서
네가 다시 태어나는 모습을
나 혼자 오래오래 지켜보려 했어

어쩌다 커다란 먹이를 먹으면
한 달 동안 꼼짝도 하지 않고 잠도 자지 않고
눈이 멀 때까지 너만 바라보려 했어

침묵으로 된 길고긴 사랑 이야기를

너와 함께 써보려 했어
한 벌뿐인 드레스를 고목나무에 걸어놓고
못 찾는 짐승으로 남으려 했어
백 년 동안 계속되는 게으른 신혼을
너와 함께 맞으려 했어

시간이 지나고 지나고 내 머릿속엔
여전히 발견되지 않는 초록숲 빛나고
지금 내가 천하고 외로운 건
너와 함께 뱀이 되지 못해서야
너와 함께 무엇이 되지 못해서야
너와 함께 뱀이 되려 했어

— 김개미, 「뱀이 되려 했어」 전문[2]

    단순하게 생각해 세상의 모든 뱀은 징그러움을 내재한다. 하지만 김개미의 작품 「뱀이 되려 했어」는 뱀에 대한 징그러움보다는 어떤 그리움을 향해 치닫고 있는 존재의 몸부림으로 읽힌다. 물론 그 징그러움이 그리움이 될 수 없다고 이야기하는 것은 아니다. 우리는 이미 서정주의 「화사(花蛇)」에서 뱀의 징그러운 몸뚱아리의 아름다움을 수도 없이 목격하지 않았는가. 그 아름다운 뱀의 모순이 김개미의 작품 속에서도 읽힌다면 과연 무리일까. 어쨌거나 이 작품 속에서 화자는 "너와 함께 뱀이 되려 했어"라고 고백한다. 고백의 형식

---

[2] 김개미, 「뱀이 되려 했어」, 『문학동네』, 2017년 여름호.

은 과거에 대한 후회를 그 바닥에 깔고 있다는 점에서 어떤 존재에 대한 결핍으로도 읽힌다.

아니나 다를까 이 작품에서도 앞에서 언급한 작품 「우나기」에서처럼 어떤 환경에서도 적응하려는 인간의 슬픈 다짐이 엿보이기도 한다. 인간은 어떤 결핍을 가질 때 그 결핍에서 회피하려는 경향을 보이기도 하지만, 화자는 자신이 뱀이 되려 했다는 고백이 무색할 정도로 "너는 뱀이 되지 않았다"는 점을 강조한다. 이 부분에서 화자인 '나'와 '너'로 표상되는 대상은 서로가 서로에게서 어긋난 운명을 맞게 된다. 하기야 사람의 인연이란 게 한 사람의 절박함으로 이루어지는 것은 아닐 것이다. 그래서인지 화자는 뱀이 되지 않은 '너'에 대해 "누가 너처럼/우아하게 나를 빠져나갈 수 있겠니?"라고 담담하게 대상을 인식한다. 그러면서도 화자는 뱀을 벗어난 '너'를 끝내 뱀으로 인식하고 "네가 다시 태어나는 모습을/나 혼자 오래오래 지켜보려 했"다고 고백을 이어나간다.

화자의 절박함과 절실함은 "한 달 동안 꼼짝도 하지 않고 잠도 자지 않고/눈이 멀 때까지 너만 바라보려 했"다는 애달픈 진술로까지 이어진다. 그 이유에 대해 "한 벌뿐인 드레스"나 "게으른 신혼"이란 시구들이 동원되지만, 이 시구만으로 굳이 이 작품이 단순한 남녀 간의 연정쯤으로 치부되기에는 다소 이른 감이 있다. 화자를 외롭게 하는 가장 중요한 이유는 정작 서로 뱀이 되지 못해서라기보다 "너와 함께 무엇이 되지 못해서"이기 때문이다. 그 무엇은 다시 "너와 함께 뱀이 되려 했"다는 '나'의 고백으로 이어진다. 생각해 보면 우리네 삶에서 그립다고 말한 뒤에야 그리워지는 경우를 우리는 수없이 목격하지 않았던가. 굳이 뱀이 되어 보지 않고서도 뱀의 속성에 대해 속속들이 알고 있는 시의 화자처럼 말이다.

강은 제 몸 구겨 넣지 않고도 퍼런 현기증으로 깊어진다
가장 미끄러운 달이 물비늘을 데리고 수면을 쑤시고 있다

물결 높이로 떠 있는 달, 지느러미 없어도 잘 미끄러진다
이렇게 깊은 밤, 물속에서 여자가 걸어나온다
이렇게 맑은 밤, 물속에서 여자가 걸어나온다

물고기 여자는 겁이 많았고 비린내가 많았다
나는 그 여자와 결혼하기로 마음을 먹었다
너무 미끄러워 거품이 일곤 했지만
나는 아가미에 물 흐르는 소리 끊길 때까지 사랑을 나눴다

물속으로 놀러가고픈 날씨 속에서 사내아이 둘을 두었다
물에 잘 뜨는 아이들 귀밑에서 아가미가 자랐다
그걸 가리기 위해 머리를 길렀다 그러나 손과 발에 생긴
물갈퀴는 숨기지 않았다 이미 물속을 딛는 부레를 얻어왔으니까

아이들은 바위 밑에서 발끝으로 물 아닌 것들을 그리며 놀았다
헌데 여자는 천만년이 흐르는 강에서 비늘 없는 짐승이 되고자 했다
강 바깥으로 밀려나온 나는 저 물고기 여자와 아이들을 그리

> 워한 죄로
> 반짝반짝 울음을 꺾었다
> 나는 천렵을 노래하는 모래 언덕이 되어야만 했다
>
> — 이병일, 「천렵(川獵)」 전문[3]

 의도하지는 않았지만 앞에서 인용한 작품들은 모두 '강'과 '뱀장어' 그리고 '뱀' 등을 시의 소재로 활용하고 있다. 「우나기」에서는 어떤 삶에 대한 '적응'이 시상의 맥락과 전언의 주를 이루었다면, 「뱀이 되려 했어」에서는 그리움에 대한 시적 편린이 지배적인 시상을 자리한다. 이병일의 「천렵」 또한 범박하게 정리하자면 한 존재의 '삶의 적응'과 '그리움'이라는 그 중간 어디쯤 위치하지 않을까. 물론 세상의 모든 시가 삼라만상의 한 부분이거늘, 규정할 수 없는 것들에 대해 또다시 그리움으로 규정해 본들 무슨 의미가 있을까. 그렇다고 하더라도 그리움을 다른 사유의 방식으로 규정해내는 것이 시인의 역할이 아니던가. 그런 점에서 「천렵」이라는 작품은 다소 신화적인 성격을 통해 그 시적 낯섦을 획득해내고 있다.
 이 작품에서 화자는 표면적으로 천렵의 한 형식을 통해 자신이 그리워하고 사랑하는 대상을 소환해내고 있다. 그 대상을 소환하는 데 있어 천렵은 피서지의 놀이이기 이전에 남성들의 사냥에 가깝다. 표면적으로 천렵은 무더운 여름을 나기에 안성맞춤인 피서법인 것으로 묘사되지만, 혹은 봄이나 가을에 즐기는 것이 제격인 것으로 인식되기도 하지만, 정해진 절기에 제격이라는 점에서 화자인 '나'는

---

[3] 이병일, 「천렵(川獵)」, 『애지』, 2017년 여름호.

사냥의 심리 상태에 몰리게 된다. 이러한 관점에서 화자가 천렵을 통해 낚고 있는 것은 단순히 물고기가 아니라 바로 사냥을 당한 "물고기 여자"다. 이 시의 전언에 따르면 사냥 당한 물고기 여자는 "겁이 많았고 비린내가 많았다"고 묘사된다. 재미있는 것은 화자인 '나'는 "그 여자와 결혼하기로 마음을 먹었다"는 점이다. 물고기 여자는 사냥으로 획득한 대상이라는 점에서 '나'와 '물고기 여자'의 결혼은 애초부터 성립될 수 없다. 서로 처해 있는 환경이 다르고 그 처지가 다르기 때문이다. 그러나 인간의 그리움을 어찌 단 하나뿐인 삶의 원칙으로 막아설 수 있을까. 그래서인지 이 작품에서의 '나'는 "물속으로 놀러가고픈 날씨 속에서 사내아이 둘"을 두기도 한다. 상식적인 시선으로 보면 '나'의 운명은 설상가상에 엎친 데 덮친 격이다. 물고기 여자와의 결혼도 모자라 아이를 둔 내가 취할 수 있는 선택은 이제 물 보듯 빤하기 때문이다.

  이 작품의 말미에서 화자는 물고기 여자가 "천만년이 흐르는 강에서 비늘 없는 짐승"이 되고자 하고, '나'는 강 바깥으로 밀려나오게 되면서 "물고기 여자와 아이들을 그리워한 죄로/반짝반짝 울음을 꺾었다"고 자조한다. 화자는 결국 "천렵을 노래하는 모래 언덕이 되어" 그리움을 평생 추억해야만 하는 천형에 놓인다. 이렇듯 인간이 지닌 그리움의 감정이란 서로에게서 어긋날 때 더욱 간절해지는 법일까. 얼핏 내용만 보면 다소 신파적일 수도 있는 이 작품 속에서 우리가 시를 읽는 기쁨을 얻을 수 있는 것은 앞서 언급했듯 시인이 의도하든 의도하지 않든 간에 천렵은 단순히 놀이가 아니라 사냥이라는 점에서 찾을 수 있다. 에둘러 말하자면 사냥한 짐승은 절대 길들여지지 않는 법이다. 마치 우리 삶이 그리움으로 정교하게 길들여지지 않듯이 말이다.

대개는 정교하다 모두의 옆모습
비트가 센 오션 드라이브(Ocean Drive)*
부끄러워하지 말고 이리 와
수월하게 건널 수 없는 것들은 때로
매혹적이야
앞이 있으니 뒤가 있고
그러니 흔들어 볼래?
비벼도 좋아
벗어도 좋다는 말이지
소리를 지르며! 진짜처럼 울어 볼래?
진짜라고 말해 볼래?

낮과 밤처럼
그렇게 두 쪽으로 나뉘는 걸 택하지 그래
그걸 흠결이라고 부른다면
그래 그렇게 말해도 좋아
나와 나는 잘 벗겨지지 않아
설마 탈피가 쉽다고 말하는 거니?
맛과 향 어느 쪽으로든
끝까지 가야 한다면
뜨거운 쪽으로 가자
부서지는 곳으로 가자

잘 익은 비트

정점 다음에서 질러대는 소리

충분히 시끄럽구나 너는

그래그래 그렇게 우는 것도

나쁘지 않아

잘 구워졌다면 이제

뒤집어 볼 시간이 되었다는 말이야

잘 빻아진 나를 헤집어 볼 시간이라는 뜻이지

이제 말해 봐

우리는 어디까지 갈 수 있니?

* 베이비론(Babylon)의 노래 제목.

— 유정이, 「커피 볶는 시간」 전문[4]

정말이지 인간의 옆모습은 그 어떤 모습과 비교해도 정교하다. 예를 들어 고대 이집트 피라미드 등에 자주 등장하는 그림과 조각들만을 떠올려 보더라도 인간은 팔과 다리는 옆으로, 몸통은 정면으로,

---

4 유정이, 「커피 볶는 시간」, 『포지션』 2017년 여름호.

그리고 얼굴은 다시 옆으로 표현된 것을 알 수 있다. 이는 가장 완전한 사람의 모습을 나타내고자 하는 인간의 마음이 담겨 있음을 우리는 '정면성의 원리'라는 말로 이해되어왔다. 유정이의 「커피 볶는 시간」에서 가장 눈에 띄는 것은 베이비론(Babylon)의 노래 오션 드라이브(Ocean Drive)의 분위기를 그대로 인용하고 있다는 점이다. 오션 드라이브는 일반적으로 바닷가의 해변을 끼고 도는 드라이브를 일컫는다. 드라이브할 때 보통의 연인들은 각자의 옆모습에 시선을 둔다. 옆모습에서 서로의 정교함을 읽어내려 한다면, 이 작품은 그것만으로도 시를 읽는 재미를 배가 시킨다. 여기에 더해 이 작품은 커피의 로스팅 과정을 표면적으로 덧입힌다. 또한 앞서 언급했듯 시인은 베이비론(Babylon)의 노래 오션 드라이브(Ocean Drive)를 인용하면서 커피의 로스팅 과정과 그 이미지를 정교하게 교차시키는 전략을 편다. 2017년 봄에 공개된 베이비론의 오션 드라이브의 가사는 드라이브하는 남녀가 서로에 대한 감정을 솔직하게 이야기하고 있는 내용으로 그 전언을 이룬다. 가령 "외로운 삶은 이제 옆자리엔 내가 있잖아"와 「커피 볶는 시간」의 "이제 말해 봐//우리는 어디까지 갈 수 있니"라는 시의 마지막 결구와 그 이미지의 결을 함께 하고 있다.

어쨌든 이 작품은 오션 드라이브를 즐기는 연인처럼 커피는 제각각의 맛을 향해 치닫는다. 마치 커피는 연애의 감정처럼 복잡하지만 그래서 단순하기도 하다. 이 인식에 대해 화자는 "수월하게 건널 수 없는 것들은 때로/매혹적이야"라고 표현한다. 그 감정이 진짜든 가짜든 간에 상관이 없는 듯 화자는 너스레를 떤다. 행여 이 둘의 감정이 가짜의 감정이라 할지라도 "진짜처럼 울어 볼래?/진짜라고 말해 볼래?"처럼 가짜라는 감정이 있기에 진짜라는 감정이 파생된다는 것을 화자는 알고 있다. 그래서 '너'와 '나'는 맛과 향 어느 쪽으로든 끝까지 가야 한다면 "뜨거운 쪽으로 가자"고, "부서지는 곳으로 가자"고 심리적 합일에 이른다. 급기야는 그 감정에 익숙해진 화자는 상대방에 대해 "충분히 시끄럽구나"라는 다소 재미있는 인식을 선보인다. 바다의 해변을 배경으로 드라이브를 하는 남녀 간의 연애 감정으로만 치부하기에는 이 작품의 매력이 부각되지 않는 이유다. 화자는 그 시적 긴장을 "잘 구워졌다면 이제/뒤집어 볼 시간"이라고 시적 전회를 시도한다. 뒤집어 볼 시간은 "잘 빻아진 나를 헤집어 볼 시간"이라는 뜻이라고도 말한다. 시 전체를 읽고 나면 다소 선정적으로 읽히기까지 한 이 작품 속에서 커피 볶는 시간의 상상력만을 읽어낸다면 그것은 여전히 우리의 그리움이 아직까지 삶에 정교하게 길들여 있지 않은 까닭이다.

소매에 자꾸 얼굴을 비비는 고양이
빨갛게 퉁퉁 부어오르는 나의 팔목
이런 귀여움과 가려움 사이에
동그란 구름 지나간다

중년 남자의 기침과 어린 남자의 웃음 사이에서
쫑긋해지는 귀
말랑하게 익은 아보카도와 바삭거리는 시리얼 사이로
달콤한 우유
레이스 브래지어와 실크 셔츠 사이의

얇은 바람

얼마나 더 정교해질 수 있나
고양이가 비빈 나의 팔목으로 지나간 구름의 기침을 들은 귀로 바삭거리는 바람이 나를 살리고 있다면
창끝으로 너의 풍선을 터뜨릴 텐데

* "신은 디테일에 있다" – 루트비히 미스 반 데어 로에

– 박세미, 「기분은 디테일에 있다」 전문[5]

그렇다면 인간의 감정은 결국 정교함에서 비롯하는 것일까. 그 정교함의 감정은 사람에 따라 다르겠지만, 인간은 기쁨의 감정보다는 슬픔의 감정에서 기분의 디테일함을 더 잘 느끼는 것 같기도 하다. 마치 톨스토이의 『안나 카레니나』에서처럼 행복한 가정은 모두 모습이 비슷하고, 불행한 가정은 모두 제 각각의 불행을 안고 있듯이 말이다. 시에서도 인용하고 있듯이 '신은 디테일에 있다'는 말은 독일의 유명 건축가인 루트비히 미스 반 데어 로에가 자신의 성공 비결에 관한 질문의 답으로 내놓은 말로 유명하다. 항간에는 '악마는 디테일에 있다'는 말로도 자주 변용되어 사용되기도 하는데, 총론에는 합의를 하나 각론에 들어가면 합의할 수 없음에 대해 흔히 쓰이는

---

5 박세미, 「기분은 디테일에 있다」, 『문예중앙』, 2017년 여름호.

말이기도 하다.

「기분은 디테일에 있다」라는 작품 또한 루트비히 미스 반 데어 로에의 말을 변용한 점을 감안하면 이 작품은 별로 어렵지 않게 읽힌다. 물론 이 작품에서는 이에 대한 친절한 설명이나 수사적 표현도 없다. 다만 "고양이"와 "나의 팔목" 사이에 "동그란 구름"만이 묘사될 뿐이다. 시의 맥락만 놓고 보면 화자는 "소매에 자꾸 얼굴을 비비는 고양이"와 "빨갛게 퉁퉁 부어오르는 나의 팔목"의 기분을 좌지우지하는 것은 "동그란 구름" 때문이라고 말한다. 일반적인 상식과 인과관계로는 성립될 수 없는 논리이지만, 시의 논리라는 것을 고려하면 매우 흥미롭다. 나아가 이 작품에서 화자는 "중년 남자의 기침"과 "어린 남자의 웃음" 사이에 "쫑긋해지는 귀"를 위치시킨다. "아보카도"와 "시리얼" 사이에 "우유"가 있고, "레이스 브래지어"와 "실크 셔츠" 사이에 "얇은 바람"을 배치해 놓기도 한다. 여기까지 시를 읽은 독자라면 이 시의 난해함에 고개를 갸우뚱거리겠지만, 시인은 친절하게 그 모든 난해함을 한꺼번에 해소해준다.

기분의 정교함은 단순한 배치에서 오는 것이 아니라 어떤 기분이나 감정이 디테일하게 연결됨으로써 만들어지는 화자만의 성찰인 셈이다. 그래서 화자는 고양이가 비빈 나의 팔목으로 지나간 구름의 기침을 들은 귀로 바삭거리는 바람이 나를 살리고 있다고 말하면서 그 기분을 한꺼번에 날릴 또 다른 디테일함이 단 한 번의 "창끝"에 있음에 시선을 집중시킨다. 그 "창끝"은 너의 디테일한 기분을 터트릴 수 있는 유일한 감정으로 남게 된다. 하지만 이 작품의 표현처럼 "창끝으로 너의 풍선을 터트렸다"고만 착각하지 말자. 눈치 빠른 독자라면 가끔은 풍선이 창끝을 터트릴 수 있다는 것도 알아차리는 것이 바로 기분의 디테일함에서 비롯될 테니까 말이다.

지난밤을 견디자 나는 조금 가벼워졌다 눈앞에서 섬광이 멈추지 않았고

희미해진다

밤하늘이 천체를 펼쳐놓을 때
우리는 영원히 빛의 과거만 볼 수 있을 거라며

물 주는 것을 잊어서 화분이 시들고
물을 주었다는 것을 잊어서 썩고

신의 시간으로 가늠했을 때 우리는 오래 죽어 있었거나 오래 살아 있었다
너는 빛 속에서 죽어간 사람들을 기리기 위해
혓바닥에 우표 한 장을 올려놓고
오래도록 녹여먹었다

곧 섬광이 터지겠지

서랍에서 수많은 필름이 쏟아지고, 장면과 장면이 뒤엉키고, 누군가 죽으면서 동시에 태어나는데 도시가 무너져 내린다 폭염과 폭설이 쏟아지는 동안 사람들은 여우비라 여기며 괜찮아질 거

라고, 이 모든 게 나아질 거라고 중얼거린다 그 사람들 한가운데
에서 익사하는 이가 있다

믿고 싶은 일을 기적이라 부르고
믿고 싶지 않은 일을 재앙이라 부르고

너는 손이 차가운 사람, 같은 인간이면서 우리의 체온은 왜 다
른 걸까

너의 기억이 희미해질수록 나의 몸은 떠오르고
물을 마시며 지난 악몽을 희석하지만

갈증을 잊은 식물, 빛 속의 얼굴 없는 인물, 끝나지 않는 피날
레
그것이 너의 역할이었다

— 양안다, 「테이블 데스」 전문[6]

    작품의 제목으로 사용되고 있는 '테이블 데스'는 흔히 수술 도중 환자가 사망할 때 쓰는 용어이다. 양안다의 「테이블 데스」는 죽음을 맞이한 대상이 사람이 아니라 테이블 이 위에 놓인 식물을 대상으로 하고 있다는 점에서 눈길을 끈다. 화지는 식물이 테이블에서 죽어간 이유에 대해 "물 주는 것을 잊어서 화분이 시들고/물을 주었다는 것

---

6   양안다, 「테이블 데스」, 『현대시』, 2017년 8월호.

을 잊어서 썩"는다고 이야기한다. 그러고 보면 우리 삶은 항상 그렇듯 망각의 연속이다. 그 망각 속에서 화자는 죽어간 '식물들'을 통해 또 다른 '인물'을 상기하는 전략을 활용한다. 식물이든 인물이든 간에 우리가 잠깐 스쳐가는 일들이라고 치부해버린다. 또한 화자는 이러한 인식을 식물과 인물이 서로 크게 다르지 않음을 떠올리게 하는 시적 전회의 수단으로 작용한다. 이 과정을 통해 화자가 느끼는 감정은 "믿고 싶은 일을 기적"이라 부르고, "믿고 싶지 않은 일을 재앙"이라고 부른다는 점일 것이다. 말하자면 '기적'과 '재앙'은 표현만 다를 뿐 결국 같은 의미이다.

그 의미의 연장선상에서 화자는 "너는 손이 차가운 사람, 같은 인간이면서 우리의 체온은 왜 다른 걸까"라고 반문한다. 이 반문은 표현상 궁금한 것을 묻고 있는 형식이지만, 화자의 궁금함이야말로 '테이블 데스'를 당한 존재를 잊게 만드는 동력으로 작용한다. 그 동력에 대해 화자는 너의 기억이 희미해질수록 나의 몸은 떠오르고, "물을 마시며 지난 악몽을 희석"한다고 고백한다. 화자가 인식하는 식물과 인물이 다시금 동일시되는 지점이다. 결국, 화자에게 식물과 인물이 죽는다는 것은 "갈증을 잊은 식물, 빛 속의 얼굴 없는 인물, 끝나지 않은 피날레"로 접합되면서 테이블 데스의 역할이 수술 도중 죽음을 맞이하는 것이 아니라 단순히 죽음을 인식할 수 있는 "너의 역할" 정도로 이해하고 있다.

> 시골집 뜨락을 지켜주던 꿋꿋한 고요
> 안식이 간절한 듯
> 짙은 평화로 가기 이전의

결의처럼 견고한데
한 타인의 삶이 내게로 스며든다

닭 모가지를 치고
봉제공장 단무지공장 박스공장을 거친 그녀
눈썹 문신 위로 선명한 과거를 드리운 채
또 앞머리를 자른다

뭉뚝해진 미래 앞에
꾸역꾸역 피어나는 정염으로
기어이 봄날을 꺾으려는지

쾌락과 쇠락 사이 노을처럼
붉은 담장 밑에서 펄럭이던 그림자
우물 속으로 사라질 때

우르르 쾅쾅
빛 중력이 충돌하는 소리가 들렸다

— 성백선, 「명자꽃」 전문[7]

    이 세상의 모든 사물은 태어나면서부디 자신만의 역할이 있다. 자기가 마땅히 해야 할 소임을 다하는 것, 또한 그것을 직관적으로 알

---

[7] 성백선, 「명자꽃」,『문예연구』, 2017년 여름호.

아차리고 시로 옮겨오는 일, 그것은 시인의 역할이자 소임일 것이다. 앞서 살펴본 「테이블 데스」에서 테이블 위 식물의 죽음을 통해 그 역할을 떠올렸다면, 성백선의 「명자꽃」에선 꽃의 소임뿐 아니라 이름의 역할까지도 엿볼 수 있다. 우선 시에서 활용되고 있는 '명자꽃'은 흔히 장미과에 속하는 낙엽관목으로 우리나라에서는 4~5월에 피는 꽃으로 잘 알려져 있다. 시인들에게는 명자꽃의 명성만큼이나 한 시대를 풍미한 흔한 여성의 이름으로도 널리 호명되어 왔다. 그러고 보면 우리나라에서 명자, 숙자, 말자, 인자 등과 같은 이름을 가진 여성들은 왜 그리도 비슷한 삶을 살아왔던가. 왜 그리도 삶이 고단했던가. 그 고단한 삶은 왜 그리도 신파적인가.

  이 작품 또한 기존 시인들이 보여줬던 명자꽃에 대한 상상력과는 크게 다르지 않은 시의 전개 양상을 보인다. '명자'라는 이름이 지닐 수 있는 인생의 파노라마가 그대로 묘사된다. 화자는 시골집 뜨락에서 마주한 명자꽃 속에서 닭 모가지를 치고, 봉제공장 단무지공장 박스공장을 거친 한 여자를 떠올린다. 이 표현만 놓고 보면 인생 자체가 신파다. 하지만 여기에 더해 화자는 "눈썹 문신 위로 선명한 과거를 드리운 채/또 앞머리를 자른다"는 표현을 살짝 돋우어냄으로써 시적 전회를 시도한다. 표현만 놓고 보면 명자꽃에 대한 외관상의 묘사이며 명자라는 이름을 가진 인생의 수사 정도로 읽힌다. 하지만 화자는 닭 모가지를 치는 행위와 앞머리를 자른다는 표현을 '정염(情炎)으로 불타오르는 한 여자의 삶'에 곁들이면서 시는 재미있어진다. "기어이 봄날을 꺾으려는" 행위는 그래서 꽃과 여자 모두에게 해당하는 것이겠지만, 화자가 정작 인지하고 있는 것은 바로 자신의 삶도 명자꽃처럼, 이 시대의 명자들처럼 쾌락과 쇠락을 반복할 것이라는 삶의 관조이다. 그러고 보면 화자는 처음부터 명자꽃을 응시하며 "한 타인의 삶이 내게로 스며든다"라고 고백한 바 있다. 화자가 인식하고 있듯 '쾌락'과 '쇠락'이 한 송이의 명자꽃이라면, 시골집 뜨락을 지켜주던 꿋꿋한 '고요'와 우물 속에서 '우르르 쾅쾅 충돌'하는 빛이 진작부터 한통속이었음을 우리는 알아차렸어야 했다.

   시를 통해 삶을 성찰한다는 것은 무엇보다 자신만의 견해와 원칙을 갖는 일임에 틀림없다. 누군가 만들어 놓은 사유가 아니라 자신이 세운 기원조차 대상을 통해 무너트리는 행위가 곧 '나다움'의 의미를 돌이켜 보는 방법이 아닐까 궁구해 본다. 시인 또한 자신만의 방식으로 대상을 성찰하고 그 안에서 그 대상의 삶의 체온을 느껴보는 것, 그것을 통해 자신의 시적 성찰을 돋우어 내는 것, 이것이야말로 시인들이 삶을 성찰하는 사유의 방식이자 시의 체온을 유지하는 유일한 전략이 아닐까도 요량해 본다. 행여 이 견해와 원칙조차 시를 쓰고 읽는 일에 방해요소가 된다면, 시의 체온에 마음을 다친 사람이 아직까지 없다는 사실만으로도 우리는 스스로를 곰곰 위로할 수밖에는 없다.

-『문예연구』, 2017년 가을호 발표

죽음의 미래와 삶의 종언

 우리에게 익히 알려진 수메르 문학 중 하나인 길가메시 서사시 속에는 죽은 지 얼마 되지 않아 신격화되는 영웅들의 모습이 다양하게 소개된다. 이 영웅들의 모습은 근래 들어 4차 산업혁명의 틈을 타고 다시 살아나 인간의 뇌를 컴퓨터로 복제하는 '블루브레인 프로젝트(Blue Brain Project)'의 이미지로 대체되는 모양새다. 익히 알고 있듯 길가메시는 영원히 사는 것이며, 블루브레인은 뇌를 컴퓨터로 대신함으로써 인체의 고장 난 부분을 바이오 기술로 대체하는 작업을 통칭하는 단어이다. 이러한 현상은 지금껏 형이상학적으로만 인식되어 온 인간의 죽음에 대한 사유의 향방이 크게 달라질 수 있음을 말해준다. 인류의 주인이라고 자처했던 호모사피엔스의 종말을 예언하는 작금의 현상에 발맞춰 몇 해 전부터는 죽음이 인지 혁명과 생명과학 혁명을 통해 신의 영역까지 확대되고 있다는 진단이 내려지기도 한 상황이다. 이에 유발 하라리(Yuval Noah Harari)는 "인간이 신을 발명할 때 역사는 시작되었고 인간이 신이 될 때 역사는 끝날 것"이라는 의미 있는 경고를 통해 죽음의 미래에 대한 진지한 성찰을 우리에게 요구하고 있다.

미래 예측 전문가들은 2045년쯤이면 죽음이라는 개념이 인류의 역사 속에서 완전히 소멸할 것으로 예측한다. 이러한 예측의 뒷면에는 그동안 철학이나 종교에서 주장했던 '죽음은 신의 선물'이라는 의미에 대한 반기가 숨어 있기도 하다. 형이상학적인 명제로서의 죽음을 인류는 실용적이고 현실적인 삶의 조건으로 받아들이면서 죽음마저 기술적인 문제로 치환 가능함을 지속해서 강조하고 있다. 이런 흐름 속에서 우리는 암암리에 영원불멸에 대한 기대감을 애써 높이고 있지만, 한편으론 의학기술이 낳은 터미네이터 같은 로봇에 대한 거부감과 결국 인간은 인간일 뿐이라는 인식이 더 지배적인 듯 보이기도 한다. 어느 뇌과학자의 말마따나 인간이 제아무리 건강을 유지하고 뇌를 인공지능화 시킨다 하더라도 결코 죽음을 피해갈 수는 없을 거라는 회의적인 시각이 아직은 조금 더 우세하기 때문이다. 또한, 인간의 죽음이 다양한 인공지능의 방식에 의해 포섭되고 우리를 설득한다 하더라도 결과적으로 죽음의 본질과 그 근원적인 속성까지 변화시킬 리 만무하기 때문이다.

좀 더 냉정하게 생각해 보면 인공지능이나 과학기술을 통과하는 21세기의 죽음에 관한 사유는 오히려 근대 이후 릴케가 『말테의 수기』에서 언술한 "애도의 작업(Trauerarbeit)"과 그 의미 면에서 상당 부분 닮아 있다는 인상을 주기도 한다. 일찍이 프로이트가 주장한 "애도의 작업"은 "사람들은 살기 위해서 여기로 몰려드는데, 나는 오히려 사람들이 여기서 죽은 것 같다는 생각이 든다."라는 릴케의 강력한 언술과 만나면서 우리에게 대도시와 죽음의 관계를 역설적인 방식으로 서술한다. 오늘날 4차 산업혁명으로 대변되는 인공지능과 인위적인 죽음의 사망 선고는 사실 추모의 과정을 통한 애도의 일부에 지나지 않으며, 인간이 죽음에 대한 불안감으로부터 벗어나기 위한 은폐와 배제 그 이상의 의미를 지니지 못함을 어렴풋이나마 직감해 볼 수 있다.

프로이트는 삶에서 죽음을 지워버리려는 성향의 근원을 인간이 간직하고 있는 삶에 대한 애착 내지는 불멸에서 연유한다고 단언한 바 있다. 죽음의 사망 선고와 소멸의 과정을 통해 인간의 죽음이 은폐되고 배제되는 동시에 우리 곁의 죽음은 더욱더 노골적이고 견고하게 그 의미를 우리 삶에 되묻는다. 그런 점에서 죽음의 인공지능 시대에 완전히 다른 차원의 죽음을 인식과 삶을 받아들이는 시인들의 상상력은 과연 시대착오적인 것일까. 삶과 함께하는 죽음은 배제와 은폐의 대상이 아니라 오히려 친밀함의 대상이며 인간이 소유한 최고의 자산일지도 모른다는 그 신파 속에서 오히려 신의 모습을 읽어내는 상상력은 인간에게 축복이자 저주일 것이다. 적어도 시인들의 시적 상상력 속에서는 말이다.

     폐업한 초원 다방 담벼락
     못으로 긁어 쓴 욕을 덮고 장미 피어 있다

     아름다움의 포박을 풀고
     햇빛의 타격을 시퍼렇게 받으며
     온몸에 누적된 맷집으로 핀다

쟁반의 장미가 피고
오토바이에 장미가 피고
칼에 그려진 장미가 핀다

버려진 말들로 송이송이 피는 초원의 장미
눈에 붉은 선팅을 붙이고 백치처럼 달린다

펄럭이는 관계를 버리고
좋아하지 않는 것을 좋아하는 다정한 세계를 털어버리고
질편한 증명이 필요 없을 때
장미는 장미답게 핀다

피는 것은 전속력으로 그늘을 저장하는 것이고
피는 것은 혼자만의 길로 조용히 건너가는 것이고
피는 것은 죽음을 맛보고 돌아온 자의 술회이므로
피면서 첩첩이 소거된 나약한 즐거움이 있다

검푸른 잠으로 모든 시선에 그늘을 치며
붉은 욕처럼 초원의 장미는 핀다

— 김생, 「장미」 전문[1]

그렇다면 죽음은 어떠한 방식을 통해 시인의 삶에서 의미를 획득

---

[1] 김생, 「장미」, 『시인동네』 2017년 5월호.

해낼까. 사실 세상의 모든 것들은 둘 사이의 관계 맺기를 통해 그 의미를 획득해내기도 한다. 더욱이 삶에 집중된 관계라면 더할 나위 없이 우리는 그 관계성에 주목하게 된다. 삶 없이 죽음을 생각할 수 없고 죽음 없이 삶을 생각할 수 없다는 단순한 이치가 지금껏 회자되는 이유는 모두 이 때문이다. 그러나 막연하게 삶과 죽음은 동전의 양면이라는 비유로 해석을 단순화할 필요는 없다. 우리는 동전의 앞면을 들여다보는 동안은 절대 뒷면을, 뒷면을 들여다보는 동안에는 절대 앞면을 볼 수 없기 때문이다. 원초적으로 관계가 차단되는 상황에서의 삶과 죽음이란 오히려 삶이든 죽음이든 하나의 단면 위에 그 의미가 동시에 놓이게 된다. 그 공간에서 형성되는 관계 맺기란 결국 시의 맥락을 놓는 일이며, 사물이든 사람이든 그 무엇이든 간에 그 맥락 안에서 종국적인 죽음의 의미를 획득하게 된다. 이는 관계성의 상실이 곧 삶의 상실인 동시에 존재 자체를 무의미하게 만들 가능성이 있음을 충분히 암시하고도 남는다. 위의 작품에서 '초원 다방'은 폐업이라는 시적 배경을 모티프로 하고 있다. 폐업하기 전의 초원 다방은 어떠했을까. 아마도 삶으로 대변할 수 있는 물건과 사람과 식물들로 그 배경을 채우고도 남았을 것이다. 하지만 화자는 그 초원다방에 대해 "못으로 긁어 쓴 욕을 덮고 장미 피어 있다"라고 묘사한다. 아름다움으로 대변되는 장미의 이미지를 통해 못으로 긁어 새긴 욕을 은폐하는 상황은 마치 죽음이 우리의 삶을 뒤덮고 있다는 뉘앙스를 풍긴다. 어쨌든 화자는 폐업한 초원 다방에서 우리가 가졌던 익숙한 사고를 뒤엎고 장미의 존재를 재확인시킨다. 초원 다방에서는 여전히 "쟁반의 장미가 피고/오토바이에 장미가 피고/칼에 그려진 장미가 핀다." 죽음은 은폐되고 감춰지는 것이 아니라 아름다운 장미를 통해 더욱 가시화될 수 있다는 믿음을 여기에서 갖는 다면 비약일까. 이 작품에서 삶과 죽음의 관계성이 그 의미를 구체적으로 획득할 수 있는 것은 "펄럭이는 관계를 버리고/좋아하지 않는 것을 좋아하는 다정한 세계를 털어버리고/질펀한 증명이 필요 없을 때/장미는 장미답게 핀다"라는 부분이다. 통상적으로 자기가 자기다워지려면 자신과 상관없는 것들을 버려야 하는 것이 아닌가. 마찬가지로 장미가 장미다워지려면 자신과 상관없는 것들을 우선 버려야 할 것이다. 그 맥락 안에서 화자가 인식하고 있는 '피는' 행위는 시적 상상력 안에서의 또 다른 것들과의 관계 맺기와 의미 형성을 시도한다. 가령, "피는 것은 죽음을 맛보고 돌아온 자의 술회"라는 것에 조금이라도 동의한다면 우리는 살아 있는 동안에도 죽음을 끊임없이 영위하고 상기하고 있음을 각인시키고 있는 것이다. 그렇다고 장미가 장미로서의 존재가치로만 끝나는 것은 아니다. "검푸른 잠으로 모든 시선에 그늘을 치며/붉은 욕처럼 초원의 장미는 핀다"라고 결론을 맺는 이 작품 속에서 죽음을 통과한 장미가 붉은 욕처럼 피어 있는 것은 과연 단순한 우연일까. 만약 우리가 장미와 욕을 구별할 수 없다면 그것은 우리가 여전히 인간다움을 잃지 않고 있기 때문일 것이다.

> 아주 작은 꽃에겐 아주 작은 태양이 뜨고 아주 작은 달이 뜨고
> 쓰러진 그녀에게도
> 아주 작은 밤이 지나고 아주 작은 아침이 오고
> 버려진 개에게도
> 아주 작은 바퀴가 굴러가고 아주 작은 발이 지나가고

그녀와 개 사이에도

아주 작은 사람이 오고 아주 작은 사람이 가고

비 한 방울의 바다를 뒤집어쓰고

아주 작은 꽃에겐 아주 작은 파도

아주 작은 노래

아주 작은 말

해안도로를 따라

아주 작은 꽃에겐

아주 작은 흰색

길 끝의 소녀들

쓰러졌다 일어서면 흰색

- 신영배, 「그 꽃도 나를 보았을까」 전문[2]

인간이 가장 인간다울 때는 언제인가. 그것은 인간에게 상응하는 사고와 생활 속에서 획득된다. 언젠가 영국 경제학자 에른스트 슈마허(E. F. Schmacher)는 우리에게 '작은 것은 아름답다'라는 명제를 선물한 바 있다. 인간이 작은지 큰지는 사람마다 생각의 차이가 있겠지만, 기본적으로 인간은 죽음 속에서 얼마나 작은가. 죽음과 삶의 크기를 상상했던 시인들은 이미 그것을 알고 있었다는 듯이, 마치 프랙털처럼 독자의 상상력을 자극한다. '꽃'이라는 시선을 통해 꽃의 시선에 맞는 사유를 보여주고 있는 이 작품은 비록 죽음에 대

---

2 신영배, 「그 꽃도 나를 보았을까」, 『현대시』, 2017년 5월호.

한 직접적인 언급이 없어도 우리에게 긴 여운을 남긴다. 우연인지 필연인지 모르겠지만, 이 작품을 읽는 동안 우리는 앞서 언급한 릴케의 또 다른 전언을 상기해 봐도 좋을 것이다. 릴케는 "옛날에 사람들은 과일에 씨가 들어 있듯이, 사람도 내부에 죽음을 간직하고 있음을 알고 있었다(아니면 그저 예감했던 것인지도 모른다). 아이들은 작은 죽음을, 어른들은 큰 죽음을 갖고 있었다. 여자들은 그것을 자궁 안에, 남자들은 가슴속에 간직하고 있었다. 어쨌든 독특한 위엄과 말없는 자부심을 주는 죽음을 가지고 있었다."(릴케, 『말테의 수기』)라고 이야기한다. 릴케의 시적이고도 아름다운 이 문장만 놓고 보면 세상의 모든 것들은 각자의 존재 가치와 크기를 통해 자신에게 맞는 사물과의 관계 맺기를 시도한다. 사실 우리의 삶을 되돌아보면 우리는 그 상황에 맞는 슬픔과 절망 때론 간접적인 죽음을 끊임없이 목도해왔던 것은 아닐까. 물론 감당하기 힘든 현실의 벽 앞에서 쉽사리 좌절하기도 하지만, 결과적으로만 보면 죽음(운명)은 우리가 견딜 수 있는 만큼의 시련을 허락하지 않았던가. 그런 점에서 보면 작은 것들에게 작은 것이 필요하다는 사유는 세상의 당연한 이치이자 인지상정이라 할 수 있다. 이 작품에서도 화자는 "아주 작은 꽃에겐 아주 작은 태양이 뜨고 아주 작은 달이 뜨고/쓰러진 그녀에게도/아주 작은 밤이 지나고 아주 작은 아침이 오고" 있음을 이야기한다. 작은 것은 작은 것과 관계할 때 그 존재 가치를 온전히 인정받는다. 궁극적으로 삶을 살아가는 동안 관계를 맺는다는 것은 비슷한 크기의 두 존재가 서로의 가치와 맥락의 연결을 통해 하나의 의미 맺기를 형성한다. 이 작품에서 '꽃'은 그 존재의 크기가 작기에 '아주 작은 태양', '아주 작은 달', '아주 작은 밤', '아주 작은 아침' 등의 이미지를 포착하고 있다. 삶으로 고정된 공간 속에서 인식하는 세상은 존재의 크기와 상관없이 "버려진 개에게도/아주 작은 바퀴가 굴러가고 아주 작은 발이 지나가고/그녀와 개 사이에도/아주 작은 사람이 오고 아주 작은 사람"으로도 인식된다. '꽃'은 머물러 있는 상태에서 풍경을 관조하면서 종국적으로는 '길 끝의 소녀'와 존재가치의 동일성을 시도하기도 한다. 소녀의 관점에서 보면 자신은 "쓰러졌다 일어서면 흰색"이라는 표현을 통해 꽃의 시선에 포착되기를 희망하지만 그 사이 불쑥 들어선 인간의 감성은 죽음에 대한 근원적인 질문을 떠오르게 만든다. 이 작품의 제목이기도 한 '그 꽃도 나를 보았을까'라는 질문의 시적 진위는 오롯이 시를 읽는 독자의 몫으로 남겨진다.

개울 위에 징검돌들이 이끼를 머금고 있다
누군가 건너기 위해 밟고 간 자리가 아닌
누군가 손을 흔들고 머무른 자리 위로 이끼가 자란다
피라미와 송사리가 작은 입을 뻐끔거리고
어린 가재가 여린 집게발로 한참을 쓰다듬은 자리 위로
그늘을 거느린 햇살이 오래 머무르면서
미끄덩한 이끼들이 돌의 뿌리로 돋는다
팔순의 아버지가 다리를 벌벌 떨며
지팡이를 짚고 경로당을 갈 때면 이끼들이 달라붙는다
작은 바람이 들락거렸을 시린 무릎을 붙들고
간판도 떨어져나간 허름한 슈퍼 기둥을 잡고 있을 때면
온전히 뿌리내리지 못한 이끼들이 한숨을 쉰다

> 이끼는 적막과 소란스러움 사이에서 무성하다
> 축축함과 말라비틀어진 그 내밀한 경계에서 자라고
> 태어나는 곳과 죽음을 기다리는 그 막간에서 피어난다
> 오래전의 애인은 자주 넘어지곤 했다
> 발바닥에 이끼가 무성해서 미끄러웠을 것이다
> 귀신처럼 떠돌지 않고 바닥에 납작 엎디어서
> 울고 있는 사람의 하체는 온통 초록으로 뒤덮여 있다
> 촘촘한 이파리들이 따개비처럼 더덕더덕 붙어 있다
>
> — 김산, 「이끼」 전문[3]

 이 시는 이끼와 다양한 사물의 관계성에 대해 다시금 되돌아보게 하는 작품이다. 화자는 '이끼'라는 시적 이미지를 통해 전달되는 죽음의 무게를 가늠하기 위해 정신과 육체의 소멸 과정을 다소 거칠게 묘사해놓고 있다. 일반적으로 인간의 죽음은 정신과 신체를 상실하는 과정을 통해 이루어진다. 먼저 인간은 죽음과 동시에 의식을 포함한 신체의 모든 기능을 중단시킨다. 그 뒤를 이어 신체는 물질 요소들로 인해 분해되는 과정을 진행한다. 이 둘은 인간의 죽음과 동시에 일어나는 보편적 현상들이지만, 어떤 면에서 보면 자연적 기능과 물질적 요소의 변형은 삶의 연속성을 보여주는 죽음의 대표적 현상들이기도 하다. 다만 인간은 삶의 충동과 죽음의 충동 사이에서 영원한 갈등과 타협의 과정을 동시다발적으로 경험함으로써 독자적인 죽음의 개별성을 확보할 뿐이다. 이 작품에서 화자는 이끼가 "축

---

3 김산, 「이끼」, 『시인동네』, 2017년 5월호.

축함과 말라비틀어진 그 내밀한 경계에서 자라고/태어나는 곳과 죽음을 기다리는 그 막간에서 피어난다"고 인식한다. 마치 화자는 죽음과 삶의 보란 듯이 길항하는 모습을 형상화한다. 작품의 서두만 놓고 보면, 화자는 "누군가 건너기 위해 밟고 간 자리가 아닌/누군가 손을 흔들고 머무른 자리 위"에서 이끼가 자라고 있음을 확인한다. 머무름은 어떤 대상과의 관계 맺기이며 그 반대의 의미는 죽음 속에도 종속되지 못하고 소멸되고 있음을 암시한다. 그래서 죽음과 관계 맺지 않는 것들에게서는 이끼가 자라지 않는다. 그래서였을까. 화자는 개울가의 이끼에서 팔순의 아버지에게도 이끼들이 달라붙는다고 상기한다. 팔순의 아버지 또한 인생을 사는 동안 무언가에 머물러 있었음을 짐작하게 하는 대목이다. 팔순의 아버지는 "간판도 떨어져 나간 허름한 슈퍼 기둥을 잡고 있을 때면/온전히 뿌리내리지 못한 이끼들이 한숨을 쉰다"라는 구절 속에 포섭되면서 이끼가 자라는 이유를 설명한다. 평생 허름한 슈퍼와 관계를 맺어왔음을 통해 이끼와 아버지의 관계를 증명해주고 있다. 주목할 것은 이때의 이끼들이 팔순의 아버지에게 온전히 뿌리내리지 못하고 '한숨'을 쉬고 있다는 점이다. 이는 자신의 삶 속에서 관계의 균형을 잃어버린 존재, 다시 말해 팔순의 아버지가 죽음 쪽으로 급격히 치우쳐가고 있음을 의미한다. 그러면서 그 이끼가 "오래전의 애인"을 자주 넘어트리는 매개체로서도 작동했음을 상쇄시킨다. 이제 죽음으로 대변되는 이끼에 구속당한 존재는 마치 우리의 삶을 온통 죽음의 초록으로 뒤덮을 것이며, 그것을 보고 있는 "울고 있는 사람의 하체"까지도 초록으로 뒤덮고 있음을 강조한다. 이 작품이 죽음과 삶의 관계에 대한 단순하지만 복잡한 의미를 형성했다면, 다음 작품은 그 관계성에 대해 삼가 더욱 단순해지기를 우리에게 권하고 있다.

지금이 몇 시인지 알고 싶다면 시계를 보면 됩니다

나는 어디로도 갈 수 있고
어디로든 가지 않을 수도 있고
좀 더 복잡해질 수도 있습니다

함부로, 쉽게, 간단하게
지워 버려도 의미가 변하지 않는다는 이유로 부사를 사랑합니다

한없이 가벼운 자세를 지니고 있다는 점에서
의지를 신뢰합니다

설탕을 빼 버리면 이 세계의 복숭아는 모두 상해버리고
통조림 안의 복숭아는 안전합니다

간단합니다
나는 얼마간 부사가 되어 있겠습니다

그건 검은 해변에 운동화를 놓고 오는 일
잘 닦인 유리창에 지문을 남기는 일
줄넘기 없이 수요일을 뛰어넘는 일

아프리카로는 갈 수 없지만
내일로 갈 수 있을 만큼 다리가 길어집니다

얼굴은 내 것이지만 타인의 영향 아래 있습니다
구름도 어쩔 수 없는 날씨가 있습니다

저기 뒤뚱거리며 걸어가던 기분이 넘어집니다
펭귄처럼, 거꾸로, 각별하게

— 임지은, 「간단합니다」 전문[4]

    우리가 삶, 다시 말해 인생에 집착하는 이유는 무엇일까. 단순하게 말해 그 삶에 귀속되어 있기 때문일 것이다. 그렇다면 관계의 단순함이란 관계의 정리에서 시작되는 것인지도 모른다. 주지하지만 인간이라면 알게 모르게 모든 삶의 행위를 죽음과 결부시킨다. 작품 속의 화자는 일생이 매우 간단하다고 이야기한다. 하지만 그 간단한 일생을 정말 간단하게 정리하고 결정하기란 사실 그리 간단하지 않다. 우리는 수없이 많은 삶의 경험을 통해 삶이 그리 호락호락하지 않음을 알고 있다. 그래서 화자는 "나는 어디로도 갈 수 있고/어디로든 가지 않을 수도 있고/좀 더 복잡해질 수도 있습니다"라며 선택에 대한 어려움을 토로한다. 이는 관계를 설정하는 것은 오직 인간의 몫인 동시에 의지의 문제이며, 그 의지의 핵심은 죽음과 끊임

---

[4] 임지은, 「간단합니다」, 『시인동네』 2017년 3월호.

없는 관계 맺음 속에서 이루어진다. 그 접촉은 결과적으로 화자에게 '어떻게 살 것인가'라는 의미를 새롭게 되새겨준다. 동시에 "함부로, 쉽게, 간단하게/지워 버려도 의미가 변하지 않는다는 이유로 부사를 사랑합니다"라고 이야기한다. 여기에서의 부사는 사전적 의미로 뜻을 분명하게 해주는 품사의 역할을 한다. 특히 서술 어미의 뜻을 분명하게 해준다. 서술어는 말 그대로 행동에 대한 방향성을 지시한다. 화자는 "간단합니다/나는 얼마간 부사가 되어 있겠습니다"라고 말하면서 간단하지만 전혀 간단하지 않은 행동들을 강조해낸다. 뒤이어 "그건 검은 해변에 운동화를 놓고 오는 일/잘 닦인 유리창에 지문을 남기는 일/줄넘기 없이 수요일을 뛰어넘는 일"과 연결하면서 일상생활의 모든 것들이 절대 간단하지 않음을 구체적인 서술 어미의 구체성을 통해 형상화한다. 따라서 화자는 어떤 실천에 있어서 '간단합니다'라는 삶의 의지를 피력하면서 '내 것이지만 타인의 영향 아래 있는 얼굴'에 자신의 삶을 덧대면서 간단하지만 간단하지 않은 삶의 규정짓기를 시도하고 있는 셈이다.

> 빛나는 것들은
> 모두 땅속에 있지
>
> 세상에서 가장 완벽한 애인은
> 죽은 애인이라고
>
> 춤추는 일들은
> 모두 지문이 없지

속이 빈 새들이 날아가는
창문은 소경과 귀머거리의 시간

순결한 걸음으로
가요 정오는
살인의 시간
자정은 사랑의 시간

독이 든 우유를 들고
계단을 올라요

총상과 복상사는
구멍 난 심장이 닮았다고

청혼하는 장미처럼
산산조각 붉다고

당신의 속눈썹을 쓸어내려요
깊이 잠들어요 노래를 불러요

정오는 은닉의 시간
자정은 발각의 시간

장갑을 끼고
총알을 닦고

찬장을 열고
독약을 타고

산책은 언제나
우발적 엇갈림

세상에서 가장 자유로운 걸음으로
가요

당신을 만나요

— 이용임, 「맨발」 전문[5]

    인간은 죽음으로 인해 빛날 수 있는가. 이 작품은 운명은 언제나 우발적인 엇갈림을 통해 이뤄지고 있음을 보여주고 있다. 생각해 보면 정말로 "빛나는 것들은/모두 땅속에 있"다. 그런 점에서 "세상에서 가장 완벽한 애인은/죽은 애인"이기도 하다. 결과론적인 이야기지만 모두 죽음을 통과한 삶이 얼마나 완벽하고 아름다울 수 있는지에 대한 물음을 이 작품은 보여주고 있다. 눈에 띄는 부분은 "춤추는 일들은/모두 지문이 없"다는 시적 인식이다. 생각해 보면 인간의 모

---

5 이용임, 「맨발」, 『포지션』, 2017년 봄호.

든 손가락에는 지문이 새겨져 있다. 그 모양은 세상에서 가장 독보적이면서도 유일무이한 무늬로 우리의 상상력을 자극한다. 지문이 없는 사람의 춤은 과연 어떠할까. 지문의 인과에 사로잡힌 춤은 결코 자유로울 수 없을 것이다. 지문이 없는 사람의 춤은 증명할 순 없지만 죽음과 비견할 만한 가장 아름다운 죽음의 방식일 것이다. 따라서 이 작품 속에 등장하는 이미지들은 지문을 남기지 않아야 하는 화자들로 가득하다. 정오에 살인을 저질렀다는 소설 속의 한 사내와 독이 든 우유를 들고 계단을 올라가는 사람, 당신의 속눈썹을 쓸어내리며 깊이 잠들기를 바라는 화자는 마치 태초부터 지문이 없었던 사람처럼 "세상에서 가장 자유로운 걸음으로" 당신에게 다가선다. 이때의 당신은 말 그대로의 타자이기도 하겠지만, 어쩌면 자신의 삶 속에 스며있는 죽음이라는 존재 그 자체일지도 모른다.

그러니까 후일담 같은

이것뿐이구나, 택시 타거라
넣어주면 뿌리치고 뿌리치면 넣어준
만 원 한 장과 접혀진 천 원짜리 두 장의
무게, 핑 도는 짭조름한 무게

눈물을 꺼내 펼치면
붙고 불어나서
여러 날 찬물에 담근 겨울 나물같이
한 솥 가득 차고 넘치는 무게

입도 늙는가 봐야,
맛을 잃은 친정엄마의 식탁 위
미숫가루 한 숟갈의 무게
곧 바스라지리라는 것과
목숨이 그리 쉬운가
까닭 없는 믿음의 무서운 무게
아슬아슬한 무게

말린 시래기 두 뭉치
비닐봉지에 받아 들고 온 저녁
불 켜진 외등처럼 빛난다
여든여섯 채
처마 밑 그늘의 무게

태풍의 핵 같은
그러니까 비어 있는 무게

― 한영수, 「시래기 두 뭉치」 전문[6]

   이 작품은 시래기라는 중심 소재를 통해 죽음의 편으로 쉽게 넘어가지 않는 무게에 대해 이야기를 하고 있다. 기본적으로 죽음은 인간의 숙명이다. 노화 과정의 끝이기도 하다. 생물학적 세포의 소멸

---

6   한영수, 「시래기 두 뭉치」, 『문예연구』, 2017년 봄호.

을 의미하기도 한다. 죽음은 신체의 노화 과정 속에서 서서히 진행되는 피할 수 없는 종착지다. 작품 속 화자는 "여든여섯 채/처마 밑 그늘의 무게"로 형상화된다. 짐작건대 시래기처럼 말라버린 육체를 소유한 노구(老軀)일 것이다. 화자는 그 시래기처럼 가벼운 몸에서 죽음의 무게를 발견한다. 그 무게는 화자에게 "만원 한 장과 접혀진 천 원짜리 두 장의/무게, 핑 도는 짭조름한 무게"이다. "여러 날 찬물에 담근 겨울 나물같이/한 솥 가득 차고 넘치는 무게"이기도 하다. "미숫가루 한 숟갈의 무게"이면서 "까닭 없는 믿음의 무서운 무게/아슬아슬한 무게"로 인식되기도 한다. 결과적으로 그 무게는 "태풍의 핵 같은/그러니까 비어 있는 무게"일 테지만, "곧 바스라지리라는 것과/목숨이 그리 쉬운가"라는 구절과 만나면서 무게가 지닌 죽음의 의미를 더욱 융숭깊게 한다. 어쩌면 시래기 두 뭉치가 주는 무게는 맨 처음 우리가 기억하고자 했던 길가메시의 불멸과 교차할지도 모를 일이다. 인간이 죽음을 거부하거나 부정한다고 해서 죽음은 끝끝내 인간의 삶을 비켜서지 않을 것이다. 그렇다고 해서 가능한 죽음을 생각하지 마라고 했던 셰익스피어와 지혜로운 사람에게는 삶 전체가 죽음에 대한 준비라고 말했던 키케로의 전언을 "넣어주면 뿌리치고 뿌리치면 넣어준/만 원 한 장과 접혀진 천 원짜리 두 장의/무게"처럼 우리는 삶의 맨 끝에서 우격다짐으로 거부할 수 있을지는 깊은 의문이 든다. 흔히들 영혼의 무게를 21그램이라고 말한다. 사람은 육체와 영혼으로 구성되어 있다는 이원론에서 출발한 영혼의 존재는 언제부턴가 신경과학의 발달로 인해 부정되기에 이른다. 그러나 시인의 말마따나 시래기로 구성된 영혼의 무게가 부디 죽음의 후일담으로 치부되지 않기 위해서는 한 번쯤 각자의 삶의 종언을 알리는 "그 까닭 없는 믿음의 무서운 무게"를 인공지능 대신 장착해 보는 것은 어떨까 싶다.

- 『문예연구』, 2017년 여름호 발표

라그랑주 포인트에서의 시 읽기

초판1쇄 찍은 날 | 2022년 2월 21일
초판1쇄 펴낸 날 | 2022년 2월 25일

지은이 | 김정배
펴낸이 | 송광룡
펴낸곳 | 문학들
등록 | 2005년 8월 24일 제 2005 1-2호
주소 | 61489 광주광역시 동구 천변우로 487(학동) 2층
전화 | 062-651-6968
팩스 | 062-651-9690
전자우편 | munhakdle@hanmail.net
블로그 | blog.naver.com/munhakdlesimmian
값 16,000원

ISBN 979-11-91277-40-1 03810

· 잘못된 책은 바꿔드립니다.
· 이 책은 2021 전라북도 문화관광재단
  지역문화예술 육성지원사업의 지원을 받았습니다.